Frank & Brigitte Krause

Das Elixier der Verwandlung

Frank & Brigitte Krause

Das Elixier der Verwandlung

Vom Geheimnis des Leidens

GloryWorld-Medien

1. Auflage 2013

Bibelzitate sind, falls nicht anders gekennzeichnet, der Elberfelder Bibel, Revidierte Fassung von 1985, entnommen.
Weitere Bibelübersetzung: Lutherbibel, Revidierte Fassung von 1956/64 [LUT]

Das Buch folgt den Regeln der Deutschen Rechtschreibreform. Die Bibelzitate wurden diesen Rechtschreibregeln angepasst.

Lektorat/Satz: Manfred Mayer
Umschlaggestaltung: Kerstin & Karl Gerd Striepecke, www.vision-c.de
Foto: istockphoto
Druck: Schönbach-Druck GmbH, Erzhausen

Printed in Germany

ISBN: 978-3-936322-79-8

Bestellnummer: 359279

Erhältlich beim Verlag:

GloryWorld-Medien
Postfach 41 70
D-76625 Bruchsal
Tel.: 07257 903396
Fax: 07257 903398
info@gloryworld.de
www.gloryworld.de

oder in jeder Buchhandlung

Inhalt

Wir widmen dieses Buch
Brigitte Schmidt (1939–2008),
einer großen Frau Gottes,
die mit Leiden vertraut war,
zu beten wusste
und uns stets beigestanden hat.
Wir danken ihr für alle Treue.

Vorwort

Das Herz allein kennt sein Leid,
und auch in seine Freude kann sich kein Fremder mengen.

Sprüche 14,10 LUT

Nachdem wir in einem Alter sind, in dem wir über eine gewisse Lebenserfahrung verfügen, seit unserer Jugend bekehrt sind und unzählige Erfahrungen im nun jahrzehntelangen geistlichen Dienst gesammelt haben, fühlen wir uns gedrängt, etwas zum Thema „Leiden" beizutragen. Wir kennen die einschlägige christliche Literatur und „moderne" Predigt zum Thema: Darin werden Aspekte der Leiden, durch die wir *alle* gehen, seien es Krankheiten, Beziehungskrisen oder geistliche Prozesse, manches Mal in die Ecke der „Sünde" verbannt, als Folge von Unglauben abqualifiziert oder anderweitig bagatellisiert, tabuisiert und beiseite geschoben, um mit einer „Alles-ist-gut"-Theologie aufzuwarten, die zwar viel „besucherfreundlicher" ist, der Realität jedoch nicht gerecht wird – aber wen interessiert denn heute schon die Realität?

In allen christlichen Kreisen wird um Erneuerung der Gemeinde und des geistlichen Lebens gebetet, jedoch finden wir immer wieder die naive Vorstellung, dies sei schmerzlos zu haben. Manche Christen meinen, Gott brauche doch nur „mit dem Finger zu schnippen" und die gewünschten Heilungen, Befreiungen und Veränderungen seien vollbracht. In aller Regel jedoch bleibt der „Schnipp" aus und es gilt, einen Weg des Wachstums hinein in größere Freiheit, Kraft und Erneuerung zu gehen. Über diesen Weg machen wir uns im Folgenden Gedanken.

Die Wahrheit macht uns frei, heißt es in Johannes 8,31-32, jedoch braucht nichts mehr Mut als der vorbehaltlose Blick in den Spiegel der Wahrheit. Das *Elixier der Verwandlung* empfangen wir in der Tiefe unseres Wesens, wohin uns der Heilige Geist führt, um uns die Wahrheit über uns selbst und ebenso über Christus zu offenbaren. Es ist ein verborgener Ort, den unser **Ego** meidet, da es sich dort auflöst und wir die Freiheit und Leere finden, die es braucht, um sowohl die Gegenwart Christi zu erfahren als auch die Fülle Gottes aufzunehmen. Das Licht dieser Gegenwart definiert uns neu und der Reichtum der Fülle macht uns überfließend, wir kehren verwandelt aus der Tiefe zurück. Diese Erfahrung bezeichnen wir in diesem Buch als „Elixier", weil sie uns eine so tiefgehende und kostbare Veränderung erleben lässt. In der Zerbrochenheit teilt sich uns auf eine geheimnisvolle Art eine Berührung mit der Wirklichkeit Gottes und mit uns selbst mit, die mit Worten schwer zu beschreiben, jedoch höchst wertvoll ist, da sie das Potential hat, uns tatsächlich zu verwandeln. Es ist in der Regel ein schmerzlicher Weg „durchs dunkle Tal", welchen es zu gehen gilt, um dann in der Lage dazu zu sein, auf den lichten Berg zu gelangen. Darüber möchten wir schreiben.

Wir plädieren mit allem Nachdruck für eine *ganzheitliche* Betrachtung des Themas, welche die Vielschichtigkeit der Realität des Lebens, Menschseins und Christseins reflektiert. Wir haben erlebt, wie wir in tiefen Tälern und verzweifelten Situationen von vielen Christen abgeschrieben und fallen gelassen wurden. Kaum waren wir nicht mehr „oben auf" und leistungsfähig, entsprachen nicht der „Norm" und „Erwartung" von gemeindlichen Strukturen und ihren Leitern, verlor sich das Interesse an uns. Über Nacht „erstarben" Beziehungen, von denen wir geglaubt hatten, dass sie mehr gewesen seien als reine Gemeinde-Arbeitsbeziehungen. Ja, wir kennen die Enttäuschungen, „Verzweiflungen" und schwierigen Fragen, die so etwas aufwirft. Wir haben die unsäglichen, naiven und manchmal heftig selbstgerechten Rat„schläge" von wohlmeinenden Geschwistern erlebt, die so ganz an der Sache vorbeigingen. Und leider kennen wir auch so manche, die unter diesem Druck ganz vom Glauben abgefallen sind und mit anderen Christen nichts mehr zu tun haben wollen. Die Bitterkeit hat sie vergiftet, aber anderen ist in dem „Loch", in das sie gefallen sind, einfach auch der „gesunde Menschenverstand" wiedergekehrt, der vorsichtig gegenüber großen Versprechungen ist, die am Ende niemand halten kann.

Grundsätzlich gilt, dass das geistliche Leben und Wachstum ganz allgemein zu bestimmten Krisen führt, wie das Wachstum des natürlichen, physischen Lebens auch. Diese werden häufig nicht erkannt und in der Folge seelsorgerlich falsch eingeschätzt und „behandelt". Bei vielen führt das zu einer solchen Lähmung in ihrem Christsein, dass sie weder in die Berufung ihres Lebens, noch in die Fülle des Geistes, noch in die reife Fruchtbarkeit eines christozentrischen Dienstes hineinkommen. Das ist in unseren Augen eine große Tragödie, der wir mit diesem Buch begegnen wollen. Möge es bei vielen Lesern die blockierte Dynamik wieder in Gang bringen und Licht in die lange Dunkelheit bringen, in der sie ausgeharrt haben.

Wir folgen in diesem Buch dem Pfad Davids, wie er ihn im 18. Psalm beschreibt. David gibt uns darin tiefe Einblicke in den Weg, der zunächst „nach unten" führt, jedoch gerade dort in den Leiden und Krisen den „Mann Gottes" aus ihm machte, der Gott so nahe kam, dass er die größten Rettungen und kostbarsten Verheißungen empfangen konnte, die wir uns nur vorstellen können.

Frank & Brigitte Krause

Psalm 18

Dem Chorleiter.
Von dem Knecht des HERRN, von David,
der die Worte dieses Liedes zum HERRN redete an dem Tag,
als der HERR ihn gerettet hatte aus der Hand aller seiner Feinde
und aus der Hand Sauls.

2 Und er sprach: Ich liebe dich, HERR, meine Stärke!

3 Der HERR ist mein Fels und meine Burg und mein Retter,
mein Gott ist mein Hort, bei dem ich mich berge,
mein Schild und das Horn meines Heils,
meine hohe Feste.

4 „Gepriesen!", rufe ich zum HERRN,
so werde ich vor meinen Feinden gerettet.

5 Es umfingen mich Bande des Todes,
und Bäche des Verderbens erschreckten mich.

6 Fesseln des Scheols umgaben mich,
ich stand vor den Fallen des Todes.

7 In meiner Bedrängnis rief ich zum HERRN,
und ich schrie zu meinem Gott.
Er hörte aus seinem Tempel meine Stimme,
und mein Schrei vor ihm drang an seine Ohren.

8 Da wankte und bebte die Erde,
die Grundfesten der Berge erzitterten und wankten,
denn er war von Zorn entbrannt.

9 Rauch stieg auf von seiner Nase,
und Feuer fraß aus seinem Mund,
glühende Kohlen brannten aus ihm.

10 Er neigte den Himmel und fuhr hernieder,
und Dunkel war unter seinen Füßen.

11 Er fuhr auf einem Cherub und flog daher,
so schwebte er auf den Flügeln des Windes.

12 Er machte Finsternis zu seinem Versteck rings um sich her,
zu seiner Laube Wasserdunkel, dichtes Gewölk.

13 Aus dem Glanz vor ihm zogen seine Wolken vorüber
mit Hagel und Feuerkohlen.

14 Und der HERR donnerte im Himmel,
und der Höchste ließ seine Stimme erschallen
mit Hagel und Feuerkohlen.

15 Und er schoss seine Pfeile und zerstreute sie,
er schleuderte Blitze und verwirrte sie.

16 Da wurden sichtbar die Betten des Wassers,
und die Fundamente der Welt wurden aufgedeckt
vor deinem Schelten, HERR,
vor dem Schnauben des Hauchs deiner Nase.

17 Er griff aus der Höhe, erfasste mich,
zog mich heraus aus großen Wassern.

18 Er rettete mich vor meinem starken Feind
und vor meinen Hassern,
denn sie waren mächtiger als ich.

19 Sie ereilten mich am Tage meines Unglücks,
aber der HERR wurde mir zur Stütze.

20 Und er führte mich heraus ins Weite,
er befreite mich, weil er Gefallen an mir hatte.

21 Der HERR handelte an mir nach meiner Gerechtigkeit,
nach der Reinheit meiner Hände vergalt er mir.

22 Denn ich habe die Wege des HERRN eingehalten
und bin von meinem Gott nicht gottlos abgewichen.

23 Denn alle seine Rechtsbestimmungen waren vor mir,
und seine Ordnungen wies ich nicht von mir.

24 Auch war ich untadelig gegen ihn
und hütete mich vor meiner Schuld.

25 So vergalt der HERR mir nach meiner Gerechtigkeit,
nach der Reinheit meiner Hände vor seinen Augen.

26 Gegen den Treuen verhältst du dich treu,
gegen den untadeligen Mann untadelig.

27 Gegen den Reinen zeigst du dich rein,
gegen den Verkehrten aber verdreht.

28 Ja, du rettest das arme Volk
und erniedrigst hochmütige Augen.

29 Ja, du lässt meine Leuchte strahlen.
Der HERR, mein Gott, erhellt meine Finsternis.

30 Denn mit dir erstürme ich einen Wall,
und mit meinem Gott überspringe ich eine Mauer.

31 Gott – sein Weg ist untadelig; des HERRN Wort ist lauter;
ein Schild ist er allen, die sich bei ihm bergen.

32 Denn wer ist Gott außer dem HERRN?
Und wer ist ein Fels als nur unser Gott?

33 Gott umgürtet mich mit Kraft
und untadelig macht er meinen Weg.

34 Er macht meine Füße den Hirschen gleich,
und stellt mich hin auf meine Höhen.

35 Er lehrt meine Hände das Kämpfen
und meine Arme spannen den ehernen Bogen.

36 Und du gabst mir den Schild deines Heils,
und deine Rechte stützte mich,
und deine Herabneigung machte mich groß.

37 Du schaffst Raum meinen Schritten unter mir,
und meine Knöchel haben nicht gewankt.

38 Meinen Feinden jagte ich nach und erreichte sie,
und ich kehrte nicht um, bis ich sie aufgerieben hatte.

39 Ich zerschmetterte sie,
dass sie nicht mehr aufstehen konnten;
sie fielen unter meine Füße.

40 Und du umgürtetest mich mit Kraft zum Kampf,
beugtest unter mich, die gegen mich aufstanden.

41 Meine Feinde aber –
du hast sie vor mir in die Flucht geschlagen,
und meine Hasser, ich habe sie vernichtet.

42 Sie schrien – aber da war kein Retter – zum HERRN,
doch er antwortete ihnen nicht.

43 Und ich zermalmte sie wie Staub vor dem Wind;
wie Straßenkot schüttete ich sie aus.

44 Du hast mich gerettet aus den Streitigkeiten des Volkes;
du hast mich zum Haupt der Nationen gesetzt;
ein Volk, das ich nicht kannte, dient mir.

45 Sowie ihr Ohr hörte, gehorchten sie mir;
die Söhne der Fremde schmeichelten mir.

46 Die Söhne der Fremde sanken hin
und zitterten hervor aus ihren Festungen.

47 Der HERR lebt! Gepriesen sei mein Fels
und erhoben der Gott meines Heils!

48 Der Gott, der mir Rache gab und mir die Völker unterwarf,

49 der mich rettete vor meinen zornigen Feinden.
Du erhöhtest mich über die, die gegen mich aufstanden;
von dem Mann der Gewalttat hast du mich befreit.

50 Darum will ich dich preisen unter den Völkern, HERR,
und will spielen deinem Namen,

51 der seinem König große Rettungen schenkt
und Gnade erweist seinem Gesalbten, David
und seinen Nachkommen ewig.

Einführung

Sie befestigten die Seelen der Jünger und ermahnten sie, im Glauben zu verharren, und sagten, dass wir durch viele Trübsale in das Reich Gottes eingehen müssen.

Apostelgeschichte 14,22

Wir gehen davon aus, dass sich für die „Seelen der Jünger" nichts geändert hat. Auch heute brauchen sie die „Befestigung und Ermahnung", im Glauben zu verharren, da sie durch viele Trübsale (Bedrängnisse) in das Reich Gottes eingehen müssen. Diesen Jüngern ist das vorliegende Buch im Besonderen gewidmet.

Jene, die gerade jetzt in allerlei „Trübsalen" stecken und deren Sinn zu verstehen trachten, sollen erstens etwas darüber erfahren, dass der Prozess der Verwandlung in das Bild Christi (vgl. 2 Kor 3,18) eine Menge ganz spezifischer Krisen mit sich bringt. Das liegt einfach in der Natur der Sache. Schließlich werden wir versetzt aus dem Machtbereich der Finsternis in den des Lichts (vgl. 1 Pt 2,9), womit einfach *alles* anders wird. Über die damit einhergehenden Veränderungs-Krisen wird im Allgemeinen wenig gepredigt, da es die modernen, humanistisch geprägten Kirchenbesucher erschrecken könnte, dass es im Christsein wesentlich um Krisen geht. *Jünger* jedoch müssen Bescheid wissen über das, was in ihnen und an ihnen geschieht, wenn sie umgestaltet werden in eine „neue Schöpfung" in Christus (vgl. 2 Kor 5,17; Gal 6,15).

Wie die Raupe sich auflöst, um sich in ihrem Kokon neu zu formieren zu einem Schmetterling, gehen auch die Gläubigen durch entsprechende Prozesse der Auflösung und Neuformierung. Altes vergeht, Neues wird. Wenn sie nicht begreifen, *was* da vor sich geht und *warum* es unbedingt nötig ist und *wie* das vonstatten geht, können sie sehr irritiert sein und an den „Trübsalen“ (und den manchmal nicht minder trübseligen Ratschlägen ihrer Mitmenschen) verzweifeln.

Das muss nicht sein, darum betrachten wir in dem vorliegenden Buch einmal den Weg der Transformation (Verwandlung) anhand von Psalm 18, in dem uns der Psalmist David unschätzbar wertvolle Einblicke in seine Erfahrung des Weges der Jüngerschaft mit ihren ganz spezifischen Leiden gibt. Er kann uns etwas von dem heiligen „Elixier der Verwandlung“ berichten, welches nicht an der Oberfläche des Lebens gefunden wird, sondern in der Tiefe, zu der wir überhaupt erst einmal einen Zugang gewinnen müssen.

Zweitens sollten Jünger etwas davon verstehen, was es bedeutet, der Leiden Christi teilhaftig zu werden (vgl. 2 Kor 1,3-7), was für echte Nachfolger Jesu unumgänglich und eine Ehre ist.

Wer darauf „keine Lust“ hat, ist noch kein Jünger geworden und in der *Einheit mit Jesus* noch nicht weit gediehen. Diese Einheit ist das Ziel der Jüngerschaft.

Wir werden viele Bibelstellen in den Text einstreuen, um dem Leser die Möglichkeit zu geben, die Fundstellen in der Schrift für sich selbst zu studieren und darüber zu beten. Ein Jünger sollte sich in der Bibel auskennen und die Stellen rasch finden können. Gerade in den Krisen ist das Wort Gottes ein sicherer Anker und einzigartiger Halt, an den wir uns in den Stürmen in und um uns herum klammern können.

Müssen Leiden sein?

Das letzte Wort im einführenden Vers aus der Apostelgeschichte mag irritierend sein: *„... dass wir durch viele Trübsale in das Reich Gottes eingehen* ***müssen.“*** Warum *müssen?* Ist es denn unumgänglich für uns, zu leiden? Unsere Antwort darauf ist ein klares „Ja“.

Wollen wir Jünger sein, werden wir leiden, denn wie in anderen Bereichen auch, erfordert das intensive Einlassen auf eine Sache Disziplin und Konzentration. Paulus verwendet nicht von ungefähr den Vergleich mit Sportlern im Wettkampf. Sie unterwerfen sich freiwillig einem strengen, sowohl mentalen wie körperlichen Training, um den Preis zu gewinnen. Nicht anders verhält es sich in der Jesus-Nachfolge, die diesen Namen auch verdient (vgl. 1 Kor 9,24-27).

Freudige Ereignisse und die Eliminierung des Schmerzes *scheinen* das Leben „glücklich und zufrieden" zu machen, doch führen sie meist nicht zu Selbsterkenntnis, innerem Wachstum und größerer Freiheit. Problematische Ereignisse und Situationen bergen in sich das Potential, uns wachzurütteln und zu „piesacken", bis wir aus der „Wohlfühlzone" aufstehen und uns umschauen nach der *Wirklichkeit.*

Wollen wir in das Reich Gottes eingehen, werden wir eine Menge „Trübsale" durchstehen müssen, die es mit sich bringt, unser *eigenes* Reich beiseitezulegen und Jesus tatsächlich den *Herrn* sein zu lassen. Wir müssen es üben, unentwegt von uns selbst weg- und zu Jesus hinzuschauen (vgl. Hebr 12,1-3). Dieser Blickwechsel ist die grundlegende Übung der Heiligung überhaupt.

Stehen wir in diesen geistlichen Übungen am Anfang, werden wir schnell ermatten und uns fragen, wie das Christsein nur so anstrengend sein kann, jedoch werden wir bei fortschreitendem Training ein Vielfaches an Kraft gewinnen und lernen, immer weniger aus eigener und immer mehr aus göttlicher Kraft zu schöpfen. Das macht uns im Endeffekt „selig", denn wir lernen das große Geheimnis, unsere Schwachheit nicht mehr zu hassen, zu fürchten und zu bekämpfen, sondern *zu nutzen* für desto mehr Herrlichkeit. Dies ist eine Revolution, die unseren gesamten geistlichen Lebensvollzug verändert.

Theologie des Leidens

Das Thema Leid ist vielschichtig und kein Buch kann es erschöpfend behandeln – auch das vorliegende stellt nicht diesen Anspruch und steht neben vielen anderen Werken, die sich dem Gegenstand von den verschiedensten Seiten nähern. Es ist „Stückwerk" und stellt einen Teil unserer eigenen Erfahrung und Auseinandersetzung mit der Materie dar, die wir im Spiegel des

18. Psalms betrachten möchten. Dabei geht es uns im Besonderen darum, das Leid aus der *Isolation* zu holen, in die es häufig von uns selbst, aber auch von der leistungs- und konsumorientierten Gesellschaft und sogar mancher modernen Kirche/Gemeinde verbannt wird, als sei es mit dem christlichen Glauben unvereinbar zu leiden, nach dem Motto: „Hättest du nur richtig geglaubt, wäre dir kein Leid geschehen, aber da du versagt hast, bist du jetzt selber schuld an deinem Elend. Stell dich in die Ecke und schäm dich!"

Uns ist bewusst, dass es frühere Jahrhunderte gegeben hat, in denen die Kirche bzw. Theologie das Leid geradezu verherrlicht und als eines der großen Erziehungsmittel Gottes betrachtet hat. Da wurden Gott und Teufel wohl häufig miteinander verwechselt und die Erlösung manches Mal verkürzt dargestellt. Dabei heraus kamen viele irrsinnige Unmenschlichkeiten, derer die Kirchengeschichte leider randvoll ist.

Unumstößlich gilt die fundamentale Beschreibung der *stellvertretenden Leiden* Christi, wie sie uns in Jesaja 53 gegeben und am Kreuz von Golgatha erfüllt wurde.

> *Jedoch unsere Leiden – er hat sie getragen, und unsere Schmerzen – er hat sie sich aufgeladen ... Doch er war durchbohrt um unserer Vergehen willen, zerschlagen um unserer Sünden willen. Die Strafe lag auf ihm zu unserem Frieden, und durch seine Striemen ist uns Heilung geworden* (Jes 53,4-5).

Das Geheimnis dieser *Übernahme* unserer Leiden und Schmerzen ist eines der schwer zu fassenden Mysterien des Gottes, der *Liebe* ist ... und der ewige *Vater.*

In die Geheimnisse Gottes kann man nicht allein durch Wissen und abstrakt-theologische Betrachtungen eintreten, sondern nur durch den *Heiligen Geist.* An ihn sollten wir uns in unserem Leid wenden und ihn darum bitten, uns den Weg zum Kreuz Christi zu führen, damit wir begreifen, mehr noch, *erleben*, was dort *wirklich* geschehen ist und was das *wirklich* für uns *heute* bedeutet. Nur der Geist Gottes kann uns das historische Ereignis der Hinrichtung Jesu so aktualisieren, dass wir es direkt, persönlich und „hautnah“ sowie in seiner Zeitlosigkeit, also „jetzt“, für uns selbst erleben. Wenn unsere Nöte uns auf *diese* Fährte setzen, haben sie uns schon einen unschätzbaren Dienst erwiesen!

Nach Jahrzehnten im geistlichen Dienst ist unsere Erfahrung die, dass die Mehrheit der Christen das Kreuz offenbar *nicht* ausreichend verstanden hat und von der dort vollbrachten Erlösung nur wenig praktisch erlebt.

Das Wesen der Liebe Gottes als Vater wird unvergleichlich beschrieben im Gleichnis vom „verlorenen Sohn“ (vgl. Lk 15,11-32), der ganz unten ankommt und am Tiefpunkt seines Lebens zu der schicksalswendenden Idee findet, zu seinem Vater (Gott) umzukehren. Für viele Menschen braucht es den Tiefpunkt, um zu eben dieser Einsicht und Umkehr zu gelangen: Wir *alle* sind der verlorene Sohn.

Wurden also in vergangenen Epochen der Christenheit Leiden eher verherrlicht und das „stille Erdulden“ derselben als fromme Tugendhaftigkeit betrachtet, fallen wir heute gerne auf der anderen Seite vom Pferd. Wenn Christus unsere Leiden getragen hat, dann brauchen wir uns ja *gar nicht mehr* mit ihnen abzugeben, oder? Christen sind doch „allezeit fröhlich“ sagt schon Paulus und die Gläubigen „überwinden den Feind“ im Namen Jesu. Im Pendelschlag zu der tradierten Leidensverherrlichung und Durchhalte-Theologie werden nun Nöte, Krankheit und Bedrängnis vorwiegend negativ bewertet – Leiden sind out, Erfolg und Triumph sind angesagt.

Diese Art zu denken erzeugt auf der einen Seite christliche „Überflieger“ (barmherzige und unbarmherzige) und auf der anderen „Looser“, die unter einer „ekklesiogenen“, also von der Gemeinde selbst erzeugten Depression leiden, weil sie den Triumph der absoluten und direkten Heilung und Wiederherstellung aller Dinge nicht zu teilen vermögen und sich ausgegrenzt fühlen. Dass Heilung zumeist ein langwieriger, umfassender und tiefgehender Prozess ist, haben sie als „Unglauben“ verkauft bekommen, denn schließlich wurden bei Jesus doch auch alle „direkt“ geheilt, oder nicht?

Göttliche Transformation

Leiden haben immer eine isolierende Tendenz, selbst ein verletztes Tier zieht sich zurück und lässt keinen an sich heran. Bei den Christen wird das Problem häufig dadurch verschärft, dass sie das Leid unzulässigerweise in einen ausschließlichen Zusammenhang mit der *Sünde* stellen und damit übermäßig negativ bewerten, was gar nicht hilfreich ist. Dazu kommt noch die Dimension der *Anfechtung*, in der der Teufel ihnen einflüstert, dass Gott sie im Elend hängen lässt und vergessen hat. In einer „Gemeinde des Triumphes" kann es für die Leidenden zu Phänomenen intensiver Beschämung und Verdrängung kommen, was auf Dauer sehr ungesund ist und den Leidensdruck verstärkt.

Anhand des 18. Psalms wollen wir zeigen, dass es sowohl einen göttlichen Weg in die Isolation hinein gibt, als auch einen Weg wieder aus ihr heraus, auf dem die Leiden nicht verdrängt, sondern transformiert werden und uns zum Guten dienen müssen.

> *Wir wissen aber, dass denen, die Gott lieben, alle Dinge zum Guten mitwirken* (Röm 8,28).

Wie können uns *alle* Dinge – auch die schlechten, von denen die Welt übervoll ist und die wir *alle* erleiden müssen – zum Guten dienen? Das klingt ja ganz ungeheuerlich und geradezu sagenhaft! Nun, sie tun es, *wenn wir Gott lieben*, so sagt der Text. Dies scheint der Kontext zu sein, in dem das Unmögliche möglich wird!

Vielleicht sehen wir auf Anhieb den Zusammenhang nicht, aber das Wesen der Liebe ist es doch, dass sie uns *eins* macht. Wenn wir mit Gott durch die Liebe eins werden, dann werden alle unsere Leiden zu seinen Leiden, sie verlieren ihre isolierende Macht und werden von Gott benutzt, um uns zu segnen.

Wenn wir uns mit unseren Leiden vertrauensvoll in Gottes Arme hinein loslassen wie ein Kind, können wir manchmal etwas von dem erkennen, was Gott mit diesen Leiden zu tun gedenkt. Oder wir erkennen es nicht, werden aber genug *getröstet*, um das Leiden als nicht so groß zu empfinden wie zuvor. Die Furcht bläht die Leiden auf, die Liebe kocht sie herunter und nimmt ihnen die übertriebene Bedrohlichkeit. Manchmal können wir dann sogar inmitten der Leiden *fröhlich* werden, obgleich sie noch vorhanden sind. Das ist ein großer Sieg. Dazu eine alte Geschichte aus Ägypten:

> Miobi war in ein Dorf gekommen, in dem die Leute nichts anderes taten als zu stöhnen und zu jammern. Sie zündeten kein Feuer mehr an und molken ihre Ziegen nicht mehr, weil alle Dorfbewohner meinten, sie würden doch bald von dem Ungeheuer gefressen, das oben auf dem Berg hauste. Dieses Monster hatte den Kopf eines Krokodils, den Körper eines Nilpferdes und einen Schwanz wie eine fette Schlange; und wenn es schnaubte, stob ihm Feuer aus Mund und Nase.
> Aber Miobi sagte: „Ich werde auf den Berg steigen und das Ungeheuer zum Kampf herausfordern!" Das Ungeheuer war auch tatsächlich dort. Aber als der Junge auf den Berg kletterte und ihm näher und näher kam, sah es tatsächlich immer kleiner aus.
> „Das ist nun aber wirklich komisch", meinte der Junge. „Je weiter ich von dem Ungeheuer weg bin, desto größer scheint es zu sein, und je näher ich komme, desto kleiner wird es."
> Als der Junge die Höhle erreichte, fand er gar kein Ungeheuer. Er fand nur ein kleines Tier, so groß wie ein Frosch, das ganz friedlich schnurrte; das nahm er als Haustier mit.
> Als die Dorfbewohner ihn zurückkehren sahen, wollten sie ihn zum Helden erklären, der das Ungeheuer erlegt hatte; aber er erklärte ihnen, wie sich alles zugetragen hatte, und dass er das Ungeheuer als Haustierchen mitgebracht habe.
> Aber wie hieß es nur?
> Das Ungeheuer antwortete: „Ich habe viele Namen. Die einen nennen mich Hungersnot und andere Seuche; aber die Menschen, die am meisten Angst haben, geben mir ihren eigenen Namen." Und gähnend fügte es noch hinzu: „Die meisten Leute nennen mich ‚Was-passieren-könnte'."[1]

[1] Quelle unbekannt.

Die Liebe gibt uns den Mut, uns unseren „Drachen“ zu stellen und eben die Feststellung Miobis zu machen, dass sie sich häufig viel gewaltiger dargestellt und „angefühlt“ haben, als sie in Wahrheit sind. Solange unsere Leiden jedoch so etwas wie unser „Privatbesitz“ sind, unser rein „eigenes Problem“, werden sie uns genauso lähmen wie die Dorfbewohner in der kleinen Geschichte. Werden sie dagegen Gottes Eigentum und damit heilig, können sie uns nicht mehr töten, sondern müssen zu unserem „Guten mitwirken“.

Wie die Liebe uns mit Gott eins macht und wie sie die Leiden transformiert, das mag uns unbegreiflich erscheinen, aber sie tut es, weil sie Liebe ist.

Jünger sind die, die Gott lieben – darum gehen sie mit ihm Wege, die „höher sind als die der Welt“ (vgl. Jes 55,8-9) und die irdische Vernunft übersteigen.

Gott hat nicht vor, den Leiden die Herrschaft und das letzte Wort zu überlassen, er ist ein Meister darin, den Spieß umzudrehen und das, was uns zu vernichten droht, *gerade* zu unserem Wohl zu gebrauchen. Die Bibel ist voller Beispiele dafür, und gerade David kann uns eine Menge zu diesem Thema erzählen. Gott macht unseren Untergang zu unserem Aufgang, unser Ende zu unserem Anfang. Im Zerbruch lässt er uns das Elixier finden, welches uns tatsächlich und nachhaltig verwandelt. Das ist der heilige Triumph.

Wenn dies geschieht, sind wir „wie die Träumenden“ und „unser Mund füllt sich mit Lachen“ (vgl. Ps 126,1-2). Wir werden sowohl Zeugen der Wende unseres Schicksals als auch der Kraft Gottes, *„mit der er vermag, auch* ***alle*** *Dinge sich zu unterwerfen“* (Phil 3,21).

Wenn dies geschieht, sind wir des Weiteren „Söhne und Töchter Davids“, weil wir seinen Weg gehen und seine Erfahrungen teilen.

Es ist unser aufrichtiger Wunsch, dass viele von uns diesen Pfad Davids verstehen und gehen. Darum wollen wir ihn in den folgenden Kapiteln Stück für Stück anhand einzelner Verse aus Psalm 18 untersuchen. Wir werden wahres Gold finden!

Böse Leiden – gute Leiden

Psalm 18 wird uns etwas davon zeigen, dass es *Arten von Bedrängnissen* gibt, die nicht alle Menschen – ob gläubig oder nicht gläubig – gleichermaßen erleiden. Tatsächlich sollten die Jünger Jesu *bestimmte* Kategorien von Leiden überwunden haben, etwa die Leiden an der Dominanz der Sünde, an der Herrschaft des Bösen sowie an den Folgen eines von Gott abgekoppelten (Ego-) Lebens. Sie sollten in die Erfahrung eingetreten sein, dass das Kreuz Christi sie befreit und erlöst hat von einer ganzen Reihe von Lasten, Nöten und Problemen, die das Leben des Nicht-Christen, welches sich ja im „Machtbereich der Finsternis" vollzieht, prägen und bestimmen. Jedoch gibt es eine Menge Christen, die davon nichts wissen, da sie noch gar keine *Jünger* geworden sind, sondern lediglich *Bekehrte* sind, die einmal in der Woche eine Kirchenveranstaltung besuchen. Ihr so geartetes Christsein ist zu oberflächlich, als dass sie die *tieferen Dimensionen* der Erlösung und Verwandlung durch das Kreuz und den Heiligen Geist erfahren könnten. Davon wird in den folgenden Kapiteln noch oft die Rede sein, da es sehr wichtig für uns ist, den Unterschied zwischen bloßen Gemeindebesuchern einerseits und Jüngern Jesu andererseits klar zu verstehen, sodass wir uns entscheiden können, welchen Weg wir gehen wollen bzw. begreifen können, welchen Weg Gott mit uns geht. Denn seltsamerweise scheint er uns einerseits durch das Kreuz aus einer Welt von Leiden zu befreien, um uns dann jedoch geradewegs in eine Menge *anderer* „Trübsale" hineinzubringen, wenn wir uns tiefer auf ihn einlassen und von Kindern der Finsternis zu Kindern des Lichts werden.

Es handelt sich dabei nun allerdings um eine Reihe von ganz *anderen* Leiden als die, die das Kreuz „erledigt" hat. Die Aufrichtung des Kreuzes Christi *in uns* führt zu einer grundlegenden Veränderung unseres Wesens: unser Denken, Fühlen und Wollen sowie unsere Motive werden erneuert. Dies ist eine „geistliche Revolution", wir werden von innen heraus zu neuen Menschen. Die Bibel spricht in diesem Zusammenhang von einer „neuen Schöpfung" in Christus (vgl. 2 Kor 5,17) – und ihr Zeugnis ist wahr. Alle *Jünger* erleben genau das genau so, wie das Wort Gottes es beschreibt. Der Geist Gottes bringt sie mit dem Wort in Einklang, sie finden auf einmal ihre eigene Geschichte in der Bibel wieder! Dann begreifen sie staunend, dass es sich wirklich um ein „lebendiges" Buch handelt. Für Leute, die sich zwar bekehrt haben, den Weg der Jüngerschaft aber – aus welchen Gründen auch immer – nicht gehen, stellt sich das Wort Gottes als rätselhaft und wirkungslos heraus. Zum Heiligen Geist finden sie kein Verhältnis und bleiben in der Folge „unverwandelt".

Wer sich wahrhaftig auf das Evangelium einlässt, entdeckt schnell: Es geht im Christsein um viel mehr als Moral und beschauliche Kirchlichkeit, es geht um eine Transformation unseres gesamten Seins mittels der Liebe des Vaters, der Gnade Jesu Christi und der Gemeinschaft des Heiligen Geistes (vgl. 2 Kor 13,13). Wir erfahren ein stetig fortschreitendes „Uns-selber-Sterben". Der gewohnte „Egotrip", das ewige Drehen um uns selbst, hört auf, das Nicht-Göttliche wird abgelegt und wir erkennen etwas von unserem wahren Sein, wie Gott es meinte, als er den Menschen schuf.

Das Kreuz ist das Portal, durch das wir eintreten in die reale Erfahrung all dieser göttlichen Dimensionen, von denen wir zuvor gar nichts wussten. So großartig diese Berührung mit der Liebe, Gnade und Kraft Gottes auch ist, muss sie jedoch von uns *verkraftet* werden. Damit dies möglich ist, müssen wir „umgestaltet" werden, wir müssen „kompatibel" gemacht werden mit dem Himmel bzw. der göttlichen Dimension und ihren Kräften. Und diese Kräfte sind sehr mächtig! Unser gesamter Bezugsrahmen muss durch einen Prozess der Umorientierung und Umstrukturierung gehen, unser ganzes Wesen neu ausgerichtet werden von einer irdischen zu einer himmlischen Perspektive (vgl. Kol 3,1-3). Das ist wahrhaftig keine kleine Sache, die so nebenher oder „automatisch" passiert!

> *Wahrlich, wahrlich, ich sage euch: Wenn das Weizenkorn nicht in die Erde fällt und stirbt, bleibt es allein; wenn es aber stirbt, bringt es viel Frucht* (Joh 12,24).

Die Vorstellung, dass Gott uns im Großen und Ganzen dieselben bleiben lässt, die wir sind, und lediglich ein etwas besseres Benehmen sowie ab und an einen Besuch des Gottesdienstes von uns fordert, um dann etwas Segen obendrauf zu gießen, damit wir etwas besser durchs Leben und später in den Himmel kommen, ist naiv, aber weit verbreitet.

Gott geht viel weiter: Er macht uns zu *Söhnen und Töchtern*, zu seinen Erben (vgl. Röm 8,14-17). Das ist etwas ganz anderes, als ein wenig gesegnet zu werden. Wir gehen durch einen Prozess des permanenten inneren Sterbens und Auferstehens: Das Leben in der Sünde endet, und das Leben in Heiligkeit beginnt; das Leben im Ego endet, und das Leben in Christus beginnt. Diese Umwandlungen bringen eine Reihe ganz neuer Erfahrungen von Freuden, aber auch von Leiden mit sich, die wir früher so nicht kannten. Dinge, die wir zuvor kaum bemerkten und die an uns vorübergingen, scheinen uns nun mit Wucht zu treffen, aus der Bahn zu werfen und zu verletzen. Andere Dinge, die uns bedeutsam waren, verblassen dagegen und verlieren jeden Reiz. Was geschieht mit uns?

Verschiedene Kategorien von „spirituellen" Leiden

Der Konflikt mit der Lüge

Es gibt eine Kategorie von Leiden, die damit zusammenhängt, dass Gott uns *wahr* macht. David kommt in seinen Psalmen immer wieder auf diesen Punkt zu sprechen. Wir werden weiter unten noch sehen, dass dies auch im 18. Psalm von wesentlicher Bedeutung ist. Die Wahrheit macht uns zwar frei (vgl. Joh 8,31-36), tut jedoch häufig weh – umso mehr, je mehr wir an Lügen und Illusionen gewöhnt sind. Jedoch ist es unmöglich, ein Jünger zu werden und das Reich Gottes zu erben, wenn wir noch in der Selbstentfremdung sowie den eitlen Illusionen gefangen sind, die wir über uns selbst hegen, wenn wir „aus der Welt" kommen. Diese konnte uns nichts darüber sagen, wer wir wirklich sind, und hat uns stattdessen trainiert, Rollen zu spielen und uns ihren

Zwängen und Vorgaben anzupassen. Wir erben von ihr ein falsches, verzerrtes Selbstbild, d. h. wir sind angefüllt mit Vorstellungen über uns selbst, Gott und die Welt, die völlig an der Realität vorbeigehen. Es gibt viel zu lernen – und ebenso viel zu *ver*lernen, was sich häufig als schwieriger herausstellt als Ersteres.

Der Konflikt mit dem Ego

Dann ist da eine weitere Kategorie von Leiden, die damit zu tun hat, dass Gott uns befreit von unserem „Egotrip", unserem krampfhaften Kleben an uns selbst (vgl. Röm 8,1-17). Die Bibel nennt die egozentrische Natur des Menschen das „Fleisch". Die Befreiung von unseren Ängsten und Sorgen um uns selbst, von den minderwertigen oder aber größenwahnsinnigen Selbstentwürfen unseres gekränkten und stolzen Egos, kann lange brauchen und muss bis zu den Wurzeln unseres Seins hinabreichen.

Tatsächlich kann das „Fleisch" sehr „fromm" werden und all die religiösen Gepflogenheiten übernehmen, um nun auch in „religiösem Gewand" weiter der „Herr im Haus" zu bleiben und die Bibel, die Gemeinde und Gott in seiner typischen „Geschäftsmentalität" für die eigenen Zwecke benutzen. Mit dieser Art von „Heiligen" hatte Jesus in Form der Pharisäer und Schriftgelehrten die größten Konflikte auszutragen, und *sie* waren es, die ihn aufs Schafott brachten, weil er ihren „frommen Geschäften" im Wege stand.

Der Konflikt mit der Finsternis

Darüber hinaus befinden wir uns im Gegensatz zu den Nichtbekehrten in einer *konstanten Auseinandersetzung mit den dämonischen Mächten und der Finsternis.* Sie bedrängt uns unentwegt und versucht, uns klein zu halten und zu verblenden. Sie will das alte Programm der Lügen und Illusionen fortfahren und das Licht Gottes aus unserer „inneren Verdunkelung" heraushalten. Das kann so aussehen, dass wir von Gedanken und Gefühlen „bombardiert" werden, die uns einreden, wir seien nicht gut genug, nicht fleißig genug, nicht fromm genug für Gott, hätten keine

Gnade verdient und die Erlösung durch unsere wiederholten Sünden verspielt. Diese permanente innere Bedrängnis, die gerade unerfahrene, junge Gläubige plagt, gilt es mit der Autorität des Wortes Gottes zu konfrontieren. Aber das muss erst einmal gelernt werden. Ein Jünger muss „stark im Herrn und in der Macht seiner Stärke" werden (vgl. Eph 6,10), um erfolgreich mit den bösen „Mächten und Gewalten" zu ringen. Dieser Kampf kann je nachdem sehr heftig sein und uns an die Substanz gehen.

Konflikte um der Liebe willen

Schließlich gibt es noch die Kategorie von Leiden, die *die Liebe auf sich nimmt für die Geliebten.* Hier kommen wir an die Dimension der Leiden heran, die unumgänglich sind für die Liebenden – und sie stellen sich am Ende als die intensivsten Leiden überhaupt heraus. Wer Jesus liebt, wird an seiner Mission teilnehmen wollen, mit ihm weinen über das, was ihn traurig macht, und teilnehmen an seinen Schmerzen über eine verlorene Welt voller Ungerechtigkeit, Not und Zerstörung. Gerade die Liebe ist es, die uns die größten Entscheidungen abverlangt und die keine Halbherzigkeiten bzw. faulen Kompromisse duldet. Die Liebe ist es, die uns zu Überwindern macht! Sie bringt uns auch in Konflikte mit unseren Familien und Freunden und deren Ansprüche an uns, die wir nun, da wir Jesus folgen, oftmals zurückweisen müssen. *Vieles, was wir aus Liebe tun, wird die Welt geradewegs als das Gegenteil bezeichnen*, denn sie kann an Liebe gar nicht glauben und sieht auch darin nur ein Geschäft.

Selbstverantwortung

An dieser Stelle wollen wir kurz auf den Bereich körperlicher Leiden eingehen, da in unserer Kultur viele kranke Menschen verwundet „auf dem Schlachtfeld" des Leidens zurückgelassen werden. Für viele Leute, auch Christen, scheint es inakzeptabel zu sein, dass sie persönliche Verantwortung für ihre Gesundheit und ihren Körper, der ja ein „Tempel Gottes" (vgl. 1 Kor 3,16; 2 Kor 6,16) genannt wird, tragen sollen. Sie verlassen sich ganz auf die Ärzte und Medikamente – oder auf Pastoren und deren Gebete – anstatt Eigenverantwortung für sich und ihren Körper zu übernehmen und verschiedene Krankheiten sogar als Chance dafür zu sehen, ihr Leben zu verändern, denn ohne sie würden sie es nicht tun.

Dass man durch falsche, denaturierte, zu stark tierische Ernährung, durch Dauerbelastung mit Umweltgiften, Elektrosmog, Rauchen, Alkohol usw. krank werden kann, ist eine allgemein gültige Tatsache. Die sogenannten „Zivilisationskrankheiten" haben epidemische Ausmaße angenommen und betreffen uns alle. Das wird dennoch gerne unter den Tisch gekehrt und ignoriert – oder vergeistlicht. Selten wird in christlichen Kreisen über Umwelt, Natur oder Tierschutz gesprochen. In den Anfangsjahren meines (Brigitte) Glaubens wurde mir tatsächlich von einer Leiterin gesagt, dass dies nicht Themen der Kirche seien, da die Erde ja sowieso untergehen würde. An der Fassungslosigkeit gegenüber dieser ignoranten, unwissenden und manchmal leicht elitären Haltung hat sich meines Erachtens bis heute nichts nennenswert geändert. Diese allgegenwärtige Ignoranz gegenüber dem Leben geht durch alle Kreise, ob christlich oder nicht. Besonders zum Thema Gesundheit und Heilung wird die Realität oft einfach ausgeblendet und der „allmächtigen Schulmedizin" vertraut sowie deren „Experten" und „Göttern in Weiß". Alternative Erkenntnisse und Therapien werden schnell und ungeprüft in die Ecke des Okkulten geschoben. Dabei leitet sich das Wort „Pharmazie" von dem griechischen Wort „Zauberei" ab, und „Antibiotika" heißt übersetzt „Gegen-das-Leben".

Die Frau eines Bekannten sagte mir auf eine „alternative" Buchempfehlung bezüglich ihrer Beschwerden hin, dass sie so etwas „Nichtchristliches" nicht lesen würde, das wäre okkult, sie verließe sich ausschließlich auf die Schulmedizin, die ihr aber leider bei ihren Leiden nicht wirklich helfen kann. Wörtlich sagte sie: „Ich gebe mich nicht mit den Dingen der Welt ab ..."

Es soll nun allerdings nicht der Eindruck entstehen, wir lehnten jegliche schulmedizinische Behandlung und Medikamente ab, jedoch stellen wir einen überhöhten „Glauben" daran sowie eine generelle Ablehnung aller alternativen Heilungsmethoden in Frage.

Wir denken, Gott will immer Heilung, jedoch geschieht sie oft viel umfassender, als wir meinen. Es braucht grundlegende Änderungen in unserem ganzen Lebensstil, unserem Umgang mit uns selbst und unserer Welt. Das ist nicht bequem und braucht die genannte Übernahme von Verantwortung für uns selbst. Da es eine Menge guter Literatur dazu gibt (siehe Anhang), werden wir hier nicht weiter auf dieses Thema eingehen.

Eine kurze Begebenheit soll zeigen, wie Gott in diesem Bereich reden kann:

Ich (Brigitte) litt von frühester Jugend an unter Migräne und Schmerzen in der Muskulatur (Fibromyalgie). Die übliche „Odyssee" eines Schmerzpatienten begann: Ich reiste von Arzt zu Arzt und von Frustration zu Frustration. Später kam das Anstehen in „Heilungsschlangen" dazu, die jedoch – trotz meines großen Aufgebotes von Glauben in der Sache – keine bleibende Heilung brachten. Manchmal war meine Verzweiflung über diese „Behinderung" grenzenlos, genau wie die furchtbaren Schmerzen, die niemand erklären konnte. Man ist dann eben ein „Migräniker" oder bekommt einen anderen „Titel" verpasst und fertig.

In einigen Bereichen fand ich selbst die Auslöser der Schmerzattacken heraus, in anderen nicht. Meiner Erinnerung nach gab es mehrmals und von verschiedenen Leuten im Gebet den Eindruck, es sei „Gift" im Spiel – und mir wurde anschließend geraten, mein Leben auf verborgene Sünden hin zu durchforsten. Neben der Beschämung, die durch solche Aussagen aufkam, suchte ich dann wie verrückt nach irgendwelchen versteckten Sünden. Ich glaube, es gab damals nichts mehr, was ich Gott nicht wiederholt bekannt habe und abzustellen versuchte – nur der Schmerz blieb.

Ich erinnere mich noch lebhaft an einen Traum, der schließlich die Wende brachte. In diesem Traum stand ich vor Gottes Thron und klagte ihm, dass nichts gegen die Schmerzen half. Ich hielt ihm alle meine Maßnahmen vor, auch die Stigmatisierung durch die Ärzte, alles sei nur „psychisch", und die wohlmeinenden

Christen, die mir mangelnden Glauben und versteckte Sünden vorwarfen.

Da, auf einmal, stand Gott auf, stieg von seinem Thron herab und „donnerte“ mich an: „Wenn ich sage **Gift**, dann meine ich **Gift** und nicht **Sünden** ... verstehst du! Lies Sirach 37,30-31.“

Vor lauter Schreck wurde ich wach und notierte mir gleich den Vers und schaute ihn am nächsten Morgen nach:

> *Mein Kind, prüfe, was für deinen Leib gesund ist; und sieh, was für ihn ungesund ist, das gib ihm nicht. Denn nicht alles ist jedem nützlich, auch mag nicht jeder alles.*

Infolge dieses Traumes änderte sich mein komplettes Leben. Ich lernte, mich zu entgiften, und entzog mich so vielen Chemikalien und künstlichen Stoffen wie nur möglich – und die Schmerzen verschwanden. Allerdings kehren sie wieder, sobald die Toleranzgrenze überschritten wird. In unserer von Kunst-Stoffen nur so strotzenden Kunst-Welt ist die Grenze schnell erreicht und fordert Wachsamkeit – aber eben nicht nur eine geistliche, sondern auch eine natürliche Wachsamkeit. Wir erleben häufig, dass Christen die „natürliche Welt“ ignorieren und alles vergeistlichen. Manchen scheint jegliche Vernunft in diesem Zusammenhang abhanden gekommen zu sein. Wo ein Glas Wasser helfen würde, beten sie die Nacht durch und kämpfen mit „Dämonen und Teufeln“. Manche kämpfen immerzu und kommen nie zur Ruhe, obgleich Jesus uns vorrangig eben das geben will:

> *Kommt her zu mir, alle ihr Mühseligen und Beladenen, und ich werde euch Ruhe geben* (Mt 11,28).

Es gibt also eine Menge zu leiden, packen wir's an!

Es sind gerade die Leiden, die uns an die wesentlichen Fragen über Leben und Tod heranführen, die uns auch nach Jesus *schreien* und in einer ganzheitlichen Art und Weise nach ihm verlangen lassen. Geht es uns gut, sind wir dafür meist viel zu beschäftigt.

Solange wir nicht bereit sind, für den Glauben zu leiden, bleibt er oberflächlich und wirkungslos. Diesen „nutzlosen Glauben“

finden wir leider überall in den Kirchen – gut gehegt und gepflegt – und die große Mehrheit macht einfach mit und hält das für ganz normal, aber das ist es nicht.

Kapitel 1

Der Weg des Geliebten

Dem Chorleiter. Von dem Knecht des HERRN, von David, der die Worte dieses Liedes zum HERRN redete an dem Tag, als der HERR ihn gerettet hatte aus der Hand aller seiner Feinde und aus der Hand Sauls. Und er sprach: Ich liebe dich, HERR, meine Stärke!

Psalm 18,1-2

Wie wunderbar lesen sich diese Anfangsworte des 18. Psalms. Nicht alle Verse werden so erhebend sein, nein, es wird das ganze Ausmaß der Rettung „aus der Hand aller Feinde“ und des Ausrufes: „Ich liebe Dich, Herr!“ erst noch klar werden, wenn in den folgenden Abschnitten die Abgründe genannt werden, durch die David gehen musste und in denen er der David wurde, den wir aus der Schrift kennen, der „Mann nach dem Herzen Gottes“.

Mit wie vielen *verrückten* Situationen wurde er konfrontiert! Da ist nicht nur die berühmte Geschichte von Goliath, sondern auch die Verkennung von seinen Eltern, die ihn bei Samuels Besuch gar nicht erst mit den übrigen Brüdern vorstellten, dann die absurden Tötungsversuche durch Saul, der Weg in die Wüsten-Höhle Adullam, die Herausforderung von Ziklag, die seltsame Sammlung des seltsamen Heeres um ihn her in der Wüste. Und außerdem die grausige Episode seines Ehebruchs mit Bathseba, die schwierige Heimholung der Bundeslade nach Jerusalem, die fatale Volkszählung mit tödlicher Folge, der Verrat durch seinen Sohn Absalom, Vertreibung, Kriege ohne Ende ... Ach, wie kann ein einziges Leben so viel Elend und Stress verkraften?! Die klassische Frage drängt sich auf: *Wie konnte Gott das zulassen*? War David denn nicht sein König, sein Gesalbter, der die vielen Psalmen schrieb und ewige Verheißungen empfing, welche die Geschichte Israels wesentlich prägten und darüber hinaus Einfluss auf die ganze Welt nehmen sollten? Würde nicht selbst Jesus Jahrhunderte später „Sohn Davids“ genannt werden? War er nicht der „*Geliebte*“?

Das Gewicht der Erfahrung

Hier, im 2. Vers des 18. Psalms, antwortet dieser David seinem Gott, der ihm so viel zugemutet hat – nach so viel Wüste, Krieg und Bedrängnis –, von ganzem Herzen, ganzer Seele und mit ganzer Wahrhaftigkeit: „*Ich liebe dich, Herr!*“

Nach all dem, was er durchgemacht hat, haben diese Worte nun ein ganz anderes Gewicht, als sie es gehabt haben, während er noch Schafe bei seinem Vater weidete und dort ein relativ behütetes Leben führte. Jetzt haben die Worte an Tiefe, Größe und Gewicht gewonnen – Reife. Jetzt sind sie sehr glaubhaft – keine gefühlsüberschwängliche Laune und kein positives Augenblicksgefühl, weil die Geschäfte gerade gut laufen und sich alle gesegnet fühlen.

Wir lesen in Epheser 3,18 etwas von der *bewährten* Liebe:

> *... dass ihr in Liebe gewurzelt und gegründet seid, damit ihr imstande seid, mit allen Heiligen völlig zu erfassen, was die Breite und Länge und Höhe und Tiefe ist ...*

Sind es nicht alle diese *Krisen*, durch die David in der Liebe gewurzelt und gegründet wurde? Musste er nicht durch diese vielen *Grenzerfahrungen* gehen, um gerade *dort* zu erfahren, dass Gott *wirklich* mit ihm ist, z. B. da, wo alle Menschen ihn verrieten und verließen?

Mitten in der menschlich gesehen sowohl aussichtslosen wie irrsinnigen Konfrontation mit dem Riesen Goliath erlebte David den Beistand Gottes auf eine Weise, wie man sie eben nur in solch einer Situation auf Leben und Tod erfahren *kann.*

Mitten in der Konfrontation mit der sowohl tragischen als auch mörderischen Eifersucht Sauls erfuhr David die *außergewöhnliche* Freundschaft und Liebe Jonathans, des Sohnes seines Hassers.

In der schrecklichen und Jahre anhaltenden Bedrängnis in der Wüste erlebte David nicht nur, wie Gott Saul in seine Hand gab und dessen hartes Herz erweichte – für einen Moment –, sondern vielleicht noch viel wichtiger: die Bildung der „Helden Davids", Männer, die ihn *nicht* verrieten, sondern ihr Leben für ihn wagten. Dies war eine neue, eine andere Qualität von Liebe, die selbst die Kraft von Familienbanden überstieg. Viele Männer, die in schweren Zeiten oder im Krieg von Kameraden Treue bis in den Tod erlebten, berichten von dieser Dimension der Liebe.

Aber auch da, wo *er selbst versagte* und sich *schrecklich schuldig* machte, erlebte David Gott wie in der Situation mit Bathseba, in der er neben deren „Vergewaltigung" auch noch für das Umkommen ihres Mannes Usia an der Front sorgte! Und doch ging aus ihrer Verbindung der weise König Salomo hervor.

David ging durch Momente, wo er weder Gott, noch sich selbst, noch die Menschen verstand, wo er mit seinem Latein am Ende war, nur noch sterben wollte und *eben dort* jene Erfahrungen mit der Liebe Gottes machte, die deren Breite, Höhe, Länge und Tiefe offenbarten (vgl. Eph 3,17-19). So dienten die Schwierigkeiten zu der Erfahrung vieler Rettungen und ließen David Gott in einer breiten, hohen, tiefen und umfassenden Art und Weise kennenlernen, so wurde er in Liebe „gewurzelt und gegründet". Und auf diesem Wege wurde er zu einem *Zeugen*, der nicht nur fromm und theoretisch über die Rettungen Gottes philosophieren konnte, sondern sehr praktisch erlebt hatte, wie es ist, unterzugehen und durch Gottes Gnade wieder aufzusteigen.

Reife Liebe kontra Egotrip

Wie steht es mit uns? Sind wir in der Nachfolge Jesu auch „Söhne Davids“, die den Weg der Erkenntnis und praktischen Erfahrung der Liebe Gottes gehen? Oder liegt unser ganzes Bestreben nur darin, die Schwierigkeiten „wegzubeten“ und uns in einer kuscheligen Gemeinde zu verstecken, wo wir (hoffentlich) den Krisen des Lebens entfliehen können und pastoral-diakonisch bis ans Ende rundum versorgt werden? Benutzen wir möglicherweise das ganze fromme Programm nur dazu, uns legitim abzulenken von dem, worum es eigentlich geht:

Reife Liebe

Reife Liebe konkretisiert sich in einer wachsenden Vertrautheit mit Gott und Hingabe an ihn, einer „Weihe“ des alltäglichen Lebens und Arbeitens an Gott, was diesen „Alltag“ zu einem Heiligtum macht. *„Die Liebe treibt die Furcht aus“* heißt es in 1. Johannes 4,18. So wachsen wir in eine „alltägliche Furchtlosigkeit“ hinein, die uns als Neubekehrten noch undenkbar und un*fühlbar* war. Das gewohnte „tägliche Leben der Sorgen“ herzunehmen und mit der Liebe Gottes zu durchdringen, egal in welchen Umständen, darum geht es.

Welche Facette seiner Liebe will Gott uns vielleicht gerade heute offenbaren – und welche Konfrontation mit welcher Furcht, die wir hegen, gibt uns Gelegenheit dazu?

Wie werden wir von Bekehrten zu Zeugen?

Vielleicht sind wir geneigt, jene beiden kleinen Worte Davids zu überlesen: *„Ich liebe dich, Herr,* ***meine*** *Stärke.“* Oder geben sie uns fälschlicherweise das beruhigende Gefühl, dass *wir* durch den Herrn stark sind? Die Erfahrung, dass *Gott* unsere Stärke ist, gewinnen wir nämlich in einer Unzahl von Erlebnissen eigener Schwäche.

Es gibt Zeiten, da gehen wir nicht von Berg zu Berg, sondern von Tal zu Tal. Nun wollen wir natürlicherweise nichts mehr vermeiden als eben dieses Gefühl und Erleben persönlicher Ohnmacht; es ist der pure Stress für unser *Ego*. Wir haben gelernt, uns selbst zu helfen und zu schützen, damit eine solche Situation der Schwäche nicht eintritt. Wir haben raffinierte Methoden entwickelt, unsere Umgebung über unsere Schwachheit und Angst zu täuschen und uns selbst durchzubringen, durchzuringen, durchzusetzen – und das mit mancherlei Gewalt, Ausbeutung und Manipulation anderer, was aber auf den ersten Blick gar nicht danach aussieht.

Unsere Erfahrung in der Gemeindearbeit hat uns gezeigt, dass auch viele Christen andere Menschen – egal ob ihre christlichen Geschwister in der Gemeinde oder Nicht-Christen außerhalb der Kirche, und ebenso Gott – dazu benutzen wollen, *selber* stark, groß und wichtig zu sein. Auch wenn in der Kirche viel von Liebe geredet und gepredigt wird, geht es hinter der frommen Fassade doch im Großen und Ganzen recht egozentrisch zu. Dass jemand auf all die eitlen Eigenheiten verzichten kann, weil er tatsächlich gelernt, erfahren und begriffen hat, dass *der Herr* seine Stärke ist und *ER* es ist, der ihn groß macht und ihm Bedeutung sowie Wert verschafft, das ist eine Ausnahme von der Regel. Selbstlose Christen sind Leute, die sich selbst *loslassen* und der Hand Gottes *überlassen* können, weil sie glauben, dass der Herr *wirklich* ihre Stärke ist. Sie leuchten wie die Sterne in der Nacht – unabhängig von den Umständen – mögen sie auch schmerzlich und widrig sein. Sie sind *gelassen* geworden im Loslassen ihres Selbst im Vertrauen auf Gott. Sie müssen nicht mehr um ihre Positionen und ums Rechthaben kämpfen. Sie sind innerlich frei, und Gottes Licht scheint durch ihr ganzes Sein.

Selbsterlösung kontra Gottes Erlösung

Psalm 18 ist das bewegende Zeugnis eines „großen" Mannes, der eben das erkannt hat: Gott ist meine Stärke, ich kann darauf verzichten, mich selbst voranzubringen, zu protegieren und durchzusetzen – oder selbst zu erlösen, zu befreien und zu retten; Gott tut all das in meinem Leben, darum kann ich damit aufhören, dies selbst zu bewirken und bin *frei* für etwas anderes:

Liebe

Das braucht wirklich Glauben. David sagt es im 3. Vers so: ***„Der HERR** ist mein Fels und meine Burg und mein Retter,* ***mein Gott*** *ist mein Hort, bei dem ich mich berge, mein Schild und das Horn meines Heils, meine hohe Feste."*

Wir haben die Begriffe „der Herr" und „mein Gott" hervorgehoben, um zu zeigen, dass David in die Erfahrung eingetreten ist, dass es tatsächlich *Gott* ist – und nicht *er selbst* mit Gottes Hilfe –, der ihn beschützt.

Sich erlösen *zu lassen* und aufzuhören, selbst nachzuhelfen und die Dinge nach eigenem Gusto zu regeln – mit Gottes Hilfe – , *das* ist der Weg, auf dem die Wunder erlebt werden, die uns wahrhaftig zu Zeugen Jesu Christi und der Herrlichkeit Gottes machen. Das war zu den Zeiten Davids so und ist es heute immer noch. Gott offenbart seine Stärke nicht in unserer Stärke, sondern in unserer Schwachheit, seine Befreiung nicht in unserer Freiheit, sondern in unserer Gebundenheit, seine Heilung nicht in unserer Gesundheit, sondern in unserer Krankheit usw. Gott wird uns immer wieder an den Punkt bringen, wo sich die Frage entscheidet, wer uns erlöst: *er* oder *wir*.

Menschen, die unentwegt für sich selber kämpfen, sich selbst retten und durchbringen müssen, sind *nicht* frei und haben für Liebe und Hingabe weder Zeit noch Kraft; sie müssen sich zu viel um sich selbst kümmern. Ihr Leben ist zerrissen, sie können Gott nicht *ungeteilt* dienen, da sie sehr viel Kraft für sich selbst aufwenden müssen und sich um sich selbst als den Mittelpunkt des Universums drehen.

Sammlung kontra Zerstreuung

Wiederum ist unsere Erfahrung in der Gemeindearbeit und unzähligen Gottesdiensten, die wir selbst veranstaltet haben, dass ein Zuhörer bzw. Teilnehmer, der *ganz bei der Sache ist*, eine Rarität darstellt. Die meisten sind zerstreut und nur mit halbem Ohr bzw. Herzen dabei, weil sie jederzeit mit einer Menge anderer Dinge beschäftigt sind, aber keinen Moment wirklich *präsent* – achtsam im Hier und Jetzt – sein können, weil zu viele Sorgen, zu viele liegen gebliebene Verpflichtungen sie beschäftigen und dringende Aufgaben auf sie warten usw. Dass es einmal *einzig und alleine* um Gott gehen könnte – undenkbar. Nicht einmal an Weihnachten klappt das. Das unentwegte „Zuviel“ zerstört die ganzheitliche, gesammelte Hingabe und damit die Liebe. Das ist übrigens nicht nur in Bezug auf Gott so, sondern gilt auch in allen anderen Beziehungen.

Jesus lässt uns wissen, dass *alle* Gebote Gottes in *einem* zusammengefasst sind:

> *Du sollst Gott lieben mit ganzem Herzen, ganzer Seele, ganzer Kraft und ganzem Verstand und deinen Nächsten wie dich selbst* (Lk 10,27).

Unsere moderne Getrieben- und Zerstreutheit ist das genaue Gegenmittel zu einer solchen Ganzheitlichkeit, darum finden wir heute keine „Davids“ mehr. David hatte inmitten seiner gewaltigen Probleme nämlich eines vom Herrn verordnet bekommen: *Zeit.* Er hatte Zeit beim Hüten der Schafe seines Vaters, später hatte er Zeit in der Wüste, wo er sich vor Saul versteckte. So benutze Gott die Umstände und Schwierigkeiten, um David Zeit und Sammlung zu verschaffen. Er konnte sich auf Gott konzentrieren und ausrichten sowie eine Beziehung entwickeln, die Tiefgang hatte und umfassend war. Beziehungen mit solcher Qualität brauchen immer Zeit und Aufmerksamkeit, sie entstehen nicht von alleine.

Die Bosheiten, Nachstellungen und Bedrängnisse, durch die David gehen musste, *dienten* ihm auf diese Weise dazu, der David zu werden, der Israel ein *Gott*-gemäßer König sein würde – mit einem *ganz anderen* Charakter als Saul, da Saul Gott nur für seine eigenen machtpolitischen Interessen *benutzte.* David aber *liebte* ihn – weil er Zeit hatte und die Gelegenheiten nutzte, um *ihn* kennenzulernen und nicht *sich selbst* durchzusetzen. Er erfüllte das erste und eine Gebot.

Heiliges Nichtstun kontra Stress

David entwickelte eine ungeteilte Beziehung zu Gott, weil er auch ungeteilte Zeit in sie investierte: nicht „Freizeit" oder „übrige Zeit" oder „stille Zeit", sondern „alle Zeit". Da wir geneigt sind, Gott auf Nebenzeiten abzuschieben, müssen auch für uns immer wieder Krisen her, die uns so weit einschränken, bis wir einmal *nichts* anderes „Wichtiges" mehr zu tun haben und im Gebet, im Wort Gottes und Geist *bleiben* können und Gott nicht länger ausweichen. *Dann* geschehen die wirklichen Veränderungen und Wunder, nach denen wir uns als Christen ja angeblich immer schon gesehnt haben und wofür wir so zahlreiche Seminare, Konferenzen und Tagungen veranstalten bzw. besuchen. Für uns leistungsorientierte Menschen westlicher Prägung ist es schwer, einfach einmal stillzuhalten und das „heilige Nichtstun" zu kultivieren, in dem es zu *Null Prozent* um unsere ach so wichtigen Angelegenheiten geht, sondern *ausschließlich* um Gott. Es gilt, die „Kunst des Schweigens" wiederzuentdecken, das wortlose Bei-Gott-Sein, in dem alle Gedanken und inneren Beschäftigungen eine Zeit lang zur Ruhe kommen. Die Wirkung dieses Schweigens ist ganz erstaunlich. Es gibt dem Geist Zeit, uns zu sortieren und uns *seine* Bewertungen der Dinge vor Augen zu führen. Da wird Kleines groß und Großes klein.

Anselm Grün sagt in seinem kleinen Büchlein „Der Anspruch des Schweigens", dass es „im Schweigen letztlich um einen inneren Thronwechsel" geht. „Nicht mehr ich selbst soll auf dem Thron sitzen, nicht mehr ich soll planen, wie meine frommen Übungen und meine religiösen Ideale einen Zuwachs an geistlichem Reichtum vermitteln können, sondern Christus soll in mir herrschen. Nicht ich und meine geistlichen Bedürfnisse stehen dann im Mittelpunkt, sondern Christus, dem ich mich überlasse, indem ich mich selbst im Schweigen loslasse ..."

Ich (Frank) habe der Gemeinde immer mal wieder mit einem Augenzwinkern empfohlen, doch mal einen halben Tag „Ferien von sich selbst" zu nehmen, das wäre ungeheuer erholsam! Es gibt ein Schweigen, das nichts mit östlicher Meditation oder

Verdrängen der Realität zu tun hat, sondern mit LOSLASSEN in die Hände Jesu. Was wir loslassen, ist dadurch nicht einfach „weg", aber es kann dann von Jesus genommen und erlöst werden. Grün präsentiert eine „Schweigeregel" aus Taizé, die uns immer wieder eine inspirierende Orientierung gegeben hat:

Schweigen der Phantasie

Die Gefühlsregungen, die Traurigkeiten kommen zum Schweigen; die eitle Geschäftigkeit der Gedanken kommt zum Schweigen.

Schweigen des Gedächtnisses

Das Vergangene, die vergeblichen Klagen, die Bitterkeiten kommen zum Schweigen. Sich nur an die Erweise von Gottes Barmherzigkeit erinnern (vgl. Ps 103,2).

Schweigen des Herzens

Die Wünsche kommen zum Schweigen, die Antipathien kommen zum Schweigen, die Liebe kommt zum Schweigen in allem, was an ihr übertrieben ist.

Schweigen der Eigenliebe

Der Blick auf die eigene Sünde, auf die eigene Unfähigkeit kommt zum Schweigen. Das Selbstlob kommt zur Ruhe. Das ganze menschliche Ich kommt zum Schweigen.

Schweigen des Geistes

Die unnützen Gedanken zum Schweigen bringen. Die spitzfindigen Überlegungen, die den Willen schwächen und die Liebe eintrocknen lassen, zum Schweigen bringen. Alles eigene Suchen und Streben zum Schweigen bringen.

Schweigen des Richtgeistes

Schweigen im Blick auf andere Menschen: nicht richten.

Schweigen des Willens

Die Ängste des Herzens, die Schmerzen der Seele zum Schweigen bringen. Die Verlassenheitsgefühle zum Schweigen bringen.

Schweigen mit sich selbst

Nicht auf sich selbst hören, sich nicht beklagen und nicht trösten, mit sich selbst schweigen, sich vergessen, sich von sich selbst lösen.[1]

Jesaja 30,15 sagt: *„Durch Umkehr und durch Ruhe werdet ihr gerettet. In Stillsein und Vertrauen ist eure Stärke. Doch ihr habt nicht gewollt ...!"* Diesen Zustand der Stille nannten die alten Mystiker „Kontemplation", in der es um die Erfahrung der inneren Begegnung und Einswerdung mit Gott geht.

Willigis Jäger stellt fest, dass „die Liebe den Menschen drängt, alles loszulassen, denn diese innere Freiheit ist die Voraussetzung zur Einswerdung mit Gott". Er vergleicht das unruhige Ego mit

> ... einem kleinen Rinnsal, das aus einem gewaltigen See herausfließt. Das Rinnsal ist begrenzt durch Ufer; es hat einen individuellen Lauf. Es ist einmal eng und einmal weit, je nach der Landschaft. Es reagiert auf Widerstand und folgt dem Sog des Gefälles. Es bildet Strudel, staut sich, schießt als Wasserfall über Felsen. Es hat immer diese und jene Form, setzt sich ab von seiner Umwelt und ist darauf bedacht, sich zu unterscheiden. Der große See dagegen, aus dem es kommt, wandelt sich nicht. Er ist das Bleibende, er ruht in sich ...
> Intellektuelle, emotionale, physische und psychische Abläufe schaffen ein Ego, das für die eigentliche Mitte gehalten wird. In Wirklichkeit ist es nur das kleine Rinnsal. Schweigen alle genannten Tätigkeiten, tritt die Basis des Bewusstseins hervor, und man erkennt, dass das wahre Selbst viel tiefer liegt. Jeder Mensch hat diese Mitte und lebt aus ihr, ob er darum weiß oder

---

[1] Anselm Grün, „Der Anspruch des Schweigens", Vier-Türme-Verlag, Münsterschwarzach 1984, S. 40–41.

nicht. Jeder Mensch hat diesen „schweigenden See“, aus dem das Rinnsal seines Tagesbewusstseins fließt.[2]

> ***Wenn** du deinen Fuß vom Sabbat zurückhältst, deine Geschäfte an meinem heiligen Tag zu treiben, und nennst den Sabbat eine Wonne und den heiligen Tag des Herrn ehrwürdig, und wenn du ihn ehrst, sodass du nicht deine Gänge machst, deinem Geschäft nachgehst und eitle Worte redest, **dann** wirst du deine Lust am Herrn haben. Und ich werde dich einherfahren lassen auf den Höhen der Erde und dich speisen mit dem Erbteil Jakobs, deines Vaters* (Jes 58,13-14a).

Dies ist ein typischer Kausalismus: *wenn ... dann*. Ohne das eine kann das andere nicht geschehen. Halten wir unseren Fuß *nicht* zurück, fahren wir auch *nicht* „auf den Höhen der Erde“ einher, was wir aber doch alle wollen.

Wenn wir uns so manches heutige Gemeindegebaren anschauen, dann ist für eine solche Sabbat-Ruhe, ein solches *Aufhören* mit dem Aktionismus, der Arbeit und Mühe, *keine Zeit*. Sollten wir den Sonntag als den „Tag des Herrn“ betrachten, dann müssen wir uns fragen, ob wir ihn *jemals* für das hier beschriebene „heilige Nichtstun“ genutzt haben oder eben für unzählige Gemeindeaktivitäten, die uns genau diese Ruhe genommen haben und mit Erfolg eine tiefergehende Erfahrung Gottes verhindert haben, die uns die „Lust am Herrn“ hätte erleben lassen und eben „auf die Höhe“ gebracht hätte, wo wir doch eigentlich mit all unserer frommen Mühe hingelangen wollen.

Leider sind wir auch als Christen scheinbar nach wie vor meilenweit von einem Glauben entfernt, der Gott ernst nimmt und sich *nach ihm* richtet. Immer soll er sich *nach uns* richten und all unseren „frommen Aufwand“, den er in Wahrheit gar nicht von uns verlangt, belohnen. Tut er aber nicht. Er wartet, bis wir ans Ende unserer Kräfte kommen und ihn einmal den sein lassen, der

[2] Willigis Jäger, „Kontemplation“, Herder 7. Aufl. 2010, S. 30/31.

er ist: Gott. Und das auf *seine* Weise und nicht unsere; wie *er* sagt und nicht wie *wir* sagen.

Seid still und erkennt, dass ich Gott bin! (Ps 46,11 LUT).

David ist ein Beispiel par excellence für die Erfahrung, mit den eigenen Kräften und Mühen ans Ende zu kommen. Wie sein Weg dazu aussah, davon handelt Psalm 18. Im folgenden Kapitel werden wir seinen Abstieg betrachten, der stets dem Aufstieg vorangeht.

Kapitel 2

Abstieg

Es umfingen mich Bande des Todes, und Bäche des Verderbens erschreckten mich. Fesseln des Scheols umgaben mich, ich stand vor den Fallen des Todes. In meiner Bedrängnis rief ich zum HERRN, und ich schrie zu meinem Gott.

Psalm 18,5-6

Worum geht es eigentlich?

Wenn wir diese Verse einmal von hinten nach vorne lesen, also vom Ergebnis her, dann klingt das sehr positiv: David, der Mann Gottes, ruft zu dem Herrn und schreit zu seinem Gott. Na, das ist doch klar, tut das nicht jeder religiöse Mensch? Nein, tut er nicht. Er verlässt sich viel zu sehr auf seine Religiosität und meint, eben *diese* werde ihn vor den „Banden des Todes" und „Bächen des Verderbens" bewahren.

Die Neigung, Gott mit Religion zu verwechseln, ist den Menschen sehr zu eigen. Denn: Religion kann man machen, Gott nicht. Das ist der kleine, aber alles entscheidende Unterschied.

Menschen können große Kathedralen bauen, beeindruckende kirchliche Hierarchien aufrichten, raffinierte Theologien ausbrüten und „heilige" Liturgien und Kulte zelebrieren; sie können meinen, Gott dadurch „kaufen" und „verwalten" zu können und den Geist irgendwie „in die Flasche" (unter Kontrolle) zu bringen, aber dem ist nicht so. Gott ist trotz aller religiösen Maßnahmen unkäuflich und unverfügbar. Ihn interessieren Kathedralen, Hierarchien, Theologien und Liturgien gar nicht – ihn interessiert unser Herz (vgl. 1 Sam 16,7). Es geht ihm schließlich um *Liebe*. Für die Liebe ist Gott allerdings *doch* verfügbar, denn er *ist* Liebe (vgl. 1 Joh 4,8). Aber die Liebe spielt nicht nach unseren Regeln, sondern hat ihre eigenen. Paulus bringt es auf den Punkt:

> *Wenn ich in den Sprachen der Menschen und der Engel rede, aber keine Liebe habe, so bin ich ein tönendes Erz geworden und eine schallende Zimbel. Und wenn ich Weissagung habe und alle Geheimnisse und alle Erkenntnis weiß und wenn ich allen Glauben habe, sodass ich Berge versetze, aber keine Liebe habe, so bin ich nichts. Und wenn ich alle meine Habe zur Speisung der Armen austeile und wenn ich meinen Leib hingebe, damit ich verbrannt werde, aber keine Liebe habe, so nützt es mir nichts* (1 Kor 13,1-3).

Die moderne Übersetzung „Die Volxbibel" liest diese Verse auf eine Weise, die uns ihre Bedeutung vielleicht noch einmal neu erschließt und das Verständnis vertieft:

> *Ohne Liebe geht gar nichts! Selbst wenn ich perfekt alle Sprachen, die es auf der Welt gibt, sprechen könnte, auch die Sprache der Engel, aber in all dem, was ich darin reden würde, wäre keine Liebe, dann wären meine Worte nur Müll, sie wären ohne Bedeutung, hohl und leer.*
> *Selbst wenn ich in einer Tour prophetische Worte von Gott bekommen würde, wenn er mir alle geheimen Fragen über die Welt beantwortet hätte und ich solch ein Vertrauen auf Gott haben würde, dass Berge auf mein Gebet hin verschwinden, aber ich würde all das ohne Liebe tun, dann wäre das immer noch nichts, es würde nichts bedeuten.*
> *Und selbst wenn ich alles, was mir gehört, an Obdachlose und Penner verschenken würde, ja selbst wenn ich mein Leben für andere riskieren und dabei sterben würde, aber ich würde das nicht aus Liebe tun, es wäre für die Tonne und umsonst.*

Die Frage ist, was uns *heutige* Menschen eigentlich *wirklich* dazu bringen kann, zu Gott *zu schreien*?

Bei David waren dazu eine Menge übler Umstände nötig! Er musste ans Ende von sich selbst kommen, ans Ende seiner Kräfte und ans Ende seiner Karriere, ja, an den Rand des Todes. Er erlebte sich als gefangen und gebunden von „Fesseln", die weder er noch sonst irgendjemand lösen konnte: weder die Politik, die Kirche, noch die Medizin, nicht einmal seine Freunde oder die Familie konnten etwas für ihn tun. Diese machten, ganz im Gegenteil, alles nur noch schlimmer.

All seine Frömmigkeit nutzte ihm nichts, alle seine guten Taten halfen nicht. In anderen Psalmen zählt David ja gleich reihenweise seine beeindruckenden Haltungen, Taten und Gaben auf, aber das *alles war nutzlos.* **Da** „schrie David zu dem Herrn".

Jetzt waren es allerdings keine wohlformulierten, von der Kirche (Synagoge) vorgegebenen und abgesegneten Gebete wie heutzutage etwa zum tausendsten Mal das „Vaterunser", sondern jetzt war es das *Herz*, welches zum Zug kam. Es hat seine eigene Sprache und in seiner Pein seinen eigenen Schrei. *Dieser* wird im Himmel gehört (vgl. Psalm 107,6.13.19.28).

Solange es uns nicht „durchs Herz geht" (vgl. Apg 2,37), solange es aufgesetzte und äußerliche Religion ist, die wir „sachgemäß" und routinemäßig betreiben, nutzt es uns nichts, sondern es kann ganz im Gegenteil für die Beziehung zu Gott hinderlich sein.

Bei allen unseren „frommen" Aktivitäten müssen wir uns fragen, ob die Motivation Liebe ist. Besuchen wir christliche Veranstaltungen, weil die anderen es eben auch tun, weil es „Christenpflicht" und von Kindesbeinen an Gewohnheit ist, oder warum tue ich es? Geht es *wirklich* um Gott? Um das Geheimnis unserer Liebe? Stellt sich mir überhaupt je die Frage, was es bedeutet, einmal IHM zu dienen, anstatt mir selber, oder will ich nur ein paar nette Leute treffen, weil es zu Hause langweilig ist? Kann ich auch so etwas Profanes wie die tägliche Hausarbeit als „Gottesdienst" sehen?

Wir feiern Kommunion

Während ich (Frank) diese Zeilen schreibe, ist in unserem Dorf gerade „Kommunion" – wie alle Jahre wieder. Immer wieder laufen hektisch Leute in feinen Anzügen und Kostümen mit großen Geschenken unterm Arm und mächtigen Kuchen an meinem Fenster vorbei. Ein großes Fest ... in dem es *um was* geht?

Eine Kollegin auf meiner Arbeitsstelle brachte es für die Mädchen auf den Punkt: „Wollen die später kirchlich heiraten – und das wollen sie alle –, müssen sie die Kommunion und Firmung haben, sonst geht das nicht."[1] Andere betonen in der Begründung die kirchliche Tradition oder die Attraktion der vielen Geschenke für die Kinder, aber *Gott lieben?*

Ohne Liebe ist zwar *alles nichts*, wie uns 1. Korinther 13 versichert, aber in unserer frommen Geschäftigkeit geht das irgendwie ganz unter. Wir müssen schließlich irgendwelche Texte aus dem Katechismus auswendig lernen, mit frommer Mine langweilige Kirchenlieder absingen, ebenso langatmige Predigten über uns ergehen lassen, die wir gleich hinterher wieder vergessen, und dann endlich geht es in unserer wunderbaren, teuren Garderobe raus aus der Kirche, um in ebenso wunderbaren, teuren Lokalen sehr viel zu essen. Die Tischgespräche drehen sich dann um alles, aber nicht um Gott, und um Liebe erst recht nicht ... wäre

[1] **Erstkommunion** oder **Erste heilige Kommunion** (auch Kinderkommunion; oft verkürzt „Kommunion" genannt) heißt in der katholischen Kirche der meist festlich begangene erste Kommunionempfang der Kinder. An diesem Tag empfangen sie zum ersten Mal die heilige Kommunion. Die Eucharistie gehört zusammen mit der Taufe und der Firmung zu den Sakramenten, die in die katholische Kirche eingliedern.
Die **Firmung** (lat.: confirmatio ‚Bestätigung, Bekräftigung') ist eines der sieben Sakramente der römisch-katholischen, der altkatholischen und der orthodoxen Kirche (dort griech. myron ‚Salbung' genannt) sowie eine sakramentale Handlung (Sakramentale) in der anglikanischen Kirche. In der katholischen Kirche ist sie die Vollendung der Taufe und bildet zusammen mit der Taufe und der Eucharistie die „drei Sakramente der christlichen Initiation". Sie wird als Gabe der Kraft des Heiligen Geistes an den Gläubigen verstanden. Dies helfe ihm dabei, tiefer in der Gotteskindschaft zu verwurzeln, sich fester in Christus einzugliedern, seine Verbindung mit der Kirche zu stärken, sich mehr an ihrer Sendung zu beteiligen und zu helfen, in Wort und Tat für den christlichen Glauben Zeugnis zu geben. Quelle: Wikipedia.

irgendwie peinlich, also besser freundlich-oberflächlichen „Smalltalk" betreiben. Und der „liebe Gott" soll es alles segnen ...

Auch ein David hatte als jüdischer Junge seine traditionellen Vorstellungen von Gott und wurde durch ein Kirchen- bzw. „Synagogenjahr" mit seinen heiligen Festen und Fasten geführt. Aber all dies läuft wie von alleine ab, mechanisch wie ein Uhrwerk. Als Kinder werden wir passiv durch die Gemeindeaktivitäten geschleust und mit Spielen bei Laune gehalten.

Ein Pastor antwortete auf die Frage nach seiner „ersten Erfahrung mit dem christlichen Glauben" mit folgendem, nicht untypischen Satz: „In der Sonntagsschule ruhig sitzen und aufpassen müssen, keine Fragen stellen können, belehrt werden; all das verbunden mit dem Lied ‚Gott ist die Liebe'."[2]

Wir lernen in der Sonntagsschule bzw. Kinderstunde das äußere, sichtbare Tun kennen, stellen normalerweise mit kindlicher Intuition die Diskrepanz zwischen dem äußeren, religiös angestrichenen Verhalten und der desolaten inneren Wirklichkeit der Leute fest und wundern uns, warum die Erwachsenen sich darüber nicht wundern. Dann lernen wir, dass diese äußerliche Anpassung *das ist*, was zählt, nicht nur in der Kirche, auch sonst in der Gesellschaft, während das Herz *nichts* zählt. Dann wird unser Herz krank, weil es ständig übergangen und zur Seite geschoben wird – und keine Medizin, auch keine noch größere Anstrengung, gesellschaftliche und kirchliche Anerkennung zu erlangen, hilft. Dann endlich gehen wir den Weg Davids: Wir gehen unter ...

Entsprechend den „Sterbephasen" von *Elisabeth Kübler-Ross*[3] gehen wir zunächst durch verschiedene Stufen der Abwehr gegen die Wahrheit, dass wir sinken, anstatt aufsteigen:

---

[2] Olaf Kormannshaus in „Vorgestellt", P&S-Magazin, Ausgabe 2/2010, Bundesverlag Witten.

[3] Elisabeth Kübler-Ross war eine schweizer-US-amerikanische Psychiaterin. Sie befasste sich mit dem Tod und dem Umgang mit Sterbenden, mit Trauer und Trauerarbeit und gilt als Begründerin der Sterbeforschung ... Kübler-Ross definierte die heute anerkannten fünf Phasen des Sterbens in ihrem Buch „Interviews mit Sterbenden". Quelle: Wikipedia.

Die Sterbephasen

Nichtwahrhabenwollen

Zunächst leugnen wir einfach, dass es uns schlecht geht; wir wollen es nicht wahrhaben und die anderen auch nicht. Auch in unserer christlichen Kultur sind wir heute so weit, dass nur der Erfolg zählt: Unsere Leiter müssen jung, dynamisch und effizient sein, das Gemeindegeschäft muss durchorganisiert sein und einer unsichtbaren „DIN-Norm" entsprechen. (Ein Freund sagte scherzend: Nach ein paar Jahren Gemeindedienst sind die Leiter statt jung und dynamisch nur noch „und" ...) Wie gesagt: Leiden sind nicht besucherfreundlich und attraktiv für die werbewirksame Außendarstellung der Gemeinde. Die Kranken, Bedrängten und „Schwierigen" werden gerne in den Hintergrund verbannt, auf die letzte Bank, schädigen sie doch das Image und passen nicht in die Visionsbeschreibung. Außerdem „nerven" sie den sowieso überlasteten Pastor mit ihren Problemen. (Auch Gemeindeglieder können selbstgerecht reagieren: Es gab einen Fall während unseres Gemeindedienstes, dass ein Ehepaar damit drohte, die Gemeinde zu verlassen, wenn ein bestimmter Gast, der trotz vieler Mühen noch immer Drogen nahm, weiterhin zur Gemeinde kommen würde. Entweder er oder sie! Auf unsere Erwiderung, dass Jesus doch für die Sünder gekommen sei und nicht für die Gerechten, verließen sie brüskiert die Gemeinde. Der „Sünder" blieb und beteiligte noch viele an der Aufgabe, barmherzig mit ihm zu sein.)

Wenn ein paar Gebete im „Godi" und in der „Hauskreiszelle" nicht die gewünschten Ziele erreichen, nämlich das Leiden abzustellen und alles beim Gewohnten zu belassen, wird dem Untergehenden sehr schnell klar, dass er ein Störfaktor ist, nicht „richtig glaubt" oder anderweitig von der Norm abweicht und die Routine behindert. Zwangsläufig wird er anfangen sich zu schämen, da er offensichtlich „falsch" ist und den anderen eine Last aufbürdet, die sie nicht tragen wollen oder können. (Jener oben erwähnte „Fall" eckte bei vielen an, weil er nicht schnell genug „clean" wurde, obwohl er eine große Liebe zu Jesus in seinem

Herzen hatte. Oftmals wird das Gottesbild solcher Leidenden schwer erschüttert, weil sie merken, dass ihr Leiden, vor allem, wenn es anhaltend ist, den anderen zu anstrengend ist und die Ergebnisse der Heilung zu schleppend kommen.)

David musste – obwohl er der Held war, der Goliath erledigt hatte und damit seinerzeit die ganze Gemeinde Israel gerettet hatte! – erleben, wie wahr der Satz ist, dass die Freunde rar werden, wenn es ans Leiden geht und gnadenlose Ausgrenzung betrieben wird, wenn man sich „politically incorrect" (nicht der gesellschaftlichen Norm entsprechend) benimmt. Es heißt: „Freunde in der Not gehen Tausend auf ein Lot."

Inmitten der Irritation erleben wir: Ein herausragendes Merkmal des Leidens ist, dass es nicht lockerlässt, aufdringlich und lästig ist, in den Wunden bohrt – und uns zu nah ist, als das wir es ignorieren könnten. Unendlich viele Fragen stellen sich, verborgene Konflikte, die wir bisher gut unten halten konnten, brechen mit Wucht hervor. Auf diese – zugegeben unbequeme – Weise dehnt sich unser Herz und wir betreten Bereiche unseres Seins, die ganz unter der Kontrolle der Leugnung und Lüge standen. Nun kommt Licht in die Dunkelheit und wir erschrecken vor dem Chaos, welches sich dort angesammelt hat und den „Dämonen" der Furcht, Verzweiflung und Bitterkeit, die dort herumhuschen wie die Ratten. Das führt nach dem Nichtwahrhabenwollen als Nächstes häufig zu …

Zorn

Zorn auf Gott, der einen scheinbar „hängen lässt", Zorn auf sich selbst, wie man nur so inkonsequent „in den Tag hinein" leben konnte, Zorn auf die anderen, denen es so viel besser zu gehen scheint als einem selber. Man möchte einerseits nichts sehnlicher, als dazuzugehören, andererseits nichts sehnlicher, als in Ruhe gelassen zu werden und zu schmollen. Diese Ambivalenz kostet Kraft und die Umgebung reagiert mit weiterem Unverständnis, sie möchte eindeutiges, angemessenes und „vernünftiges" Verhalten, welches dem in den Abgrund Sinkenden aber zunehmend entgleitet.

Der Leidende macht in diesem Zustand jedoch die überraschende Erfahrung, dass das Zulassen von Zorn und „Unvernunft" enorm guttut und verdrängte Anteile seines Wesens ans Licht bringt. Er träumt viel mehr, kommt sich selber näher und kann (wieder) bestimmte Gefühle erleben, die vorher unterdrückt wurden. Trotz der Leiden – oder gerade wegen ihnen – fühlt sich der im Abstieg Begriffene mehr als *Mensch*, denn zuvor. Das Unmenschliche an dem ganzen oberflächlichen Getue, welches die Menschen mit Leben verwechseln, wird ihm deutlicher, sodass er sich nur noch wundert ... und je nachdem noch zorniger wird.

David hat die sogenannten „Rachepsalmen" geschrieben. Für viele Christen passen sie gar nicht in ihr Bild eines „Heiligen" wie David und es ist ihnen peinlich, dass sie in der Bibel stehen. Ein Beispiel:

> *Streite, Herr, mit denen, die gegen mich streiten, kämpfe mit denen, die mich bekämpfen! Ergreife Kleinschild und Langschild und stehe auf zu meiner Hilfe! Zücke den Speer und versperre den Weg gegenüber meinen Verfolgern; sprich zu meiner Seele: „Ich bin deine Hilfe!" Es sollen sich schämen und zuschanden werden, die nach meinem Leben trachten; es sollen zurückweichen und beschämt werden, die mir Unheil ersinnen! Lass sie sein wie Spreu vor dem Wind, und der Engel des Herrn stoße sie! Ihr Weg sei finster und schlüpfrig, und der Engel des Herrn verfolge sie!* (Ps 35,1-5).

Es gibt Phasen von Zorn, die sehr wohl gerechtfertigt sind und die man nicht mit frommen Sprüchen abwürgen muss. Es gibt einen ganz gesunden, sogar „heiligen Zorn", wie wir ihn bei Gott finden. Er prangert die Ungerechtigkeit an. Alle Menschen müssen sich ihrer eigenen Wahrheit stellen, was ja das eigentliche Thema des Abstiegs ist. Dabei ist die Frage nach der Gerechtigkeit und Ungerechtigkeit stets von großer Bedeutung und wir bemerken, dass sich unsere Seele im Untergrund viel mehr damit beschäftigt, als uns bewusst war. Einerseits schmerzt das und macht traurig, andererseits werden Wut und Enttäuschung über ungelebtes Leben und das chronische Erdulden von Verkehrtheit und Ungerechtigkeit usw. aufgedeckt. Dies kann je nachdem unglaublich erschütternd sein und Unmengen an ungeweinten Tränen entfesseln. Wiederum kann dies für eine Umgebung, die das nicht einschätzen und zulassen kann, unerträglich sein. Unsere Gemeindeerfahrung diesbezüglich ist, dass die Gemeinde nur kurzfristig bereit ist, Rücksicht zu nehmen, aber bald mit der Trauer von Menschen „fertig" sein will, um zum „gewohnten" Programm zurückzukehren, in dem es „allen gut geht".

Manche Christen haben große Angst davor, dass Gott ihren Zorn nicht akzeptiert und sie sofort verdammen wird, wenn sie sich aufregen, aber dem ist nicht so. Gott ist unter anderem dadurch Gott, dass er uns aushält.

Andere meinen, dass „Vergebung" bedeutet, das Unrecht zuzudecken und so zu tun, als wäre es nicht geschehen. Dieses Verständnis von Vergebung greift zu kurz und lässt die Seele in der Regel keine Ruhe darüber finden. Den manchmal stereotypen Rat von Christen, jede Art von Ungerechtigkeit und Missbrauch nur schnell zu vergeben, und damit sei alles gut, halten wir für einseitig.

Gary Chapman hält in seinem Buch „Die andere Seite der Liebe" zum Thema Zorn fest, dass wir „nach Gottes Bild geschaffen" wurden, und darum gehe es uns – zumindest in gewissem Maß – immer auch um Recht, Gerechtigkeit und Fairness. Chapman glaubt, dass uns dieser Zorn nach Gottes Willen dazu bewegen soll, positiv und liebevoll zu handeln, um Unrecht gutzumachen: „... Ärger ist dazu da, uns zu bewegen, den Ungerechtigkeiten des Lebens mit konstruktivem, liebendem Handeln zu begegnen und alles zu tun, was in unserer Macht steht, um Gerechtigkeit zum Durchbruch zu verhelfen – und zwar aus Liebe." Er stellt fest, dass „Ärger immer schon eine starke Triebkraft für gesellschaftliche Reformen" gewesen ist.[4]

[4] Chapman, Brunnen 2000, S. 24–26.

Tatsächlich kann uns im „Sterbeprozess" die Erkenntnis kommen, dass es auch diesen „gerechten Zorn" gibt, der nichts mit Gewalt und Revanche zu tun hat. Er hat dann eine reinigende und stabilisierende Wirkung auf uns und wird genutzt, anstatt verdrängt.

Verhandeln

In dieser Phase versucht der „Patient" noch für Verständnis zu werben, seine Situation zu erklären, zu rationalisieren und zu bagatellisieren; er spielt trotz seiner Leiden mit einem letzten Bemühen das Spiel mit und sagt, was die anderen hören wollen, tut, was alle tun, was die „Leiter" bzw. „Experten" verlangen, und fügt sich ein. Die Optionen werden wieder und wieder durchgespielt, der Verstand läuft heiß. Das Herz aber ist längst durch alle Raster der Konventionen gefallen und weiß ganz genau, dass es unweigerlich an die Grenze von Leben und Tod gehen wird, dorthin, wo *alle* Spiele aufhören und man ganz wahr bzw. ganz echt wird ... oder sich selbst verliert bzw. in der Selbstentfremdung gefangen bleibt.

Depression

Nach dem Zorn kommt die Depression. Gefühle von Ohnmacht und Verzweiflung mit zeitweiser „Erstarrung" stellen sich regelmäßig ein. Manche Leute gehen durch Panikattacken, bedrohlich wirkende Symptome kommen und gehen und „schrecken" einen, wie David in den Eingangsversen zu diesem Kapitel sagt. In anderen Psalmen konkretisiert er den Zustand der Depression:

> *Der Feind verfolgt meine Seele, tritt mein Leben zu Boden, lässt mich in Finsternissen wohnen gleich den Toten der Urzeit. Mein Geist ist ermattet in mir, mein Herz ist erstarrt in meinem Innern ...*
> *Verbirg dein Angesicht nicht vor mir! Sonst bin ich denen gleich, die zur Grube hinabfahren ...* (Ps 143,3-4.7b).

Viele Christen verstehen nicht, warum sie durch Phasen von Depression gehen müssen und finden diesen Zustand genauso unakzeptabel oder „unheilig“ wie den Zorn. Sie meinen, als „richtiger“ Christ, sei man „allezeit fröhlich“, Zorn und Depression stehen für sie auf der Seite der „Sünde“ oder der „Welt“ und gehören sich für einen Gläubigen nicht. Aber niemand von den Männern und Frauen Gottes, die uns in der Bibel beschrieben werden, auch selbst Jesus nicht, waren immer nur fröhlich!

Von Jesu Gebetsleben heißt es in Hebräer 5,7, dass Jesus *„sowohl Bitten als Flehen* ***mit starkem Geschrei und Tränen*** *Gott darbrachte“.* Diese Aussage irritierte mich (Frank) als jungen Christen nicht wenig, da ein solches Verhalten gar nicht in mein Bild von einem frommen, gutbürgerlichen Jesus passte und ich in der Kirche, die vorgibt, sich in allem nach ihm zu richten, nie ein Gebet mit solchen Qualitäten gehört hatte. Dort waren die Gebete so stereotyp und langweilig, dass sie mich regelmäßig einzuschläfern drohten, ihnen fehlte die Inbrunst und Energie des Gebets *aus dem Herzen* – mit *ganzer* Seele, *ganzem* Verstand und *aller* Kraft.

Der Zorn hat seinen Platz in der Seele des Menschen ebenso wie depressive Zustände von Niedergeschlagenheit und Ohnmacht. Sie müssen keineswegs Ausdruck von Sünde oder Glaubenslosigkeit sein. Sie können auch mehr sein als nur das Symptom von Erschöpfung und Stress. Womöglich ist es *Gott*, der die Tür zur Tiefe öffnet, und dort finden sich die verdrängten Gefühle, ungeklärten Erlebnisse und gesammelten Traumen unseres Lebens. Der Zugang zur Tür unseres inneren Kellers ist zwar gut gesichert durch allerlei Alarmanlagen, dicke Eisentüren und bellende Wachhunde, aber Gott überrennt unsere Sicherheitsmaßnahmen und öffnet den Bereich der Tiefe und Verborgenheit, den wir nicht wahrhaben und zugeben wollen. Er lässt die bellenden Hunde frei! Wir verteidigen uns, wir kämpfen dagegen an, wir werden überschwemmt von ungeahnt mächtigen Gefühlen, die wir als „feindlich“ einstufen. Wir sind in uns gespalten und viel neurotischer, als wir geahnt haben, zu viel von uns steckt eben in diesem

Keller und ist dort „verloren"; Gott holt es wieder hervor. Er scheint mit uns im Ringkampf zu liegen – um *uns*.

Der Kampf mit uns und um uns kann manchmal lange dauern, nur mit äußerstem Widerwillen geben wir unsere Verteidigungslinien zentimeterweise auf und kommen schließlich zitternd vor Furcht aus unserem Versteck hervor ans Licht.

Wir kennen uns selbst nicht wirklich, wir wollen uns gar nicht kennen – so schwach und elend, wie wir tatsächlich sind.

Es ist ein Glücksfall und große Gnade, wenn wir in diesem Zustand jemanden haben, der uns ermutigt, diesen Weg weiterzugehen, die Traurigkeit als Teil des Heilungsprozesses anzunehmen und beherzt hinzuschauen, was da so alles aus dem Keller hervorkommt. An diesem Punkt fordert die Schrift uns ausdrücklich dazu auf, unser *„Elend zu fühlen, zu trauern und zu weinen"* (Jak 4,9). Wird diese spirituelle Krise nicht verstanden, landen Leute in dieser Phase möglicherweise in Kliniken und werden mit Psychopharmaka „ruhiggestellt". Wir sind uns dessen bewusst, dass es Unterscheidung braucht, wann tatsächlich der Einsatz von Medikamenten angesagt ist und Fachleute ranmüssen. Dennoch sollte man nicht vorschnell alle Depressionen in Bausch und Bogen als krankhaft abtun. Robert Stadtlober, ein österreichischer Schauspieler, sagte einmal in einem Interview auf die Frage, was er gut könne: „Ich kann gut traurig sein." Wer gut traurig sein kann, der kann auch gut fröhlich sein. Thomas von Aquin sagt, durch das Weinen fließe die Traurigkeit aus der Seele heraus und wir würden von Ballast und falschen Gedanken befreit werden. Manche Täler müssen nicht umgangen, sondern durchschritten werden. Dort finden wir das „Elixier der Verwandlung".

Haben wir biblische Begriffe wie „Verlorenheit" und „Tod in den Sünden" zuvor als theologische Metaphern abgehandelt, über die wir intellektuell dahergeredet und in der Predigt wissend genickt haben, als wüssten wir, worum es dabei geht, so tauchen wir nun kopfüber in unsere *eigene* Verlorenheit und Sünde ein. Wir steigen in ein unüberschaubares „Labyrinth des Abgrundes", aus dem wir zeitweise keinen Ausgang finden.

Dabei scheinen uns jeglicher Glaube, alle Hoffnung und Liebe abhanden zu kommen, anstatt dass wir sie gewinnen. Wir fürchten uns. Wir gehen durch den Zustand der „langen Nacht der Seele“, wie ihn einige der alten Mystiker (z. B. *Johannes vom Kreuz*) genannt haben. Dabei wollten wir doch mit Gott geradewegs in das Paradies aufsteigen und nicht in die Hölle hinuntersinken! Niemand hat uns darüber aufgeklärt, dass der Weg nach oben nach unten führt. Wir hielten die Hinweise darauf für den Ausdruck von purem Unglauben, mittelalterliche Leidensverherrlichung oder esoterisches Gequatsche und gingen auf dem Weg der Sieger – gewappnet mit entsprechenden Bibelstellen über Wohlstand, Erfolg und Segen ohne Ende.

Aber nun geht es um die „Realisierung von Verlusten“, um Schwachheit, Diffamierung, Mangel, Verlassenheit, neue Wunden und alte Narben, die uns schmerzlich bewusst werden. Wir fragen uns, welche Sünde wir nur begangen haben können, um so „gestraft“ zu werden. Auch unsere „lieben“ Gemeindegeschwister fragen so: „Wenn es ihm/ihr dermaßen schlecht geht ... da *muss* doch Sünde dahinterstecken!“ Ein Schmerz führt zum nächsten, bis alles weh tut und wir hyperempfindlich reagieren. Dann heißt es: „Der/die ist aber empfindlich!“ So geht es von Leiden zu mehr Leiden. Haben wir anfangs um Verständnis gebettelt, behalten wir schließlich unsere Befindlichkeit lieber für uns selbst und weinen alleine, der falsche Trost der „Freunde“ und ihre Überlegenheit machen alles nur noch schlimmer. Auf einmal fühlen wir uns wie Hiob und lesen seine Geschichte mit anderen Augen.

Akzeptanz

Haben wir das Tal jedoch einmal durchquert, sind wir verwandelte Menschen, haben bestimmte Anteile unseres Selbst zurückgewonnen und sie Tod, Teufel und Sünde entrissen.

Wir werden erkannt haben, dass wir sehr viel weiter gehen und eine Menge mehr aushalten können, als wir für möglich gehalten haben.

Wir werden ganzer, heiler, ausgewogener, sensibler, achtsamer, gnädiger und selbstloser geworden sein.

Wir werden gelernt haben, nur einen Tag auf einmal zu leben und auch die „kleinen“ Dinge wahrzunehmen und zu schätzen.

Wir wissen jetzt, dass das Leben ein Geschenk ist und dass wir „Lebende aus den Toten sind“, wie Paulus in Römer 4,13 sagt.

Das und noch vieles mehr ist der Lohn der Leiden – und wer da hindurchgegangen ist, will diesen Lohn nicht wieder hergeben, obgleich es wirklich schwer war.

Aus dem Zerbruch kommen wir wesentlich wahrhaftiger hervor, als wir hineingingen, wir haben uns unendlich mit uns selbst, mit dem Leben, mit Gott und unseren Dämonen auseinandergesetzt, bis wir am Boden der Tatsachen angekommen sind, am Grund des Meeres, am Tiefpunkt, wo sich der Prozess auf einmal umkehrt und wir zur eigenen Verwunderung wieder aufsteigen. Es scheint ganz ohne unser Zutun zu geschehen, wir können es nicht fassen, wir erfahren bis ganz tief in unser Herz hinein, was dort geschieht: *Gnade*.

Jetzt machen nicht mehr wir selbst uns stark, sondern tatsächlich Gott.

Jetzt *teilen* wir in einer zuvor ungekannten und auch unvorstellbaren Weise *seine* Freude, *seine* Liebe, *seine* Gelassenheit. Dinge, die uns zuvor Furcht einflößten und schreckten, sind uns nun relativ „egal“, wir sind im wahrsten Sinne „cool“ geworden. Sind wir im Laufe unseres Lebens durch viele Trübsale gegangen, hören wir auf, alles persönlich zu nehmen und in Frage zu stellen. Es interessiert uns nicht mehr, warum alle Dinge sind, wie sie sind, weil wir so tief in Gott ruhen, dass es „egal“ ist, mit welchen Situationen wir konfrontiert werden oder ob das, was wir tun, „groß und wichtig“ ist oder nicht. Wir werden in einer gesunden Art und weise *gleichmütig*.

Versöhnt mit uns selbst, unserer Geschichte und unserem Gott sind wir in einem Maß integer, authentisch und in Frieden, wie wir uns das vorher nicht haben denken können.

Das ist das „Elixier der Verwandlung“.

Geht alles gut, kommen wir ans Ende mit uns selbst, geben den Widerstand auf und treten in Gelassenheit und Frieden ein. Dann befinden wir uns in der fünften Sterbephase, die Kübler-Ross „Akzeptanz" nennt.

Es gibt einen sehr poetischen Text über den Sinn des Schmerzes, der in dem berühmten Buch „Der Prophet" von *Khalil Gibran* zu finden ist:

> Und eine Frau sprach und sagte: „Erzähl uns vom Schmerz."
> Und er antwortete: „Euer Schmerz zerbricht die Schale, die euer Verstehen umschließt. So wie der Kern einer Frucht aufbrechen muss, damit sein Herz die Sonne sieht, so müsst ihr den Schmerz kennenlernen. Hättet ihr in eurem Herzen das Staunen über die täglichen Wunder des Lebens bewahrt, dann würde euch der Schmerz nicht weniger wundersam erscheinen als eure Freude. Und ihr würdet euch damit abfinden, dass auch euer Herz Jahreszeiten erlebt, so wie ihr immer hingenommen habt, dass Sommer und Winter über eure Felder ziehen. Und ihr würdet die Winter eures Kummers mit heiterer Gelassenheit überstehen.
> Vieles von eurem Schmerz ist selbst erwählt.
> Es ist der bittere Trank, mit dem der Arzt in eurem Inneren das kranke Selbst heilt. Darum vertraut dem Arzt und trinkt sein Heilmittel schweigend und ruhig, denn seine Hand mag schwer und rau sein, doch sie wird durch die sanfte Hand des Unsichtbaren geführt, und der Becher, den er euch reicht, mag eure Lippen zwar versengen, doch er ist aus dem Ton geformt, den der Töpfer mit seinen heiligen Tränen befeuchtet hat."[5]

Die Musik- und Psychotherapeutin Monika Renz berichtet in einem Artikel „Spiritualität – ein Medikament?"[6] über ihre Forschung mit Patienten auf der Onkologie des Kantonsspitals St. Gallen. Sie begleitete über ein Jahr lang 251 Patientinnen therapeutisch und spirituell. Sie schreibt: „Bei nicht weniger als 135

---

[5] Khalil Gibran, „Der Prophet", Piper Verlag München, S. 71–72.

[6] Zeitschrift P&S, Ausgabe 2/2010, Bundesverlag Witten.

Patienten kamen wir gemeinsam (sie und ich) nicht darum herum, in etwas Erlebtem eine spirituelle Erfahrung – den Faktor Gnade – zu erkennen. Leid und Krankheit waren dann nicht nur Provokation und Erfahrung von Scheitern, sondern auch Katalysator, wo ‚es' geschah. *Genau in der Ohnmacht, in welcher Menschen nicht länger vor sich selbst ausweichen konnten, konstellierte sich das Neue.*"

In diesem Zusammenhang gibt uns Lisette Thooft das Zeugnis einer Psychologin mit Namen Bieke Vandekerckhove weiter, die unheilbar erkrankte.

> In ihrem Buch *„The Taste of Silence – Wie ich lernte, mit mir selbst zu leben"* beschreibt sie ihre Krankheit wie die Explosion einer Bombe. Alles, woran sie geglaubt hatte, schien mit einem Schlag zerstört. Ihr Leben war ein Scherbenhaufen. Aber nach einer Weile fing sie an, die Diagnose als eine Art Befreiung zu sehen:
> Nicht nur das: Was zunächst wie der pure Horror schien, war letztendlich das Beste, was mir jemals passieren konnte. Der Zusammenbruch aller meiner Weltanschauungen führte zu einer inneren Revolution, die noch drastischer war als meine Krankheit selbst. Sie war so fundamental, dass ich sagen muss, dass ich fast froh war, dass die Bombe explodiert ist. Ich möchte niemals wieder diese Ideen-Zwangsjacke tragen müssen. Was zuerst wie eine schockierende Leere erschien, war plötzlich schockierend brillant.
> Es ist nicht so, dass Bieke ihre Krankheit romantisieren will; natürlich ist die Diagnose auch niederschmetternd, und ihr ist durchaus bewusst, dass sie unheilbar krank ist. Sie glaubt keinesfalls, dass Krankheiten und Unglück in Wirklichkeit ein Segen sind. Trotzdem sagt sie: „Ich habe noch nie so intensiv gelebt wie in dem Jahr, das angeblich mein letztes sein sollte. Zunächst war es schwierig, ich war verzweifelt, und diese Verzweiflung kann ich auch heute noch spüren. Aber wenn man mal von der Hoffnungslosigkeit absieht, gab es einige Momente voll purer Emotionen: Der Geruch eines vorbeiziehenden

Regenschauers, das Rauschen der Bäume, die unglaubliche Weichheit eines Katzenfells, Blumen, die sich im Wind leicht hin und her wiegten, das fröhlich-wilde Zwitschern der Vögel ... Ich dachte, ich würde all dies zum letzten Mal erleben, und fühlte mich dabei so, als würde ich es zum ersten Mal bewusst wahrnehmen. Ich sah alles in seiner unvorstellbaren und geradezu schockierenden Schönheit." Es war, als legte sich der Nebel und als täte sich das wahre Leben vor Bieke auf. Neben Krankheiten können auch andere einschneidende Erlebnisse solch einen Effekt erzielen. Eine Krise ermöglicht es uns, in die unteren Schichten unseres Bewusstseins vorzudringen."[7]

Kälte

gefrorener boden, mit puderzucker bestäubte erdschollen,
umgegraben wie miniaturhügel, seelandschaft im kleinformat,
mit eisscherben verziert.
kälte ...
der rauhreif verzaubert die landschaft,
eingetaucht in ein verschlafenes licht
im morgengrauen, noch nicht richtig wach.
die natur räkelt sich, streckt sich dem licht entgegen,
die vögel zelebrieren ihren göttlichen lobgesang.
ein paar sind hiergeblieben,
war ihnen der weg zu weit in den süden?
oder haben sie ihre route verloren
in all den uns umgebenden funkwellen?
morgengrauen, grau in grau
oder einfach nur grauen?
mich fröstelt bei dem gedanken,
dass es bereiche meiner seele gibt,
die dem äußeren szenario sehr ähnlich scheinen.
kälte ...
klirrend kalt, erfroren, nichts scheint zu wachsen,

[7] „Wie Gegenwind dich weiter bringt", Journal „Happinez" Nr. 5–2012, S. 38.

seelen-winter in mir.
leise, beruhigend spreche ich zu mir, tröste mich,
weiß, es ist nur ein teil von mir, nur ein anteil
meiner person, der sich so erfroren anfühlt.
kälte ...
ich horche in mich hinein, lasse gedanken aufsteigen
gefühle, regungen, reflektiere ...
selbst in diesem einen frostigen raum
strahlt ein helles licht von gottes gnade,
seinem frieden.
ein geheimnisvolles leuchten,
welches das erstarrte erhellt,
versöhnung mit dem jetzt schenkt,
ohne zu wissen, wie es weitergehen kann.
loslassen, abgeben, gelassenheit üben ...
so, wie das licht der sonne sich bahn bricht,
der rauhreif beginnt zu schmelzen,
so erfüllt mich dieses licht, bringt beruhigung,
streichelt zärtlich meine kälte, meine ratlosigkeit
„nicht von dieser welt", hast du gesagt.
gott ist dieser frieden,
trotzdem ist es winter in dieser region meiner seele.
ist es nicht so ...? resümiere ich mit mir selbst ...
dass die natur ruht in der kühlen zeit,
sich erholt vom wachsen und fruchtbringen?
es scheint nur alles abgestorben vor meinem auge.
doch das leben, die neue energie
lauert unter dieser erfrorenen decke von eis
des gestorbenen sommers,
der melancholie des herbstes.
so mag es sein, dass auch ein teil von mir winter-ruht.
erschöpft vom frühling und sommer
meiner erfahrungen der erlebten jahre
verblasst der goldene glanz von einst,
der sommer der hochblüte, der begeisterung ...
vorbei, vergangen.

kann diese gedanken annehmen, bin heiter gestimmt
meine freude, mein frieden, mein vertrauen überwintern;
sie schlummern tief in mir,
im oberen seelengrund;
senden ihre strahlen ohne unterlass
in die erfrorenen areale meiner seele,
unbemerkt von meinem bewussten sein.
plötzlich wird mir klar:
der herbst hat mich erfasst,
führt mich unablässing richtung winterzeit.
es ist gut so, lehre mich zu begreifen,
dass meine tage kürzer werden,
um sie gezielter zu nutzen.

Brigitte Krause, November 2006

Kapitel 3

Vom Schein zum Sein

In meiner Bedrängnis rief ich zum HERRN, und ich schrie zu meinem Gott. Er hörte aus seinem Tempel meine Stimme, und mein Schrei vor ihm drang an seine Ohren.
Da wankte und bebte die Erde, die Grundfesten der Berge erzitterten und wankten, denn er war von Zorn entbrannt. Rauch stieg auf von seiner Nase, und Feuer fraß aus seinem Mund, glühende Kohlen brannten aus ihm. Er neigte den Himmel und fuhr hernieder, und Dunkel war unter seinen Füßen. Er fuhr auf einem Cherub und flog daher, so schwebte er auf den Flügeln des Windes.
Er machte Finsternis zu seinem Versteck rings um sich her, zu seiner Laube Wasserdunkel, dichtes Gewölk. Aus dem Glanz vor ihm zogen seine Wolken vorüber mit Hagel und Feuerkohlen. Und der HERR donnerte im Himmel, und der Höchste ließ seine Stimme erschallen mit Hagel und Feuerkohlen.
Und er schoss seine Pfeile und zerstreute sie, er schleuderte Blitze und verwirrte sie.
Da wurden sichtbar die Betten des Wassers, und die Fundamente der Welt wurden aufgedeckt vor deinem Schelten, HERR, vor dem Schnauben des Hauchs deiner Nase.

Psalm 18,7-16

Narzissmus

Hier haben wir eine sehr dramatische Beschreibung einer sehr intensiven Erfahrung des Eingreifens Gottes! Wie sehr wir uns das in der Krise wünschen – einen übernatürlichen Eingriff Gottes, einen mächtigen Paukenschlag, der den Gewalten und Kräften, die uns bedrängen, so richtig zeigt, wer eigentlich das Sagen hat, und uns, dass wir doch noch gerettet werden. Wie sehnen wir uns danach, dass jemand für uns und unser Recht eintritt und sich unserer in unserem Zorn, unserer Trauer und Einsamkeit annimmt – anstatt uns zu maßregeln, zurechtzubringen und uns zu sagen, dass wir uns doch gar nicht so anzustellen brauchen usw.

Gott sagte mir (Brigitte) einmal im Gebet, er „würde für mich, seine Tochter, mit gezücktem Flammenschwert durch die Hölle reiten, um mir zu helfen – wie ich nur daran zweifeln könne, dass er diese Kleinigkeit, die mich gerade beschäftigte, nicht geregelt bekäme?"

So einen Freund wünschen wir uns in der Not! Jemand, der uns *sieht* und sich für uns ins Zeug legt – mit starkem Arm.

Im Abstieg und dann am Tiefpunkt des Abstiegs – am Wendepunkt – machen wir ganz andere Gotteserfahrungen, als wie wir sie in der geschäftig-oberflächlichen „Normalität" voller Illusionen und Einbildungen – was wir im Folgenden immer wieder als **„Pseudo"** bezeichnen – zuvor je gemacht haben. Dort hielten wir Gott gut auf Abstand zu uns und unseren Eigeninteressen, ohne das in der Regel jedoch überhaupt zu bemerken. Wir wähnten uns „auf dem Weg des Herrn", weil wir in den Gottesdienst gingen, wo wir allerdings nur hörten, was wir hören wollten. All die Bibelverse über den Abstieg und jene unumgänglichen „Trübsale" blendeten wir geflissentlich aus, obgleich die Bibel voll davon ist. Es ging alles um uns und unsere Angelegenheiten. Selbst Gott wurde nur als Mittel zum Zweck der Bedienung unserer Egozentrik eingespannt, auch wenn wir das fromm verbrämen konnten.

Religiöse Egozentrik ist die schlimmste Variante der Selbstsucht überhaupt, denn sie „benutzt" nicht nur den Nächsten, sondern nun auch Gott. Sie fühlt sich vollkommen richtig, während sie vollkommen falsch ist. Ein gefährlicher Zustand.

Rolf Senst schreibt in einem Aufsatz zum Thema „Narzisstische Störungen der Persönlichkeit – Egomanie" Folgendes:

> Narziss war der alten griechischen Sage nach der schöne Sohn des Flussgottes Kephisos und der Leiriope. Da von der Damenwelt umworben und entsprechend hochmütig, wies er auch die Liebe der Nymphe Echo zurück. Deshalb bestrafte ihn Nemesis, die Göttin des gerechten Zorns (...). Narziss entwickelt daraufhin eine unstillbare Liebe zu seinem Spiegelbild, das er im Wasser sieht. Zur Gegenliebe ist er nicht mehr fähig.
> Über seinen Tod gibt es zwei Versionen. Die erste besagt, dass durch eine göttliche Fügung ein Blatt ins Wasser fällt und das Spiegelbild Narziss' trübt. Schockiert von der vermeintlichen Erkenntnis, er sei hässlich, stirbt Narziss. Er wird in eine Narzisse verwandelt.
> Gemäß der zweiten Überlieferung verliebt sich Narziss in sein Spiegelbild, will sich mit ihm vereinigen und ertrinkt bei diesem Versuch.
> In Anlehnung an den griechischen Mythos sind Narzissten Menschen, die in besonderer Weise mit sich selbst beschäftigt und auf sich selbst bezogen sind ...[1]

Heute scheint Narzissmus keine Störung mehr zu sein, sondern eine Tugend. Eine ganze Gesellschaft stürzt in den Brunnen, weil sie sich selbst hinterher ist und doch nicht findet.

Die Pharisäer, als ausgereifte Modelle der religiösen Version von Narzissmus, waren Jesu heftigste Gegner, die ihn auch ans Messer lieferten, das waren nicht etwa die „Gottlosen" und „Sünder". Jesus forderte sie, wie alle anderen Menschen auch, zu kompromissloser Wahrhaftigkeit auf, die stets bei einem selbst und nicht bei den anderen anfängt. Er verlangte von ihnen, abzusteigen – zuerst von ihrem hohen, theologischen Ross, dann ihrer hohen Meinung von ihrer frommen Schriftgelehrten-Kaste sowie ihrer Überlegenheit gegenüber den nicht so Religiösen, wie sie es waren. Er sprach den berühmten Satz aus:

---

[1] Dr. Rolf Senst, „Der Mythos des Narziss", de'Ignis-Magazin 39, S. 6, Herausgeber: de'Ignis Fachklinik gGmbH Egenhausen.

Wenn ihr nicht werdet wie die Kinder, könnt ihr das Reich Gottes nicht sehen (Mt 18,1-3).

Im Abstieg geht es um Wahrwerdung, um Echtwerdung, um das Freilegen unserer wahren Identität, was das Ablegen der eingeübten Rollen und Selbstinszenierungen erfordert. Gott verlangt von uns eben gerade nicht eine weitere Theateraufführung und Unwahrhaftigkeit, diesmal in religiöser Aufmachung, sondern er führt uns den Weg zu uns selbst, wie wir wirklich sind, zu unserem Nächsten, wie er wirklich ist, und zu sich selbst, wie er wirklich ist.

Wir haben so viele Irrtümer und Heucheleien kultiviert, projizieren so viele eigene Verkehrtheiten auf alle und alles um uns herum, dass es nicht einfach ist, uns das alles aufzudecken und wegzunehmen, um uns *das Wahre* zu geben und den Umgang mit uns selbst, dem Nächsten und Gott *in Liebe* zu lehren. Wir wissen davon sehr wenig, unsere Verhaltensweisen sind mehrheitlich „angelernt" und nicht „von Herzen". Wir kennen weder uns selbst, noch unseren Nächsten noch Gott wirklich. Wir sind blind und taub, wie Jesus konstatiert, und nur jemand, der nicht unter dem gleichen Fluch steht wie wir, kann uns an der Hand nehmen und aus der Finsternis ins Licht führen. Aber weil wir uns so gut an den Irrtum, die Lüge und die Dunkelheit gewöhnt haben, kommt sie uns wie Licht vor ... und das Licht wie Dunkelheit.

Manche unserer Verhaltensweisen gleichen *Gedankenfestungen*, von denen in 2. Korinther 10,4-5 die Rede ist:

Denn die Waffen unseres Kampfes sind nicht fleischlich, sondern mächtig durch Gott zur Zerstörung von Festungen, so zerstören wir Vernünfteleien (Berechnungen, Beurteilungen) ... und nehmen ***Gedanken*** *gefangen unter den Gehorsam Christi ..."*

Solche Arten von Denkmustern sind nicht nur für andere, sondern auch für uns selbst oft nicht erkennbar, so „festzementiert" liegen sie in unserem Inneren. Ein Beispiel:

Ein Mensch, der in einer familiären Situation aufwuchs, in der er von seinen Eltern und Geschwistern immer wieder als Versager

(„Du kannst das nicht, lass bloß die Finger davon, sonst geht noch was kaputt!") dargestellt wurde, wird unbewusst immer wieder, auch wenn er Christ ist, Menschen anziehen, die ihm genau dieses Versagertum bestätigen. Er wird genau bei diesen Leuten einen „Trigger" auslösen, sodass sie sich oftmals geradezu „versucht" fühlen, ihm zu sagen, dass er es nicht schafft. Ebenso wird dieses tiefliegende, innere Muster ihn dazu bringen, wirklich Fehler zu begehen. Wir haben in der Seelsorge immer wieder feststellen können, dass sich genau das, was sich in der Kindheit so oder ähnlich zementiert hat, wie ein roter Faden durch das Leben eines Menschen zieht und „danach schreit", erkannt und erlöst zu werden. Jedoch *fühlt* es sich für die Betroffenen so an, als sei es eben ihre „Art" oder ihr „Schicksal", weil sie ihr Leben lang damit vertraut sind. Das Muster schließt sie ein wie eine Festung.

Es erfordert viel Gottvertrauen, Hingabe und eben auch „Training" in Achtsamkeit und Distanz von den eigenen Gefühlen, diesen Gedankenfestungen und falschen Gefühlen auf die Spur zu kommen. Doch der Heilige Geist ist bereit, all das aufzudecken und zu heilen. Und während dieses Prozesses dürfen wir Fehler begehen, hinfallen und wieder aufstehen – eben trainieren. So wie es in Sprüche 24,16 steht: *„Denn siebenmal fällt der Gerechte und steht doch wieder auf ..."*

Der Sündenfall ist noch nicht beendet!

David beschreibt seine Erfahrung des Eingreifens Gottes mit drastischen Worten. Gott wird in den obigen Versen ungewohnterweise als bedrohlich, erschütternd und finster gezeigt:

> *Er machte Finsternis zu seinem Versteck rings um sich her, zu seiner Laube Wasserdunkel, dichtes Gewölk.*

So wurde uns Gott in den Kinderbibeln und im biblischen Unterricht *nicht* gerade dargestellt, sondern stets nett, fromm und harmlos – irgendwie *gutbürgerlich*. Wie sehr wir ihn doch nach *unserem* Bild formen und ihm nicht erlauben, uns nach *seinem*

Bild zu gestalten! Nichts hat sich seit Eden geändert, der Sündenfall hält immer noch an, wir fallen und fallen, richten uns in unserem Sturz häuslich ein und erklären den Ausnahmezustand einfach zur Norm. Obwohl selbst uns modernen und aufgeklärten Menschen klar ist, dass unsere Zeit auf Erden kurz ist und wir todsicher altern und vergehen, weigern wir uns kollektiv, diese Tatsache zu akzeptieren. Wir tun gerade so, als ginge uns die *Wirklichkeit* nichts weiter an und es würde uns schon gelingen, mit unserer künstlichen, technischen Gegenwelt die Realität noch auszutricksen und zu überwinden. Wir malen die Stäbe unserer Käfige golden an, installieren in unserer Zelle fließend warmes und kaltes Wasser, legen Kabelanschluss, benehmen uns (relativ) „anständig" und meinen, alles wäre gut. Ist es aber nicht! Unsere kleine Scheinwelt hat mit der *Realität* nämlich nichts zu tun. Diese ist viel größer, weiter, furchtbarer und herrlicher, als wir wahrzuhaben wagen. Lieber sehen wir fern bis zum geht nicht mehr und richten uns unsere virtuelle Welt mit Twitter und Facebook ein. Dort „posten" wir dann je nachdem unseren digitalen Freunden mehr über uns, als was wir unserer Familie oder Gott über uns mitteilen. Wir versichern uns gegen das Leben und den Tod und pflegen unsere Einbildung von Kontrolle und Macht auf dem sinkenden Schiff Erde.

Wir wissen es doch eigentlich alle: Blickt man hinter die bunten Werbe-Kulissen, findet man „Lebensmittel", die eigentlich „Sterbemittel" sind, weil sie zu Tode bearbeitet worden sind; Medikamente, die krank machen und unvorstellbare Tierversuche brauchen. Sie werden massenweise verabreicht – und nun gibt es bald keine Gesunden mehr. Wir wählen Politiker, die uns angesichts entsetzlicher Kriege mit Hunderttausenden von Opfern rund um die Uhr versichern, dies sei für den Frieden unverzichtbar. Wir leiden unter der immer größer werdenden Umweltverschmutzung, die trotz aller Bemühungen der Industrie den Planeten inzwischen komplett vergiftet hat und unerbittlich damit weitermacht – und das für Unmengen an „Zeug", das man gar nicht braucht. Wir finden uns selbst in einer Welt wieder, die komplett verrückt geworden zu sein scheint. *Und wir zucken die Achseln und machen mit.*

In dieser widersprüchlichen Welt vom Schein zurück zum Sein, zur REALITÄT zu finden, ist ein Leidensweg. Es gilt so vieles zu hinterfragen! „Wer Freiheit will, muss Unbequemlichkeit ertragen." (Weizsäcker)

Gottes Schöpfung *direkt* wahrzunehmen, ist heute für viele eine Herausforderung geworden. Oft ist dies erst dann möglich, wenn ihnen vieles von dem genommen wird, was ihnen so wichtig erscheint, und sie einmal wieder eine einfache Blume bestaunen und im Kleinen, Einfachen glücklich sein können.

Wenn wir im Abgrund der Leiden erkennen, wie die Welt und wir SELBST wirklich „ticken", wie wir all das jedoch nicht wahrgenommen haben, sondern mitgespielt haben und spüren, zu was wir selbst alles fähig sind, stirbt unsere Gutgläubigkeit und Naivität. Ratlosigkeit macht sich breit, die schnellen und einfachen Antworten – auch der Kirche – reichen uns nicht mehr aus, innere Leere, Verzweiflung und existentielle Ängste stellen sich ein und wollen nicht weichen. Wir fühlen uns „nackt" und ausgeliefert. Wir merken, welchen „allgemein anerkannten" Zwängen, Süchten und Lügen wir auf den Leim gegangen sind. Und was noch schmerzhafter ist: Wir spüren, wir selbst tragen all das in uns und tragen wie selbstverständlich unseren Anteil dazu bei, dass das „Geschäft" läuft, wie es läuft.

> Um das Glück, das uns beschieden ist, erfahren zu können, müssen wir die schmerzhafte Kunst erlernen, uns von unseren Illusionen zu trennen. Das ist schmerzhaft, weil sie in unserer Psyche tiefe Wurzeln geschlagen haben und man das Gefühl hat, als reiße man sich die eigenen Eingeweide heraus, wenn man ihr Wurzelwerk ausreißt.[2]

Wenn Gott anfängt, uns vom *Schein zum Sein* zu führen, kommt es uns vor wie der Supergau, wie der Zusammenbruch unserer ganzen irrealen Medien- und Konsumwelt, und genau das ist es auch. *Alles* gerät ins Wanken, der Boden unter unseren Füßen

---

[2] S. F. Stroud, „Anthony de Mellos kleine Lebensschule", Herder, Freiburg, S. 46.

bebt, ein mächtiges Unwetter zieht auf. Niemals hätten wir gedacht, dass das *Pseudo* unserer bunten Scheinwelt und schillernden Popkultur oberflächlicher Konventionen so umfassend und allgegenwärtig sein könnte. Wir erfahren am eigenen Leib, dass diese „Show" der Wirklichkeit nicht einen Moment lang standhält.

An unseren Grenzen brechen Feuer aus, wir wissen nicht, wo wir zuerst löschen sollen und eilen hektisch hin und her. Unsere oberflächliche Frömmigkeit und nervösen Gebete helfen wenig, auch sie sind zu sehr pseudo und zu wenig real ... und zu narzisstisch. Wir verlieren den Überblick, wissen nicht mehr genau, was oder wer nun echt und beständig ist und wer oder was nicht, wir büßen den letzten Halt ein und schlittern wie auf einer schiefen Ebene nach unten. Wir kämpfen gegen die Auflösung an, krallen uns an jedem Strohhalm fest und gehen durch die im letzten Kapitel beschriebenen Sterbephasen.

Es mag seine Zeit brauchen, bis wir begreifen, dass es *nicht* der Feind ist, der unsere Welt zertrümmert und uns den Teppich unter den Füßen wegzieht, sondern Gott, der den Feind allerdings immer wieder gerne dazu benutzt, seinen Vorhaben zu dienen, was diesen ganz rasend macht. Er nimmt unsere Pseudowelt auseinander, er *prüft* sie auf Herz und Nieren, um uns in die Freiheit der Wirklichkeit zu führen, dorthin, wo wir keine Rollen mehr spielen und niemandem mehr etwas vormachen, weder uns selbst, noch unserem Nächsten, noch Gott.

Wir werden barmherzig und hören auf, mit dem Finger auf andere zu zeigen.

Zerbrochene Träume

Lawrence J. Crabb beschreibt in seinem Buch „Wenn Gott unsere Wünsche nicht erfüllt ... hat er etwas Besseres mit uns vor!" eine Art „Theateraufführung", die in unserem Inneren vor sich geht, wenn sich unsere Ego-Träume nicht erfüllen und wir daran schier zerbrechen:

Es gibt zwei Arten von Elend. Da ist zum einen jenes, das Menschen ohne Gott empfinden, aber gern leugnen. Und dann das andere, von dem Menschen mit Gott annehmen, dass sie es eigentlich gar nicht kennen sollten. Im Folgenden spreche ich von der zweiten Art.

In unserer Zeit des Wohlfühl-Christentums haben wir eine völlig falsche Vorstellung davon, was ein Leben im Glauben ausmacht. Wir meinen, Leid sei etwas Anormales, ein Beweis dafür, dass uns der rechte Glaube fehlt. Wir strengen uns dermaßen an, dem Leid zu entgehen, dass wir gar nicht merken, wie gut es uns unter Umständen tun würde, es auszuhalten …

Das Leben kann hart sein. Auch für ernsthafte Christen, die schon viele Jahre treu mit Jesus gehen. Es kann so hart sein, dass wir nur noch versuchen, irgendwie durchzukommen. Die Nacht kann dunkler sein, als wir je für möglich gehalten hätten. Wir können uns so einsam, so bedrängt, so ungeliebt vorkommen, dass die ehrlichste Reaktion die ist, den Tränen einfach freien Lauf zu lassen. Die einzige Alternative wäre, zu toben, so zu toben, dass wir zumindest einen Augenblick lang das tröstliche Gefühl haben, wir hätten uns endlich einmal Recht verschafft. So entstehen Rachegelüste.

All das zeugt davon, wie verzweifelt wir uns bemühen, uns ohne Gott selbst zu finden, und beweist, dass wir die Entscheidung, uns ihm zu überlassen, oft erst dann treffen, wenn das Leben uns an den Rand der Gotteslästerung gebracht hat. Solange wir nicht wissen, wie kurz wir davor stehen können, Gott völlig aufzugeben („Wie konnte er das nur zulassen!"), so lange wissen wir nur wenig davon, was es bedeutet, uns Gott ganz hinzugeben. Dieser bedauernswerte innere Zustand ist es, der zerbrochenen Träumen ihre einzigartige Macht gibt. Ich will das erklären:

Der Schmerz, den Probleme in uns hervorrufen, führt uns hinab in die Tiefen unseres Wesens, wo sich alles nur um uns selbst dreht, wo kein Platz ist für die Liebe zu anderen Menschen, wo wir uns nur selbst bemitleiden und von den anderen enttäuscht sind. Es ist ein Ort, an dem wir tatsächlich glauben, Gott hätte

uns im Stich gelassen, er hätte uns ganz übel mitgespielt. Wir meinen, wir hätten schlüssige Argumente gegen ihn und das Recht stünde auf unserer Seite.
Der Schmerz über zerbrochene Träume hilft uns, zu erkennen, was wir wirklich denken – dass nämlich unser Verlangen nach einem besseren Freund als Jesus (oder danach, dass er uns ein besserer Freund wäre) berechtigt ist ...
Aber dann setzt die Angst ein, die blanke Angst, wir seien völlig auf uns selbst gestellt. Wir erkennen, dass es mit uns aus ist, dass wir uns selbst für Gott gehalten haben und nun alleine auf unserem selbst errichteten Thron sitzen. Mit einer Narrenkappe als Krone.
Wenn die Angst nicht so groß wäre, kämen wir uns komisch vor. Niemand verneigt sich vor uns, niemand tut, was wir befehlen. Niemand verehrt uns. Ja, niemand mag uns. Wir sind zu einer machtlosen Gottheit geworden, einem Dagobert Duck, der in einem leeren Zimmer sitzt und Geld zählt ...
Wir sind getrennt von Gott – keine Begegnung möglich. Wir sind getrennt von anderen – keine Gemeinschaft in Sicht. Und wir fühlen uns abgrundtief hässlich – keine Veränderung wahrnehmbar.
Ganz unwillkürlich schlagen wir die Hände vors Gesicht. Wir kauern uns in eine Ecke vor einem heiligen Gott, der mit leidenschaftlichem Zorn alles Böse hasst. Was wird er tun?
Scham und Schuldgefühle überwältigen uns. Wir sehen nichts anderes mehr. Wir spüren förmlich, wie sich sein vernichtender Zorn gegen uns richtet. Wir warten, dass uns der Blitz trifft ...aber er kommt nicht.
Wir sehen auf. Wir sehen Jesus. Er hängt am Kreuz, er schreit. Der Blitz hat **ihn** getroffen.
Wir schauen ihn weiter an und lauschen. Wir hören Gott sagen: „Es ist genug!" Wir hören Jesus sagen: „Es ist vollbracht!" Wir hören den Heiligen Geist flüstern: „Nun sieh das Antlitz Gottes. Der Vorhang, der seine Herrlichkeit verhüllt hat, ist fort. Sieh ihn an und lebe!"
Wir sehen ein Lächeln. Wir hören ein Lied. Wir spüren, als wäre

es das erste Mal (obwohl wir schon viele Jahre lang Christen sind), dass es uns gar nicht so sehr darum geht, von den aktuellen Problemen erlöst zu werden ...
Jetzt können wir beten. Nicht, weil es uns aufgetragen ist, sondern weil wir es wollen. Mitten in der dunklen Nacht wurde uns der Sohn Gottes in uns gezeigt ...[3]

Grenzerfahrungen

Wir wollen uns an dieser Stellte einmal als Beispiel eines „göttlichen Untergangs“ daran erinnern, dass es *Gott* war, der zuließ, dass ein vernichtender Sturm das Meer heimsuchte, auf dem das Schiff mit dem Propheten *Jona* unterwegs war, der vor Gott und seinem Schicksal davonlief, mehr noch, vor der *Wirklichkeit*, die unangenehmerweise so aussah, dass die große Stadt der Antike, *Ninive*, drohte in Kürze unterzugehen – und ausgerechnet *Jona* sollte sie davon in Kenntnis setzen! Das war ihm jedoch definitiv zu viel Realität, passte vielleicht auch nicht in sein Selbst-, Welt- und Gottesbild – oder seinen Terminkalender, wie auch immer, jedenfalls wich er der Sache aus und legte sich erst einmal *schlafen*. Es handelte sich dabei nicht gerade um den „Schlaf des Gerechten“, sondern den Schlaf dessen, der die Wahrheit nicht wahrhaben will und lieber die Augen fest zudrückt und passiv abwartet, bis alles vorüber ist.

Nun, wir kennen die Geschichte von Jona, wie sie im Alten Testament berichtet wird. Der „göttliche Sturm“ wurde so heftig, dass die Seeleute alles über Bord warfen, was eben ging, inklusive Jona, der zum Ärger der Mannschaft nicht einmal zu seinem Gott schrie – so wie sie alle. Nebenbei bemerkt: Interessant, dass die „Gottlosen“ bzw. „Heiden“ manchmal schneller als die Frommen klar haben was Sache ist und zu Gott schreien. Jona jedenfalls schrie nicht – noch nicht –, sondern schlief mitten in der Krise auf dem sinkenden Schiff. Wir finden das ein sehr treffendes

[3] Crabb, Brunnen 2003, S.195–198.

Bild für die moderne Christenheit, die häufig mit sich selbst beschäftigt ist, während die Welt um sie her zum Teufel geht.

Nach dem „göttlichen Unwetter" und dem „göttlichen Wurf über Bord" kam als Nächstes der „göttliche Fisch", der Jona kurzerhand verschlang. Na, wenn das kein „göttlicher Krimi" ist! *Nichts* davon passt in unser Sonntagsschulbild von dem „lieben Gott", der sich nur in heiligen Kirchengebäuden bei heiligen Liturgien blicken lässt – wenn überhaupt. Mit einem Gott, der so handelt, wie wir es bei dem Propheten Jona lesen, können wir in der modernen Kirche *überhaupt nichts* anfangen, er fällt komplett aus dem Rahmen unserer Nettigkeits-Theologie. Ich denke, ein „moderner" Christ kann nicht sagen, wofür das Buch Jona überhaupt in der Bibel steht, für ihn könnte es auch gut gestrichen werden, das würde seinem Glauben und geistlichen Leben keinen Abbruch tun. Ist sowieso *nur* Altes Testament ...

Dort, am Tiefpunkt, im Angesicht des Todes ist es auch und *endlich* für den hartgesottenen Jona vorbei mit dem Weglaufen, Ablenken und sich mit Anderem beschäftigen bzw. von Urlaub an der spanischen Küste träumen, zu der sein Schiff unterwegs war. Jedoch braucht es selbst dort, im Magen-Darm-Trakt des Fisches, noch weitere *drei Tage* (!), bis Jona *wirklich* kapituliert, *wirklich* echt und ehrlich wird und *wirklich* zu Gott schreit:

> *Ich rief aus meiner Bedrängnis zum Herrn, und er antwortete mir. Aus dem Bauch des Todes schrie ich um Hilfe ... Als meine Seele in mir verschmachtete, dachte ich an den Herrn; und mein Gebet kam zu dir, in deinen heiligen Tempel* (Jona 2,3.8).

Warum es immer solche drastischen Maßnahmen, heftige Bedrängnisse und dramatische Grenzerfahrungen braucht, *bis* wir endlich nachgeben und bereit werden, der Realität ins Auge zu sehen und zu Gott zu schreien, ist eine gute Frage. Wie sehr und wie lange wir Menschen an unserer Selbstlüge, unserem egozentrischen Lebensentwurf und an unseren nutzlosen Fluchtversuchen festhalten, ist immer wieder völlig beeindruckend!

Die Geschichte von Jona steht aus dem einen Grund in der Bibel, weil es *unsere* Geschichte ist: Gott ruft auch uns, wir geben ihm unser Leben in der Taufe hin, nennen uns „Nachfolger Jesu" bzw. „Christen", aber dann laufen wir unbeirrt unseren eigenen Weg, auf dem Gott bestenfalls eine Nebenrolle spielt. Wir gehen unseren nichtigen Geschäften nach, während unsere Welt (unser Ninive) den Bach runter geht, was uns nicht weiter kümmert. Gott will sie retten, aber wir sind nicht bereit, auf unsere kleine Scheinwelt und unser Karriere darin zu verzichten, um uns der Realität des Untergangs der Welt und der Absicht Gottes, sie zu retten, zu stellen. Also müssen zuerst *wir* untergehen, um zu wissen, was wirklich Sache ist, und Zeugen der Fähigkeit Gottes zu werden, das Verlorene zu retten – *uns*.

Der Geist über dem Chaos

Sind wir dort angelangt, wo wir nichts mehr zu verlieren und keine Lust mehr auf Spielchen haben, nicht einmal mehr darauf, uns selbst zu bedauern ... dann sind wir an dem Punkt angelangt, wo wir uns nicht mehr wehren und krampfhaft am Pseudo, also am Schein, festhalten, sondern die Waffen strecken und uns in einer ungekannten Wahrhaftigkeit und Ganzheitlichkeit Gott überlassen – ob wir leben oder sterben ... Dann sind wir so weit, dass uns unser Ruf und unser Ansehen bei den Menschen nicht mehr wichtig sind und wir tatsächlich zu Gott *schreien*. Und dann endlich greift Gott mächtig ein, jedenfalls erscheint es uns so, da wir ihn im Chaos nicht ausmachen konnten, weil wir ihm Chaos nicht zugetraut haben.

An diese Stelle möchten wir darauf hinweisen, dass der Geist Gottes zu Anfang der Welt *über dem Chaos* brütete (vgl. 1 Mo 1,2). Wo suchen *wir* eigentlich den Heiligen Geist? In der wohlgeordneten kirchlichen Veranstaltung, wo jedes Wort festgelegt und jede Handlung vorgeschrieben ist?

Viele Kirchen/Gemeinden erleben heute das Erschreckende, dass dort, wo sie dem Heiligen Geist Raum geben, die Ordnung über den Haufen geworfen wird und Chaos ausbricht. Gott hält sich nicht ans Protokoll! Sie machen die Erfahrung, dass sich die Situation des Osterbesuches Jesu im Tempel zu Jerusalem wiederholt, wo er sich eine Peitsche bastelte und jegliche Ordnung in Chaos verwandelte, indem er Tische umwarf und Händlern Beine machte, Kinder schreien und Tauben fliegen ließ, sowie die Pharisäer offen anprangerte, aus dem Haus Gottes eine Räuberhöhle gemacht zu haben (vgl. Mt 21,12-17). Da war Unordnung und „Tohuwabohu", da wurde die Routine unterbrochen und es war aus mit dem Kirchenschlaf. Dafür brachten sie Jesus dann auch schnellstens um – damit die (Pseudo)Ruhe wiederhergestellt würde und die Geschäfte wieder in Frieden wie ehedem reibungslos und nach Plan liefen; dies ist doch wohl dem „rechten und würdigen" Gottesdienst angemessen ... Wie sehr wir uns täuschen!

Wie wenig wir Jesus kennen und ernst nehmen! Wie sehr wir dazu neigen, Geschichten wie die von Jona im Wal oder Jesus im Tempel *nicht* auf uns zu beziehen und *nicht* auf heute, aber es geht ganz genau um uns und unsere immer aktuelle Vorliebe für unsere Scheinwelt mit ihren egozentrischen Geschäften und unserer Flucht vor der Realität.

> *Da wurden sichtbar die Betten des Wassers, und die Fundamente der Welt wurden aufgedeckt vor deinem Schelten, HERR, vor dem Schnauben des Hauchs deiner Nase* (Ps 18,16).

Jesus schnaubte und schimpfte im heiligen Tempel, er benahm sich wie eine Furie. Er hatte geradezu einen „Anfall" von heiligem Zorn, der uns ruhig auch öfter einmal packen könnte, wenn wir uns anschauen, wie wir unsere „frommen Geschäfte" an Jesus vorbei betreiben und uns dabei ausschließlich um uns selbst drehen. Wir verbinden solches Verhalten natürlich nicht mit Gott oder angemessenem Benehmen von frommen Menschen in der Kirche. Jedoch braucht es stets drastische Maßnahmen, um uns aus dem Schlaf aufzuwecken, um uns in die Enge zu treiben in unserer Flucht vor uns selbst und der Wirklichkeit.

Gott schlägt in das „Pseudo“ ein wie eine Bombe – auch in das fromme „Getue“ – und deckt die Fundamente unseres Seins, Handelns und unserer Welt auf. Nur von dort, vom wahren Grund der Dinge aus, kann auch realistisch und stabil aufgebaut werden. Viele Menschen bauen emsig auf Sand oder träumen von hehren Luftschlössern.

Wenn Gott uns aus den Träumen aufweckt, die in Wahrheit nur Luftnummern sind, und uns zeigt, wo wir ohne feste Fundamente auf Sand bauen, dann ist das ernüchternd und Gott erscheint uns als der große Spielverderber. Aber muss das nicht sein? Soll er uns denn mit unserem Selbstbetrug und unseren irrealen Vorstellungen laufen lassen und gar noch dabei helfen?

Viele Menschen flehen Gott sehr lange und inbrünstig an, ihnen doch bitteschön bei den Fehlkonstruktionen ihres Lebens zu helfen, weil sie sich einfach keine Alternative dazu vorstellen können. Sie verzweifeln schier daran, dass er ihnen dabei *so wenig* hilft und unbegreiflicherweise *so viel* dazu schweigt. Sie kommen im Traum nicht auf die Idee, dass ihr Lebensentwurf, ihr Weltbild, ihre Sicht von der Wirklichkeit und von Gott schlichtweg *falsch* sein könnten. Sie orientieren sich an ihrer Umgebung, die genauso emsig Sandburgen baut wie sie und, was Gott betrifft, an christlichen Vorstellungen festhält, die gar nicht wirklich christlich sind, sondern pseudochristlich und für die *Realität* ausgesprochen untauglich. Gott ist doch nicht interessiert an Kirchlichkeit, Liturgien und Sonntagmorgen-Veranstaltungen! Er ist interessiert an der Wirklichkeit, und das sollten auch wir sein.

In der Gemüseabteilung eines Supermarktes wollte eine Frau gerade ein paar Tomaten aussuchen, als ihr ein scharfer Schmerz in den Rücken schoß, sie konnte sich nicht mehr rühren und stieß einen Schrei aus. Ein anderer Käufer neben ihr drehte sich verständnisvoll um und sagte: „Wenn Sie denken, die Tomaten sind teuer, dann sehen Sie sich mal die Fischpreise an.“

Reagieren Sie auf die Wirklichkeit oder auf das, was Sie sich als solche vorstellen?[4]

Wenn wir sagen, wir wollen die Wahrheit wissen, dann erschöpft diese sich nicht in Bibelversen und Predigten, sondern benötigt den *Geist der Wahrheit*, der uns den Spiegel vorhält und uns die Wahrheit über uns selbst und den Nächsten zeigt – und über Gott.

Hinab zu den Wurzeln

Zumeist weichen aber auch Christen diesem Blick in den Spiegel aus, weil sie sich vor dem fürchten, was sie darin zu sehen bekommen könnten, was also die Wahrheit über sie ist. Sie wird uns aber eben nicht zerstören, sondern *befreien!* Warum nur glauben wir das Jesus nicht? *In seinem Namen* können wir es wagen, die Augen aufzumachen und hinzuschauen.

Uns die Hände von den Augen zu nehmen und zu ermutigen, hinzuschauen, kann eine lange Zeit brauchen und erfordert viel Trost, darum wird der Heilige Geist auch der „Tröster" genannt (vgl. Joh 14–16). Ja, wir werden, wenn wir bis zu den Ursprüngen, den Wurzeln und Fundamenten unseres Seins und unserer Sünden gelangen, schockiert sein, viel weinen und bis in Mark und Bein erschüttert sein. Dann aber kann die Erlösung auch *bis dorthin* vordringen und uns befreien von jenen Wurzelsünden, die unser Leben falsch programmiert und aus der Wirklichkeit in ein Konstrukt von Scheinbarkeiten und Wahnvorstellungen geführt haben, also in die Illusionen, Selbstlügen und Täuschungen – und uns darin festhalten.

Jesus hat weder verlangt noch verheißen, dass Gottesdienste, Liturgien und frommes Getue, sondern die Wahrheit uns befreien (vgl. Joh 8,32). Sie muss jedoch wesentlich tiefer dringen, als wir im Allgemeinen annehmen und zulassen, so tief, wie wir mit unseren menschlichen Möglichkeiten gar nicht kommen, sondern wohin nur Gott selbst mit uns gehen kann.

---

[4] Anthony de Mello, „Warum der Schäfer jedes Wetter liebt", S. 41.

Jesus hat gesagt: **Ich** bin *der* Weg, *die* Wahrheit und *das* Leben. *Diesen* Weg können wir nur an seiner Hand gehen, *diese* Wahrheit nur in seinem Arm verkraften und *dieses* Leben nur in seinem Namen führen. Mit ihm zu gehen, erfordert es, unseren eigenen Weg zu verlassen, uns ihm anzuschließen und ein Vertrauensverhältnis mit ihm einzugehen, welches ihm ermöglicht, uns in die Tiefe zu führen, dort zu befreien und dann wieder aufsteigen zu lassen.

> *Der hinabgestiegen ist, ist derselbe, der auch hinaufgestiegen ist über alle Himmel, damit er alles erfüllte* (Eph 4,10).

Dies ist der Weg, den Jesus gehen musste, um uns zu erlösen: Er musste ganz hinuntersteigen bis auf den Tiefpunkt – buchstäblich bis in die Hölle –, um von dort wieder ganz aufzusteigen in die Höhe – über alle Himmel. Er kennt die ganze Spanne, das Unten und das Oben und alles dazwischen, darum kann er uns an *jedem* Punkt finden, wo wir auch stehen, und uns durch den *ganzen* Prozess führen, den auch wir zu gehen haben, um aus der Tiefe aufzusteigen und zur „Erfüllung" zu kommen.

> *Er (Jesus) machte sich selbst zu nichts ... und erniedrigte sich selbst und wurde gehorsam bis in den Tod, ja, zum Tod am Kreuz. Darum hat Gott ihn auch hoch erhoben und ihm den Namen gegeben, der über jeden Namen ist ...* (Phil 2,7-9).

Jesus schuf die Voraussetzung für Fülle und Größe – er machte sich selbst zu *nichts*. Nicht irgendjemand anderes zwang ihn dazu, manipulierte oder brachte ihn dazu, auch nicht der Vater, wie ja viele ihm das unterstellen und ihn damit zum Bösen machen.

Leer werden, um voll zu werden

Jesus verstand das Prinzip der Schöpfung: der Geist wird angezogen von *Leere* und füllt sie mit Gott selbst bzw. Gottes Schöpfung. Solange wir voll von uns selbst sind, können wir unmöglich voll von Gott werden bzw. in die Fülle Gottes eintreten. Erst müssen wir Platz machen, „leer" werden, loslassen und von uns wegschauen hin auf ihn (vgl. Hebr 12,1-3). Das braucht Vertrauen.

Wenn wir sagen, wir *glauben* an Jesus, dann geht es nicht um eine intellektuelle Zustimmung zu seinen Lehren, sondern um ein Vertrauen zu ihm, welches ihm Zutritt zu unserem Herzen gewährt. Dann nimmt er uns mit in die Tiefe unseres eigenen Seins, von der wir keine Ahnung haben – und mit ihm an der Seite können wir es auch wagen, uns dorthin zu begeben und die Fesseln der Sünden zu lösen. Ebenso nimmt er uns mit in *seine* Tiefe und zeigt uns die Geheimnisse des Reiches Gottes. Das ist der wunderbare Weg von „ihm in uns und uns in ihm" (vgl. Joh 14,20).

Viele Menschen wollen die Fülle Gottes erlangen, viele sind darum sehr religiös und bemüht, den Segen irgendwie zu *produzieren* oder zu *verdienen*, aber so läuft es nicht. Die Fülle Gottes ist schon exklusiv vergeben und gehört jemandem, nämlich Jesus, und wer sie haben will, sollte sich auf ihn einlassen und das „Machen und Verdienen" sein lassen und es mit *Vertrauen* probieren. *Das* ist der Weg. Hier irren viele und wollen erkaufen, was es nur geschenkt gibt.

Die *Taufe* ist ein sehr schönes Bild für den Weg in die Tiefe, das „Unter-die-Oberfläche-Tauchen" und dann befreit wieder aus dem Wasser aufsteigen. Die Taufe als symbolische Handlung dauert nur wenige Augenblicke, aber ihre Konkretisierung viele Jahre lang. Eigentlich erlauben wir in ihr dem Heiligen Geist, uns durch einen Prozess der Erneuerung und Transformation zu führen, aber den meisten ist gar nicht bewusst, was sie da eigentlich tun, wenn sie die Taufe annehmen. Für Babys, die getauft werden, kann es sowieso kein Verständnis dafür geben. Das ist sehr schade und bringt uns um eine notwendige Form der Initiation, um zur Erfüllung zu kommen.[5]

Die Taufvorbereitung beschränkt sich heutzutage üblicherweise auf *Wissensvermittlung* und nicht auf die Vorbereitung zu einer

---

[5] Wikipedia: Initiation bezeichnet die Einführung eines Außenstehenden (eines Anwärters) in eine Gemeinschaft *oder seinen Aufstieg in einen anderen persönlichen Seinszustand,* beispielsweise vom Kind zum Erwachsenen, von der Novizin zur Nonne oder vom Laien zum Schamanen (Hervorhebung vom Autor).

Begegnung mit Gott und der Wirklichkeit. Besser man nähme die Täuflinge für eine Zeit in die Absonderung, damit sie sich „ihrer selbst bewusst“ werden – mit Schweigen und Einsamkeit, Fasten und Beten, bis die Ablenkungen und Zerstreuungen aufhören und der Täufling sich wirklich und wahrhaftig sowohl sich selbst als auch Gott stellt.

Heute handelt es sich bei der Taufe meist um ein dem Gottesdienst angehängtes, kurzes Zeremoniell mit festlichem Rahmenprogramm und einem Familientreffen, aber nicht mehr um das, worum es *wirklich* geht. *Dafür* hat keiner Augen und Ohren, dafür ist keine Zeit und Ruhe. Das Verhaftetsein des modernen Menschen an die Oberfläche ist mächtig, der Weg in die Verborgenheit, Tiefe und Selbsterkenntnis im Spiegel des Geistes bleibt unzugänglich, verstellt und unerkannt. Eine tatsächliche Initiation, die den Beginn einer neuen Lebensqualität und Reifestufe markiert hätte, findet nicht statt. Es ist sehr beklagenswert, dass die Tradition es immer wieder schafft, die Hauptsache durch Nebensachen zu ersetzen, am Ende wird ganz vergessen, worum es eigentlich geht, und es bleiben nur Formen ohne Inhalt übrig.

Zurück zu David. Er machte eine Initiation durch und lernte Gott in der Krise in einer Art und Weise kennen, die ihm zuvor unzugänglich war. Er erlebte eine Form von Eingriff und Verwandlung, die wesentlich tiefer gehen konnte, als was er je zuvor erlebt hatte. Dafür aber flog er aus dem gewohnten und gegebenen Rahmen seiner Kultur hinaus, wurde in die Wüste geschickt und entrechtet. Seine ganze Welt löste sich auf und die Pläne für sein bürgerliches Leben und seine Zukunft wurden durchkreuzt. Die wirkliche Realität traf ihn mitten in der Pseudo-Realität wie ein Hammer – und so ist es für alle, die den Weg Davids gehen. Es geht mit kleinen Unstimmigkeiten, Verkehrtheiten und Verletzungen los, die zunächst noch zu verkraften und zu tolerieren sind, dann aber immer weiter eskalieren, bis alles aus den Fugen gerät. Dann stellen sich die Fragen nach dem Ganzen und nicht nur nach den Teilen des Systems. Schicksalhafte und existentielle Fragen nach dem Sinn, der Konstruktion und dem Ziel der Wirklichkeit, wie wir sie kennen und betreiben, verfolgen uns bis in unsere Träume und wir *müssen* anhalten und nachdenken. Die „Wüste" stellt sich als der ideale Ort dafür heraus ...

David verschwindet in einer „Höhle", welch passendes Bild für den Rückzug in die Verborgenheit. Dort schreibt er die Psalmen, die sich streckenweise wie sein Tagebuch lesen, in dem all die genannten Fragen bewegt und bedacht werden. David gibt uns dort Einblick in seine völlige Erschütterung, Phasen der Verzweiflung, des inneren Chaos und der Depression. Wir finden alle „Sterbephasen" aus dem Kapitel „Abstieg" wieder und können sehen, wie Davids Welt in Stücke zerfällt – um dann aber neu zusammengesetzt zu werden ... in einem anderen Geist und einer entsprechend anderen Konstruktionsweise.

Uns ist aufgefallen, dass oberflächliche Menschen mit den Psalmen nicht viel anfangen können, außer mit wenigen Passagen, wie dem bekannten Psalm 23, der so überaus gut in unser humanistisches Konzept moderner Kirchlichkeit passt. Aber in vielen anderen Psalmen kommt ja so schrecklich viel „Negatives" und so peinlich viel „Gefühl" zum Ausdruck, das ist doch nicht „normal", denken wir. Da ist ja so unverblümt die Rede von Zorn und Rache, von inneren und äußeren Konflikten und irrsinniger Gewalt, das haben wir als gute Christen heute ja zum Glück nicht mehr nötig und unter Kontrolle ... bei uns ist die Welt in Ordnung, unseretwegen müssten diese Psalmen heute gar nicht mehr in der Bibel stehen ...

Für Leute mit diesen und ähnlichen Ansichten sind die Psalmen ein typisches Beispiel für das Alte des Alten Testaments, welches sie mit dem Neuen des Neuen Testaments weit hinter sich gelassen haben, um nun, befreit von diesen alten „Schwachheiten", in Jesu Namen von Tugend zu Tugend und Sieg zu Sieg zu schreiten. Stellt sich ihr Bild einer konfliktfreien und tugendhaften Gemeinde jedoch als Trug heraus, werden sie dogmatisch und gesetzlich und weigern sich, der Realität ins Auge zu sehen. Diese Weigerung führt in der Folge zu eben den Konflikten und der Gewalt, die von ihnen vermieden werden wollten! So waren es gerade die Schriftgelehrten, die „ganz sachlich" zu dem Schluss kamen, dass Jesus beseitigt werde musste, um die Ruhe und

Ordnung der Gemeinde zu erhalten. Da kam das „System Sauls" wieder zum Durchschein, welches nicht bereit ist, sich die Karten aus der Hand nehmen zu lassen. Jesus ging nicht den Weg durch die Institutionen und spielte nicht nach ihren Regeln, also war es in ihren Augen gerechtfertigt, ihn abzuurteilen und auszuliefern. Das ging ganz schnell, auch bei David ging es seinerzeit schnell. Heute noch war er ein gefeierter Patriot und über Nacht ein verfluchter Verräter. Verrückte Welt!

David durchschritt den ganzen Prozess von Abstieg, Wende und Wiederaufstieg.

Reinigung

In der Reinigung, der Gott uns inwendig unterzieht, geht es darum, durch die Oberfläche zu dringen und die verborgene Tiefe zu entdecken, den Schalter zu betätigen und Licht in die Dunkelheit zu bringen. Gott offenbart uns unsere Tiefe, die viel tiefer ist, als wir meinten. Es ist wie bei einem Eisberg: Der sichtbare Teil über der Wasseroberfläche ist nur ein kleiner Bestandteil des ganzen Berges, dessen Hauptteil unter der Oberfläche liegt. Den sehen wir nicht, aber er ist da und macht in Wahrheit den weitaus größeren Teil des Berges aus.

In einem der besten Ehebücher, die wir in den letzten Jahren gelesen haben, erklärt *Eva Maria Zurhorst* anhand des Eisberg-Modells, dass unter der Oberfläche „... all das schlummert, was unserem Bewusstsein abhanden oder nie zu Bewusstsein gekommen ist". Zum Beispiel:

> Alles, was in unserer Familie nicht sein durfte. Alles, was uns einst als ablehnenswert und unerwünscht beigebracht wurde. All das, was einst so schmerzte, dass wir es lieber verdrängen oder einfach vergessen wollten. All das, was wir nie verstanden, angenommen und geheilt haben. All das, was wir uns nicht zugetraut haben: alle alten Muster, alle frühen Kindheitserfahrungen, alle Schmerzen, Verletzungen und Ängste genauso wie unser noch ungenutztes Potenzial, unsere nach Entfaltung

strebende Lebenskraft und unsere noch ungeteilte Liebe. All das Gute, all das, was einst ganz natürlich zu ihnen gehörte, aber keinen Platz und keine Resonanz fand, verwandelte sich hier unten zum vermeintlich Bösen.[6]

In einem anderen Buch[7] weist sie darauf hin, dass „... die Wissenschaft davon ausgeht, dass uns nur rund vier Prozent unseres Selbst bewusst sind. 96 Prozent von uns schlummern unter der Oberfläche unseres Bewusstseins.“ Sie stellt diese aktuellen Erkenntnisse unter der bezeichnenden Überschrift „4 Prozent contra 96 Prozent – oder die Illusion, wir könnten über unser Leben bestimmen“ fest.

Gottes Reinigungen haben den Zweck, uns Menschen tiefer blicken, höher steigen und weiterkommen zu lassen, als wir für möglich gehalten haben, wir wissen einfach nichts über das wirkliche Ausmaß bzw. Potenzial unseres Seins. Es geht um die Befreiung des Lebens, welches wie gefesselt und überschüttet mit Dreck in uns sitzt, weggesperrt im Keller unseres Herzens, unerkannt und bewacht von knurrenden Hunden, die jederzeit bereit sind auszubrechen.

Die gefährlichste Idee, von der wir am meisten Befreiung und Reinigung brauchen, ist die, dass wir schon wüssten, was das Leben ist, wie es läuft, welche Rolle wir darin spielen und wie die Dinge darin zusammenhängen. Dies ist das Wesen des Stolzes, der uns für die Wirklichkeit blind macht – von ihm gereinigt zu werden ist eine tägliche Angelegenheit. Sobald wir meinen, wir wüssten Bescheid, sind wir dazu geneigt, uns auf dieses Wissen zu stützen, anstatt auf Jesus. Auch sind wir geneigt, einander mit unserem Wissen zu belehren und zu beeindrucken – und nicht mit Jesus.

Unser Denken dreht sich zumeist um uns selbst und unsere Darstellung bzw. Inszenierung. Wenn wir nur einmal auf unsere „inneren Dialoge“ hören würden, wäre uns das überdeutlich. Aber

---

[6] Zurhorst, „Liebe dich selbst und heirate wen du willst“, Goldmann 2004, S. 83.

[7] Zurhorst, „Liebe dich selbst – und freu dich auf die nächste Krise“, Goldmann 2007, S. 106.

wir bemerken im Allgemeinen eben nur jene haarsträubenden vier Prozent, die uns an der Oberfläche erkennbar sind ... wenn überhaupt. Und da alle es so machen, verstärkt das den Eindruck, eben jene Oberfläche sei die ganze Wirklichkeit, mit der es umzugehen gilt. Vielleicht können viele Menschen einfach nicht tiefer blicken, wir als Jesus-Nachfolger aber schon, denn der Geist öffnet uns die Augen (vgl. 2 Kor 3,16-18).

Selbstlosigkeit

Wir können den Weg der *Selbstlosigkeit* wählen, der uns eben von uns selbst in der oberflächlichen Ego-Version losbindet und an Gott anbindet, der uns die Geheimnisse des Lebens offenbart. Die *Freiheit* zur Wahl dieses Weges ist eine unglaubliche Gabe, die Jesus uns teuer erkauft hat. Aber wer will sie haben?

Die Wahl zu haben legt Verantwortung auf uns, sie auch zu treffen. Aber wer will schon eine solche Verantwortung haben?

Die Wahl zur Selbstlosigkeit kann heißen, in den alltäglichen Situationen, die uns treffen, nicht spontan aus dem Ego heraus zu reagieren, wie wir das gewohnt waren, sondern innezuhalten und erst einmal Gott zu fragen, wie ER denn diese Sache betrachtet und wie ER damit umgeht. Das ist eine Trainingssache und geht nach etwas Übung sehr schnell. Jesus sagt, er tue gar nichts aus sich selbst heraus, sondern nur, was er den Vater tun sieht (vgl. Joh 5,19).

Es gibt viele Ebenen der Reinigung, auch viele, die wir nicht kennen und nicht begreifen. Unser Wesen ist vielfältig, vielschichtig und vieldimensional – und alles hängt miteinander zusammen und wirkt aufeinander. Der Mensch ist ein großes Geheimnis, niemand kann es ergründen als nur Gott allein. Unsere Wissenschaft hat so gut wie keine Ahnung über den Menschen ... auf keiner Ebene, trotz all der „Experten“, die geneigt sind, uns ihre Theorien als Tatsachen zu verkaufen. Heisenberg sagte: „Niemand weiß, wie viel man wissen muss, um zu wissen, wie wenig man weiß.“ Gott aber kennt uns, darum wäre es klug, ihn darüber zu befragen, aber die meisten tun das nicht und wundern sich, warum ihr „Wissen" sie nicht rettet. Aber was wissen sie denn *wirklich*?

Weder moralisches Richtigsein, noch theologische Erkenntnisse, weder die Zugehörigkeit zu einer Kirche/Gemeinde, Unterordnung unter eine Leiterschaft, weder das richtige Bekenntnis und nicht einmal die Bibel in der Tasche retten uns – Jesus rettet uns. Und er tut es, indem er uns erweckt, aufrichtet und uns die Wahrheit über *uns* selbst und *sich* selbst sagt. *Diese* Wahrheit macht uns frei ... nicht das Aufsagenkönnen von Bibelversen (vgl. Joh 8,32).

Uns von unseren Verkehrtheiten zu retten, die wir für völlig in Ordnung halten und an denen wir eisern festhalten, das ist eine schwere Reinigung. Sie braucht, wie schon gesagt, Loslassen und Vertrauen. Da aber steigen die meisten aus, sie können nicht vertrauen. Sie bleiben bei Moral und Wissen stehen, glauben an ihr Bekenntnis, die Bibel und ihre Gemeinde als Garanten für die „Rettung". Wofür wahr werden? Wofür in die Tiefe gehen? Was und wie sie eigentlich *wirklich* glauben sollen, das fragen sie nur sehr selten Jesus selbst. Die Eigenverantwortung wird an die „Experten" bzw. „Leiter" abgetreten, die sich kompetent um die „Sache" kümmern sollen und ja auch dafür bezahlt werden. In der Folge erkennen sie weder sich selbst noch Jesus. *Diese* Erkenntnis kann einem eben kein Experte abnehmen. Jedoch können viele mit dem Konzept der „guten Moral, Bibel unterm Arm und anerkannten Gemeinde" gut leben. Sie können sich dadurch für reich halten und ununterbrochen damit beschäftigt sein und nicht erkennen, dass sie in Wahrheit arm, blind und bloß sind ... (vgl. Offb 3,17).

Es gibt Gemeindeleiter, die ihren Mitgliedern verbieten, mit Andersgläubigen Kontakt zu haben; sie könnten sich an denen „kontaminieren". Aus Sorge um ihre Schäfchen können sie einen geradezu pharisäerhaften Eifer um die „wahre Lehre" und „wahre Herde" entwickeln, die natürlich nur sie vertreten. In der Folge isoliert sich eine solche Gemeinde und wird zur „Insel der Seligen". Aber alle anderen Gemeinden gehören *auch* zum Leib Christi und haben ihre Berechtigung. Jedoch ist die Auseinandersetzung mit diesen „anderen" vielen schon wieder viel zu anstrengend und braucht eben eine Haltung der Selbstlosigkeit anstatt der Überlegenheit. Das ewige Richten über die „anderen“ steht uns nicht zu und führt zu Spaltungen ohne Ende.

Andere Pastoren sehen, dass eigenständiges Denken, Bibellesen und „Gott zu fragen“ kaum zur normalen Verhaltensdisziplin des normalen Gemeindegliedes gehören, und so kauen und geben sie alles vor. Die Mitglieder sind in einer Konsumenten-Haltung und wollen „betreut“ werden. Von Selbstverantwortung keine Spur. Oswald Chambers sagt:

> Alle Katastrophen im Leben werden dadurch hervorgerufen, dass wir nicht mit der Tatsache der Sünde rechnen. Wir sprechen vom edlen Wesen des Menschen, von Aufopferung und platonischer Freundschaft – alles totaler Unsinn. Solange wir nicht den Akt der Sünde anerkennen, werden wir mit all unseren Idealen nur ausgelacht werden … Wir müssen die Tatsache der Sünde in unsere Überlegungen mit einbeziehen und akzeptieren, dass in allen Menschen ein bestimmter Grundimpuls herrscht. Wir müssen erkennen, dass es so etwas wie das Böse und Selbstsucht gibt, die Kummer mit sich bringen.[8]

Götzen

Schließlich wäre da noch das *Gottesbild* zu erwähnen, an dem wir uns orientieren. Bei vielen hat es gar nichts damit zu tun, wie Gott wirklich ist. Dieses selbstgezimmerte Bild, welches einem religiösen Götzen gleicht, niederzureißen, ist ein noch tieferer Reinigungsprozess als die zuvor beschriebenen Reinigungen.

Viele wissen sehr viel darüber, wie Gott angeblich ist und ihrer Theologie gemäß zu sein hat – ohne ihn je selbst danach gefragt zu haben! Einer belehrt den anderen über Gott, aber der Weg der Reinigung ist der, dass jeder ihn für sich selbst suchen und erkennen muss (vgl. Hebr 8,11), sonst plappert er ja nur Lehren von anderen nach. Jeder kann sich selbst an ihn wenden, Jesus

---

[8] Zitiert aus „Wenn alles zerbricht“, Gordon MacDonald, Gerth Medien 2002.

ist ja auferstanden und lebt! Jeder kann seiner Empfehlung folgen, ihn persönlich um Augensalbe (vgl. Offb 3,18) zu bitten, um zu sehen. Aber nur wenige bitten darum; die meisten meinen, schon genug zu sehen. Sie haben ihre Tradition, ihre Struktur, ihre Agenda. Dies war das Problem der Gemeinde in **Laodicea,** der Jesus die Augensalbe empfahl.

Der Erhalt der Götzenbilder von Gott und der Götzenkirche, die auf diesen Bildern gegründet ist, ist vielen viel zu wichtig, sie ziehen daraus ihre Sicherheit – keineswegs bauen sie auf Jesus selbst und ziehen ihre Sicherheit aus seiner Gegenwart.

An dieser Stelle könne wir uns auch fragen, inwieweit unser Gottesbild dem Bild ähnelt, welches wir von unserem irdischen Vater haben. Oftmals projizieren wir diese Erfahrung unbewusst auf Gott – und gerade dieses Unbewusste hat großen Einfluss, weil es unbemerkt bleibt.

Da mein (Franks) Vater häufig auf langen Dienstreisen war, fühlte ich mich verlassen und übertrug dieses Gefühl auf Gott. Ich meinte, auch der sei zwar lieb und nett, aber mit anderem beschäftigt und „weit weg". Es dauerte Jahre, bis ich diesem Mechanismus der Übertragung auf die Spur kam.

Mein (Brigittes) Vater forderte mich schon als Kind heraus, Aufgaben pflichtbewusst zu übernehmen, wie etwa Unkraut zu jäten. Ich hatte meine Aufgabe zu erledigen, da gab es nichts zu rütteln. Auch später in der Gemeindearbeit war ich sehr pflichtbewusst und nahm meine Arbeit dermaßen ernst, dass andere mich aufforderten, doch mal „etwas lockerer" zu werden. Ich werde den Tag nie vergessen, als ich wieder einmal mit meinem Vater zu handeln und zu diskutieren begann, weil ich lieber spielen gehen wollte. Da nahm er mich liebevoll zur Seite und sagte: „Kind, du weißt jetzt noch nicht, warum ich das von dir verlange und es kommt dir hart vor – und das ist es für dich wahrscheinlich auch. Doch glaube mir, ich will nur dein Bestes. Wenn du früh lernst, dass auch Dinge getan werden müssen, die unangenehm sind, dann hilft dir das in deinem späteren Leben."

Es war einer dieser seltenen „heiligen" Momente, wo ich bereits als Kind begriff, dass ich meinem Vater vertrauen konnte in dem, was er von mir verlangte. Das Maulen hörte auf, ich wusste, mein Vater meint es gut mit mir. Auch diese Erfahrung habe ich auf Gott übertragen – und heute noch jäte ich ganz gerne Unkraut ...

An diesem Punkt kann man sehen, dass auch gute Prägungen auf Gott übertragen werden. Sie können allerdings den Zugang zu dem „echten" Gott und Vater auch verstellen. Weil sie „gut" sind, stellen wir sie vielleicht niemals in Frage und behalten sie bei.

Verlieren, um zu gewinnen

Hier geht die Reinigung in einen Bereich über, der für manche schwer zu verstehen und anzunehmen ist, da es Götzen gibt, die wirklich sehr richtig und heilig aussehen. Wieso sollte Gott uns denn auch von „guten" Dingen reinigen? Aber nicht alles, was glänzt, ist Gold. Manches „Gute" bindet uns noch mehr an sich selbst als das „Schlechte". Wir identifizieren uns damit, obwohl wir es nicht sind – und so geht es weiter auf dem Weg der Illusionen und falschen Identitäten – auf „fromm".

Manchen Jüngern muss Gott ihre Gemeinde nehmen, denn sie verwechseln sie mit ihm.

Manchen Jüngern muss Gott ihr Geld nehmen, denn sie sehen darin ihre Sicherheit und nicht in ihm. Anderen kann er nicht viel anvertrauen, da sie nicht damit umgehen können.

Manchen muss Gott ihre Arbeit nehmen, denn sie sehen darin ihre Zukunft – und nicht in ihm.

Manchmal lässt Gott Krankheit zu, weil seine Kinder ihren Körper, den Tempel Gottes, so dermaßen „zumüllen", dass es eine Schande ist (vgl. Abschnitt „Selbstverantwortung" in der Einführung).

Manchen muss Gott Beziehungen nehmen, denn sie leben von anderen Menschen und nicht von ihm. Selbst eine *Ehe* kann ein „goldenes Kalb" werden, von dem man in sehr unreifer Weise abhängig wird. Paulus spricht diesen Punkt ganz unverblümt in 1. Korinther 7 an, was schon viele Christen verwirrt hat, weil ja Gott wohl *für* die Ehe ist. Ja, das ist er wohl, aber nicht, dass sie ein Götze und eine Rechtfertigung dafür wird, ihm nicht zu folgen oder einander auszubeuten.

Selbst unsere *Berufung* muss manchmal sterben, weil wir uns mehr über sie definieren als über Gott. Das kann sehr verwirrend sein. Manche Visionen, Träume und Prophetien lassen viele Jahre auf ihre Erfüllung warten, weil wir *zuerst* davon gelöst werden müssen, dass wir uns auf falsche Weise mit ihnen identifizieren, da sie sonst zu Götzen werden.

Vielen muss Gott vieles nehmen – um es ihnen danach gereinigt zurückgeben zu können.

Oft lässt Gott es zu, dass uns Dinge genommen werden, die wir freiwillig nicht hergeben würden. Manchmal ersetzt er sie nicht einmal, sondern lehrt uns, ohne diese Dinge zu leben und zu verzichten.

Wenn wir alles – auch das Gute – loslassen können, von nichts mehr abhängig sind, überflutet uns eine große Freiheit. Dann, erst dann, können wir vieles wieder erhalten, weil wir es nicht mehr brauchen und missbrauchen. Dann ist der Genuss dieser gereinigten Dinge viel intensiver und ausgeprägter als zuvor. Es ist, als wäre auf einmal das, was uns so gequält hat und woran wir so gehangen und gelitten haben, in reines Gold verwandelt worden. Und wir spüren und erleben: Es ist nie unser „Eigentum" gewesen und entfaltet seine wahre Schönheit und Kraft nur in Freiheit.

Vor vielen Jahren saß ich (Brigitte) auf einer Wiese, bewaffnet mit einem wunderbaren Buch über „kreative Lebensplanung" (P. Donders) und einem Block zum Schreiben. Begeistert und akribisch arbeitete ich den Text durch, war begeistert von all meinen guten Ideen und Gaben, mit denen ich nicht nur die Gemeinde, die Welt, sondern natürlich auch meinen Ehemann zum Guten verändern wollte. Es war an einem Nachmittag nach einem anstrengenden Gottesdienst mit viel Gebet und Dienst an unzähligen Hilfesuchenden gewesen, denen wir so gut wir konnten zu helfen versucht hatten. Auf einmal stiegen die üblichen migräneartigen Kopfschmerzen in mir hoch, die sich meist nach einem Gottesdienst bei mir einstellten.

Ich arbeitete mich mühsam, wenn auch nicht weniger begeistert, weiter durch meine faszinierende Lektüre, als auch die übliche, die Migräne begleitende Übelkeit in mir hochstieg und meine Sinne zu vernebeln begannen.

Eine große innere Verzweiflung über meinen körperlich labilen Zustand, der mich zeitlebens daran gehindert hatte, mich und meine Gaben auszuleben, machte sich breit. Schmerzen hatten mir schon immer eine Menge Aktivitäten unmöglich gemacht, die für robuste, nicht so hochsensible Menschen wie mich kein Problem darstellten.

Ich brach schließlich in Tränen aus, warf das gute Buch auf die Erde und schrie zu Gott: „Was nützen mir denn alle guten Gaben, wenn ich sie nicht für dich und dein Reich einsetzen kann, wenn ich immer nur Migräne habe!"

Still weinte ich vor mich hin, als ich nach einer gewissen Zeit die ruhige Stimme Gottes in meinem Geist vernahm, die mich leise fragte: „Was wäre denn, wenn ich gar nicht von dir verlange, dass du alle deine Gaben für mich und mein Reich einsetzt?" Ich war verblüfft und fassungslos, weil ich nicht verstand, was das heißen sollte. Ich sagte mit ziemlich vernebeltem Verstand laut in die Stille des Moments hinein: „Ja, was willst du denn stattdessen?!" Es war mir, als würde Gott in mir zaghaft antworten: „Wärst du denn auch damit einverstanden, wenn es mir ausreichen würde, wenn wir beide einfach nur zusammen sind, sonst nichts?" Diese Frage rührte mich so dermaßen an, weil sie voller Liebe zu mir kam, dass ich wieder in Tränen ausbrach und nur „Ja, einverstanden ..." stammeln konnte.

Ab diesem Zeitpunkt hörte jegliches zwanghafte Einsetzenmüssen meiner Gaben auf; ich konnte innerlich entspannen, das Zusammensein mit Gott mehr genießen als zuvor und einfach das tun, was ich konnte *und nicht mehr*. Die großen Pläne, die für mich mit Migräne einfach nicht machbar waren, wurden auf Eis gelegt ... was für meinen weiteren Lebensweg in die „Einsiedelei" eine gute Voraussetzung war. Erst später erkannte ich, dass die Migräne und andere Schmerzen von synthetischen Duftstoffen und Elektrosmog ausgelöst werden, was meine äußeren Aktivitäten nach wie vor einschränkt. Ich musste mich mit dem hier beschriebenen „Zusammensein mit Gott“ begnügen. Nun schickte **Er** mir Menschen, die seelsorgerliche Hilfe brauchten. Und genau das funktionierte ohne all den Stress der früheren Jahre. Die Träume meiner frühen Jahre (ich liebäugelte früher öfters damit, ein kontemplatives Leben in einer Kommunität zu führen und mich nicht auf eine Ehe einzulassen) kamen auf einmal zum Tragen und ich konnte, trotz der anstrengenden Pflege meiner Mutter, ein mehr oder weniger kontemplatives Leben führen. Zudem hatte ich auch noch einen lieben Ehemann, den ich nun auch nicht mehr verändern musste, damit er endlich „gemeindekonform“ wird. Ich war beeindruckt, wie Gott meine absolute Krise in eine große Chance verwandelte und mich im Abgrund veränderte.

Die Prozesse der Reinigung und Erlösung gehen mit der Zeit immer tiefer und weiter – unser Leben lang.

KAPITEL 4

Weil er Gefallen an mir hat

Er griff aus der Höhe, erfasste mich, zog mich heraus aus großen Wassern …
*Und er führte mich heraus ins Weite, er befreite mich, weil er **Gefallen** an mir hatte.*

Psalm 18,17.20

Nach den Leiden, ja, *mittels* der Bedrängnisse, durch die David für lange Zeit gehen musste, war eines klar herausgekommen: David würde seinen Weg nicht ohne Gott gehen, er würde Gott nicht den Rücken kehren und sich abwenden – komme was da wolle. Selbst in der Erfahrung von unfassbarer Ungerechtigkeit und Verfolgung, Verleumdung und Verrat blieb David dabei: Nicht ohne Gott! Er würde sich *nicht* mit eigener Hand helfen und *nicht* seinen eigenen Weg gehen und sich *nicht* selber rechtfertigen, befördern und ein wenig bei seinem Aufstieg nachhelfen.

Der Weg der Jüngerschaft

David hatte *Gefallen* an Gott. Er hatte wirklich Freude an Gott und schaute nicht auf die Uhr, wann die „Stille Zeit" endlich vorbei ist. Es war eine wirkliche und tiefgehende Beziehung, die David mit Gott pflegte, eine alles umfassende, nicht nur partielle, wo etwa der Alltag relativ gottlos abläuft und dann der heilige Sonntag kommt, an dem sich pflichtgemäß an Gott erinnert und ihm Zeit „geopfert" wird. Die Zerteiltheit des Lebens in mehrheitlich

„eigene“ Angelegenheiten und dann noch einige fromme Verpflichtungen zu besonderen Zeiten obendrauf, in denen dann Gott eine Rolle spielen darf, gab es bei David nicht mehr. Im Abstieg hatte er gelernt, sein *ganzes* Sein auf Gott zu werfen, nichts anderes zu tun zu haben, als vor ihm zu stehen und ihm seine Agonie hinzuhalten, nach ihm zu „lechzen“ (vgl. Ps 42,2; 143,6) und über sein Wort nachzusinnen.

Er verarbeitete seine Erfahrungen in zahllosen Psalmen und Liedern, die davon zeugen, wie „echt“ Davids Umgang mit Gott war. Gott war sein Ein und Alles geworden, seine Sonne am Tag und sein Lied in der Nacht. Alles drehte sich um ihn.

Heute würden wir so etwas „extrem“ nennen und einen Menschen wie David für religiös übersteigert und einseitig halten. Viele seiner Erfahrungen würden wir nicht nachvollziehen können und für mehr als seltsam halten, denn wer erlebt Gott heute schon so wie David?

Nun, alle, die wirklich *Gefallen* an ihm haben, die ihm darum ihr *Herz* bringen und zugeben, wie zerrissen, oberflächlich und selbstsüchtig sie sind und darüber weinen und schreien, die treten in die davidische Dimension von Gotteserfahrungen ein. Sie beginnen irgendwann ähnlich zu sprechen wie er:

> *Der HERR ist mein Fels und meine Burg und mein Retter, mein Gott ist mein Hort, bei dem ich mich berge, mein Schild und das Horn meines Heils, meine hohe Feste* (Ps 18,2).

Viele Psalmen enthalten solche Aufzählungen, in denen David beschreibt, *wer Gott für ihn ist.* Das berühmteste Beispiel ist sicher Psalm 23, wo er ihn als seinen *Hirten* besingt.

Das ganze Leben Davids – Alltag inklusive – wurde zu einem Dialog mit Gott, zu einem heiligen Ort heiliger Begegnung und Offenbarung.

Sollte es nicht ebenso bei uns Christen sein, die wir uns nach seinem Namen nennen? David begründet seine großartigen Erlebnisse mit Gott, sein mächtiges Eingreifen aus der Höhe damit, dass er Gott *gefällt*. Haben wir darüber einmal nachgedacht, ob auch wir Gott gefallen?

Wenn wir den obigen Vers nicht kennen würden, welche Gründe würden *uns* einfallen, damit Gott für David so mächtig Initiative ergreift? Was glauben wir, wie *wir* Gottes Arm bewegen?

David hat Gefallen an Gott und Gott hat Gefallen an ihm. Heute würden wir diesen Weg Davids „Jüngerschaft" nennen und sein Verhältnis zu Gott als Erfüllung des ersten und einen Gebotes: „Du sollst Gott lieben".

Ein Jünger hat das Bestreben, seine ganze Existenz ins Licht des Meisters zu stellen und so nah an ihm dran zu sein, dass er genau mitbekommt, was er tut und sagt. So „besuchten" die Jünger Jesu in den Evangelien ihren Meister nicht lediglich zu bestimmten Veranstaltungen, wo sie seine Predigt anhörten, um die übrige Zeit mit anderen Dingen zu verbringen, nein, sie *gingen mit ihm* – Tag und Nacht – drei Jahre lang. Da lernt man sich *anders* kennen als in frommen Veranstaltungen! Da kommt die *Wirklichkeit* ins Spiel, die sich nicht im sonntäglichen Gottesdienst vollzieht, da wird der *Alltag* zum Ort der Begegnung mit Gott und alle Zerteiltheit endet.

Nikolas Herman (1608–1691, Frankreich), auch „Bruder Lorenz" genannt, sagte es mit einfachen, sehr tief berührenden Worten:

> Ich habe keinen besseren Weg gefunden, zu Gott zu gelangen, als dass wir unsere gewöhnlichen Arbeiten, zu denen wir durch den Gehorsam verpflichtet sind, so weit wie möglich ohne Rücksicht auf das Lob oder den Tadel der Menschen tun, sondern sie rein aus Liebe zu Gott verrichten.
>
> Es ist ein großer Irrtum, zu glauben, die Zeiten des Gebetes müssten sich von den anderen Zeiten unterscheiden. Wir sind in gleicher Weise verpflichtet, uns mit Gott in der Zeit der Arbeit durch die Arbeit wie zur Zeit des Gebetes durch das Gebet zu vereinen. Mein Gebet ist nichts anderes, als der Gedanke an die Gegenwart Gottes. Meine Seele empfindet dann nur noch Liebe. Aber außerhalb dieser Zeit ist es nicht anders, da ich

immer in der Nähe Gottes verbleibe, um ihn mit allen meinen Kräften zu loben und zu preisen. So verbringe ich mein Leben in ständiger Freude ...[1]

... sicherlich auch in seinem Leid (Anm.: der Verfasser).

Wir können uns heutzutage eine solche Ganzheitlichkeit, ein solches „Gott jederzeit", kaum vorstellen, aber darum geht es: um „ein Herz und eine Seele werden" (vgl. Apg 4,32), um *Gefallen aneinander.*

Wie also steht es um unser Gefallen an Gott? Dürstet unsere Seele nach ihm rund um die Uhr? Will sie ihn haben, ihn fassen, ihn sehen – jederzeit – weil sie ihn *liebt*?

Wir finden heute in der uns bekannten christlichen Szene oftmals wenig echte Liebe zu Gott, eher eine geradezu distanzierte Haltung von Routine, Beliebigkeit und Ignoranz. Würden wir unsere Freunde so behandeln wie Gott, würden sie wahrscheinlich die längste Zeit unsere Freunde gewesen sein! Gott ist ja vielerorts dermaßen egal und nebensächlich, ein frommes Anhängsel im überfüllten Leben, für das man keine Zeit und kaum Aufmerksamkeit übrig hat, schon gar keine ungeteilte. Was soll das für eine „Beziehung" sein? Wenn wir einmal ganz ehrlich in der Sache sein wollen, werden wir zugeben müssen, dass wir Gott häufig schlichtweg *verächtlich* behandeln. Jemanden, der uns *gefiele,* den würden wir jedenfalls niemals so behandeln. Das kann ihm nicht gefallen und Gott weint um uns und wünscht sich etwas anderes, aber unsere lieblose Haltung verhindert Nähe und Berührung, die uns verwandeln.

Ohne Liebe keine Befreiung

Noch einmal: Der Vers 20 sagt: *„Und er führte mich heraus ins Weite, er **befreite** mich, weil er **Gefallen** an mir hatte."* Ohne Gefallen keine Befreiung?

---

[1] Nikolas Hermann, „Die wahre Freude", Verlag der Arche, Zürich 1969 S. 41.

In manchen christlichen Kreisen steht das Thema „Befreiung“ ganz hoch im Kurs. Jede bekannte Methode wird angewendet: das Blut beschworen, das Kreuz aufgerichtet, das Wort proklamiert, Handauflegung und Salbung mit Öl praktiziert, Dämonen werden gelöst, gebunden, ausgetrieben, Heilungsräume eingerichtet usw., aber die Ergebnisse sind weder üppig noch nachhaltig. Warum denn nur, wenn doch alles „richtig“ gemacht wird, so fragt man sich. Wenn die Verkündigung biblisch ist und das Rahmenprogramm professionell, wenn die Beter geschult und der Dienst bis ins Detail geregelt ist, was fehlt dann da noch, um Gott dazu zu bewegen, uns mit Erfolg zu segnen? Vielleicht fehlt dem Ganzen ja das *Gefallen* aneinander, die Beziehung miteinander, die Liebe zueinander?

Nun kann man Liebe und Gefallen eben nicht veranstalten, nicht regeln, schulen und instrumentalisieren. Es erübrigt sich, darauf hinzuweisen, dass es Gott ausdrücklich *nicht reicht*, dass wir ihn in der Kirche „Herr!“ nennen. Er verlangt nicht nach frommen Betitelungen, wohlformulierten Andachten und Gottesdiensten, die ihn genauso langweilen wie uns, er verlangt nach unserem Herzen, nach unserer Liebe, nach einer totalen Beziehung, die alles umfasst, unsere ganze Existenz. Es geht *immer* um *Gefallen*, immer um den Weg der Liebe bzw. der Einheit!

Gott abzuschieben in unsere Kirchen, Sonntags-Veranstaltungen und „stille Zeiten“ ist ein Unding, ein beißender Widerspruch zu dem, worum es wirklich geht. *Jüngerschaft* ist das jedenfalls nicht.

Wir müssen uns immer wieder selbst überprüfen, was wir eigentlich für eine Beziehung mit Gott haben und was wir *wirklich* von ihm wollen: nur seinen Segen, oder IHN? Wir sollten sowohl ihn als auch und uns selber einmal fragen, warum wir ihn so gekonnt auf Abstand von unserem Herzen halten und warum wir ihn aus vielerlei Dingen in unserem Leben praktisch gesehen komplett heraushalten. Das sind Fragen, die sich *Jünger* stellen – und zwar unentwegt.

Sind wir schon Jünger oder noch „Besucher“? Das ist die Frage. Suchen wir seine Nähe, weil wir ohne sie nicht leben wollen, nicht leben können; sind wir verliebt? Gott tut es nicht darunter! Dies muss uns klar sein. Er wird seine Geheimnisse und Herrlichkeit *nicht* Leuten mitteilen, denen er – mal ganz offen gesagt – relativ „egal“ ist, die eigentlich ganz gut auf seine Herrlichkeit verzichten können und ihr Leben auch ohne sie geregelt bekommen.

Aber vielleicht ist es auch so herum: Gott offenbart seine Herrlichkeit ständig, auch den Ignoranten, schließlich „ist die Erde voll seiner Herrlichkeit“ (vgl. Hab 2,14), nur haben sie keine Augen und Ohren dafür, so wie die Jünger, denen die ganze Welt ein Heiligtum wird. Bei der Bekehrung wurde uns eine „göttliche Software“ aufgespielt, die uns zwar zur Verfügung steht, jedoch erstens in uns installiert und zweitens auch benutzt werden will. Es bleibt unsere Wahl, welche „Programme“ wir weiter laufen lassen, deinstallieren oder neu erproben.

Sind wir Gottes *Vertraute,* denen er sein Herz mitteilen und seine Geheimnisse anvertrauen kann?

„Ich, mich, meiner, mir – Herr, segne uns vier!“

Es gibt unter den „Gläubigen“ eine seltsame Form von Gottlosigkeit, die sich darin erweist, dass nicht Gott, sondern weiterhin das Ego im Mittelpunkt steht. Das darf der „liebe Gott“ dann am Sonntag „auferbauen“, damit es mit seinen eigenen Geschäften wieder gut durch die nächste Woche kommt. Diese humanistische Kirche ist nach biblischen Termini die „Hure“, welche Gott lediglich zu ihren eigenen Zwecken benutzt. Das Gegenstück dazu ist die „Braut“, die ihn liebt und ihm folgt, wohin er geht – jeden Tag – und das um seinetwillen. Sie kann sich mit einem „Date“ am Sonntag nicht zufriedengeben, sie will mehr, sie will *alles.* Dafür gib sie auch ihr *Alles.* Das ist „Gefallen“. So „tickt“ die Braut Christi, sie ist verrückt nach ihm …

Ein fundamentaler Wesenszug der Sünde konkretisiert sich in dem Spruch: „Ich behalte mich für mich selber.“ Ein anderer lautet: „Ich beute alles und alle aus für mich … aber so, dass sie es nicht merken, das wäre unvorteilhaft.“ So wollen viele zwar all die Segnungen haben, die David in Psalm 18 aufzählt, wollen auch

„aus großen Wassern gezogen“ und „hinaus ins Weite geführt“ werden, wollen befreit, gesegnet und ermächtigt werden usw. – aber den Preis dafür wollen sie nicht zahlen – nämlich mit der Sünde der Egozentrik zu brechen und sich Gott anzuvertrauen, bis die Dimension des „Gefallens“ zwischen ihnen und ihm so weit gewachsen ist, dass sie in der Lage sind, ihr Ego zu überwinden.

Manche Christen träumen ja ununterbrochen von „Zeichen und Wundern“, von großen Taten in geistlicher Vollmacht und mächtigen Diensten mittels der Gaben des Geistes, jedoch wollen sie das alles nur für ihr Selbst haben – und nicht für Gott. Es geht ihnen nicht um Liebe, sondern um ihren persönlichen Gewinn, alles ist Geschäft. Sie wollen den Thron, aber nicht den, der darauf sitzt – dies ist exakt die Gesinnung des Teufels – und sie ist viel verbreiteter, als wir meinen. Sein großer Vorteil und seine diabolische List liegen darin, diesen Missbrauch Gottes nicht bewusst werden zu lassen. Nicht von ungefähr sprach Jesus am Kreuz die denkwürdigen Worte: „Vater, vergib ihnen, *denn sie wissen nicht, was sie tun*“ (Lk 23,34). Das mag hart klingen, aber die persönliche Profilierung kommt auf Samtpfoten daher und bleibt oft unerkannt, bis ... ja bis ihr die Anerkennung entzogen wird. Dann kommen die Krallen hervor.

Ein Ziel der Bedrängnisse im Abstieg ist, dass wir aufwachen aus der Verblendung und anfangen zu bemerken, was wir eigentlich tun ... und was nicht ... und *warum* das.

Nicht wenige Christen gehen mit Gott, „beziehungstechnisch“ gesehen, einfach nur entsetzlich um – aber sie merken davon *nichts*. Sie kommen niemals auf die Idee, ihn überhaupt danach zu fragen, wie er von ihnen behandelt werden möchte, wie er sich eine Beziehung mit ihnen eigentlich vorstellt usw. Sie besuchen Gemeindeveranstaltungen und meinen, das wäre, was Gott „glücklich“ macht. Welch eine absurde Annahme und abwegige Umgangsweise für eine *Beziehung! Uns* würde es nicht glücklich machen, eine „Veranstaltungs-Beziehung“ zu haben – und eine glückliche Christenheit können wir im Lande entsprechend auch lange vergeblich suchen, aber wir machen unbeirrbar weiter so, ganz nach Tradition und Gewohnheit, ohne zu merken, dass weder Gott noch unser eigenes Gewissen bei dieser Sache glücklich ist. Wir bleiben einander fremd.

„Wo wohnst du, Gott?"

Das Gefallen aneinander beginnt mit einem gegenseitigen Wahrnehmen und Erkennen: „Ich sehe dich". Dann vertieft es sich durch einfache Fragen: „Was machst du?" oder „Wo wohnst du?" Das waren die ersten Fragen der ersten Jünger (vgl. Joh 1,37-39). Seltsamerweise werden Gott diese Fragen von vielen, die sich heute seine Nachfolger oder „Gläubige" nennen, nie gestellt. Entsprechend wissen sie auch z. B. nicht, um nur bei diesen zwei Fragen zu bleiben, was er tut und wo er wohnt. Die allereinfachsten und ersten Dinge sind vielen Christen völlig unbekannt, sie bewegen sich in grauen Theorien und religiösen Mutmaßungen darüber – und das darum, weil sie Gott einfach nicht danach fragen. Sie halten ihn offenbar für ein „Alien" oder für so elitär, dass er sich nicht dazu herablässt, mit normalen Menschen über die normalen Dinge des Lebens zu sprechen. Das ist absurd und widersinnig, aber eine ganze Reihe, die sich für „gute Christen" halten, machen es so mit ihrer Gottesbeziehung, die bei genauem Hinsehen eine reine Fiktion ist, ein frommes Konstrukt, das mit einer auch nur halbwegs so zu betitelnden „Beziehung" nichts gemein hat. Aber das wird kaum bemerkt, denn alle machen es ja scheinbar so und niemand regt sich darüber auf.

Dies ist das Werk der Dämonen: Sie „helfen" uns, fein an der Ver*wirklich*ung einer tatsächlichen *Beziehung* zu dem tatsächlichen Gott vorbeizuschlafen oder mit unendlich viel kirchlichen Aktivitäten vorbeizuarbeiten und das für völlig in Ordnung zu halten. Solange wir dabei „anständig" bleiben ... Aber unser Verhalten zu *Gott* kann – ohne dass es uns so richtig bewusst wird – ganz schön unanständig sein, und keinem Menschen würden wir eine solche Behandlung zumuten. Wahrscheinlich denken wir uns dabei allerdings gar *nichts,* und das ist das Problem. Vielleicht haben wir Sprüche wie den folgenden zu unserer Rechtfertigung parat: „Gott ... nun ja, der ist weit weg und sicher mit wichtigeren Dingen beschäftigt, als dass er sich mit meinem Alltag befassen möchte – und wahrscheinlich bekommt er sowieso nicht so genau mit, was hier unten läuft."

Viele projizieren ihre eigene Ignoranz und Beliebigkeit auf Gott. Und auch auf ihren Nächsten. Und das tun sie unbewußt die ganze Zeit über.

> Ein Elefant, der zum Tränken an den Brunnen geführt wurde, scheute, als er im Wasser sein Spiegelbild erblickte. Er hielt es für einen anderen Elefanten und verstand nicht, dass er vor sich selbst zurückscheute.
> Neid, Haß, Zorn, Gier und Überheblichkeit, all diese schlechten Eigenschaften stören uns nicht, wenn wir sie in uns selbst finden. Sehen wir sie aber bei einem anderen, dann schrecken wir davor zurück. Uns sollte jedoch klar sein, dass wir lediglich vor uns selbst zurückschrecken.[2]

Manche *beschränken* Gott rein auf fromme Angelegenheiten ... oder sie *instrumentalisieren* ihn für ihre Wünsche ...

Projektion, also die Instrumentalisierung für die eigenen Wünsche oder Defizite, richtet in der Gemeinde großen Schaden an, denn neben Gott und dem Nächsten wird auch sie zur Leinwand, auf die lebenslang angesammelte Defizite und eigene Vorstellungen sowie Wünsche geworfen werden. In der Folge wird die Gemeinde häufig zuerst idealisiert und danach verteufelt. Aus unserer eigenen pastoralen Erfahrung können wir nur bestätigen, was die Psychologen *Hemfelt, Minirth und Meier* in ihrem unserer Meinung nach bahnbrechenden Werk *„Mut zur Liebe"* diesbezüglich ausführen:[3]

> Ein Mensch, der in einer gestörten Familie aufwuchs, ist unbewusst ständig dabei, diese komplexen Rollen neu zu verteilen,

---

[2] Aus O. W. Barth, „Rumi", 8. Januar.

[3] Hemfelt, Minirth und Meier, „Mut zur Liebe", Schulte & Gerth, 4. Aufl. 1995, S. 197–199).

um mit den zur Verfügung stehenden Personen das Kräftespiel, den Schmerz und die Situation der Ursprungsfamilie von neuem erstehen zu lassen. Diesmal soll das Problem endlich gelöst, der Schmerz gelindert, die Situation korrigiert werden. Wahrscheinlich bekommt niemand diese Rollenverschiebung stärker zu spüren als Pastoren ... Eine Autoritätsperson zu sein, ein „Mann Gottes“ (oder „Frau Gottes“, Anm. der Verfasser) zu sein (was ihn in den Augen mancher Menschen selbst zu einer Art Gott macht), all das macht einen Pastor zu einer wandelnden Zielscheibe für kodependente[4] Menschen, die ihn als guten oder schlechten Elternteil, Ehepartner oder dergleichen benutzen wollen. In unserer Klinik behandeln wir oft Pastoren, und wir sind immer wieder erstaunt über manche der „Kriegsgeschichten“, die sie von der „Front“ mitgebracht haben.
Nicht selten findet ein Pastor in seinem Sprechzimmer einen Mann oder eine Frau, die in ihm den Eltern- oder Ehepartnerersatz sehen, nach dem sie sich sehnen. Die drängenden Bedürfnisse des Gemeindegliedes stellen den Pastor vor unglaubliche Anforderungen, sodass er sich erstickt und ausgelaugt fühlt. Wenn die Grenzen des Pastors nicht in sicherem Abstand und unantastbar gezogen sind, kann er leicht das Gefühl haben, von den Erwartungen verschlungen zu werden – und das zu Recht.
Eine Stunde später sitzt ein anderes Gemeindeglied vor ihm und lässt seinem blinden Zorn freien Lauf. Der Pastor bekommt haarklein zu hören, was er alles falsch macht, worin er nicht vollkommen ist, warum der Gottesdienstbesuch nachlässt oder die Kollekte immer kärglicher ausfällt. Die Person lässt nicht nur unsichtbare persönliche Zorngefühle und Frustrationen am Pastor aus, sondern glaubt dabei vermutlich noch, dem Pastor einen Gefallen zu tun.

---

[4] Die Autoren definieren Kodependenz u. a. folgendermaßen: „Im weitesten Sinne ist es eine Sucht nach Menschen ... Sie ist der hoffnungslose Versuch, das riesige emotionale Vakuum im Inneren zu füllen, indem man sich an Menschen bindet und versucht, sie zu kontrollieren und in irgendeiner Form an sich zu binden (S. 12 f.).

Von hundert Mitgliedern einer Gemeinde sind, sagen wir, achtzig gesunde, liebevolle Christen. Die übrigen zwanzig haben mehr oder weniger ernste emotionale Probleme. Wenn sie diese Probleme nicht auf irgendeine Weise bewältigen, kann es leicht passieren, dass sie den Pastor zum Helden oder zum Schurken stilisieren, vielleicht auch zu beidem. Um mit der ganzen Bandbreite offensichtlicher und verborgener Probleme fertig zu werden, muss ein Pastor nicht nur über stabile persönliche Grenzen verfügen, sondern auch die Mechanismen der Kodependenz verstehen. Leider sind jedoch nur wenige Pastoren dazu ausgebildet, Probleme der Kodependenz zu erkennen und damit umzugehen.

Wir können ein Lied von der genannten Problematik singen, in unserer Gemeinde stellte sich das Verhältnis zwischen „Gesunden und Kodependenten" sehr viel schlechter dar, als 80 % zu 20 %. Die Unfähigkeit vieler, ihre Nöte wirklich zu *Jesus* zu bringen und *von ihm* Hilfe zu erwarten und zu empfangen, war augenfällig und oft schier zum Verzweifeln. *Menschenabhängigkeit* ist ein sehr ernstes Problem in vielen Gemeinden und eine Form subtilen Götzendienstes, der katastrophale Folgen hat. Viele Gruppen werden davon schließlich zerstört, weil ihr Dienstangebot über Gebühr ausgenutzt und ihre Leiter „aufgefressen" werden. Seelsorge mit Kodependenten stellt sich als eine Art „Fass ohne Boden" dar. Man kann reinfüllen, so viel man will, es wird nie voll.

Tatsächlich kann Kodependenz sehr „christlich" aussehen. Eine Frau kümmert sich etwa aufopferungsvoll um ihren alkoholabhängigen Mann und ermöglicht ihm eben durch ihr Verhalten, in seiner Sucht zu verharren. Es kann ohne Weiteres sein, dass die Ehe nicht am Alkohol zerbricht, sondern an der Heilung davon, wenn der Partner „trocken" wird und selbstverantwortlich! Die Frau definierte sich geradezu über ihr „schweres Los", es wurde gebetet, gehofft, geschimpft … nun ist der Erfolg eingetreten und die Frau fühlt sich nicht mehr „wichtig". Sie kann sich nicht mehr um den Hilflosen kümmern, er hat seine Rolle verlassen – welche soll *sie* nun spielen? Die Bibel warnt uns ausdrücklich vor der Menschenabhängigkeit, aber gerade in christlichen Kreisen kann sie getarnt als „Nächsten-Liebe“ zu Abhängigkeiten und Unfreiheiten ohne Ende führen.

Wenn wir alles wissen, aber nichts erleben und Gott uns fern zu sein scheint

Aber es ist nicht Gott, der uns fern ist, sondern *wir* sind es, die ihm fern sind. Der Liebes-Schaden ist nicht auf Gottes Seite zu lokalisieren, sondern auf unserer Seite. Gott hat kein Problem mit Vertrauen, Liebe, Nähe und Berührung – *wir* haben die Probleme damit.

Wie tauglich für Vertrauen, Liebe, Nähe und Berührung ist eigentlich unser normal konzipierter Gottesdienst, wie er in praktisch allen Kirchen, egal welchen Bekenntnisses, allgemein standardisiert ist? Wenn wir das einmal überprüfen, so müssen wir erschrecken und erkennen, dass er diesen fundamentalen Beziehungsdimensionen nur wenig Platz einräumt. Deshalb ereignet sich die *Begegnung* mit Gott in diesem Rahmen auch so selten.

Warum wir einen solchen Rahmen, der *nicht* auf Beziehung ausgelegt ist, sondern auf Belehrung und Ritus, für so überaus wichtig und geradezu heilsnotwendig und unverzichtbar für die Gläubigen halten, ist eine wichtige Frage. Auch diese stellen viele nicht. Sie orientieren ihre Programme nicht an Gott, sondern Gott an ihren Programmen. Ist das richtig so? Fördert das wirklich den Glauben, die Hoffnung und die Liebe zwischen Christus und uns? Genauso können wir fragen, ob dieser Rahmen die Beziehungen der Gemeindemitglieder *untereinander* fördert, denn auch dort herrscht oft die Mentalität einer „frommen Arbeitsgemeinschaft“, die schnell auseinanderbrechen kann, wenn Konflikte auftauchen.

Wir neigen kirchengeschichtlich gesehen seit langer Zeit dazu, Glauben, Hoffnung und Liebe auf der Ebene des *Wissens* zu kultivieren. Wir alle wissen durch unendlich viel Theologie und Predigt zwar eine Menge darüber, aber in der Praxis fallen wir wie die ABC-Schützen durch und kommen mit den einfachsten Herausforderungen nicht zurecht. In unserer Pastorenzeit waren wir oft betroffen darüber, welche Kleinigkeiten ausreichten, um große Auseinandersetzungen und hitzige Diskussionen anzufachen.

Wahrer Glaube, wahre Hoffnung und wahre Liebe nähren sich viel weniger durch Wissensvermittlung und fromme Appelle von der Kanzel, als wir meinen, vielmehr nähren sie sich durch *Begegnung und Berührung*. Das verhält sich auf der menschlichen Ebene so und auf der Ebene zwischen Mensch und Gott ebenso. Ein verkopfter Glaube voller Theorie und Theologie bringt uns im Alltag nichts, eine Berührung mit Gott von Herz zu Herz allerdings, die wir mit unserem Verstand vielleicht nicht einmal beschreiben können, belebt in unserem Herzen ein mächtiges Vertrauen, entfesselt Zuversicht und erfüllt uns mit Hoffnung. So läuft das in *Beziehungen*. Sie leben naturgemäß weniger von rationalem Wissen als vielmehr von Begegnung und Berührung.

Nun kann man Begegnung und Berührung aber schlecht institutionalisieren und verwalten, schlecht in Kirchenveranstaltungen sperren, in denen sie der „Verantwortliche" durch seine Position, seine Worte oder religiösen Handlungen hervorzaubern soll. Ob bewusst oder unbewusst – viele erwarten das genau so und bezahlen mit ihrem Zehnten oder Kirchensteuern dafür, werden aber enttäuscht, denn das ist *nicht* der Weg der Liebe. Gott aber *ist* Liebe.

Einige Kirchenbesucher pochen darauf, dass sie aber Gott in irgendeiner Form schon in der Kirche/Gemeinde erlebt haben. Das ist sicherlich wahr, schön und gut, jedoch können wir dem entgegenhalten, dass genauso viele Leute, ja ehrlicherweise sogar mehr, ihn genauso intensiv *außerhalb* der Kirche erleben. Ihnen ihre Erfahrungen abzusprechen, nur weil sie nicht innerhalb der religiösen Institute stattfinden, ist überheblich, wird aber von vielen Christen so gehandhabt.

Einmal lernte ich (Brigitte) als junge Christin einen gleichaltrigen Mann kennen, der sich als praktizierender Sufi[5] ausgab und

---

[5] Der Ausdruck Sufismus bezeichnet bis zum 9. Jh. eine asketische Randgruppe und wird dann als Sammelbezeichnung für Strömungen im Islam verwendet, die asketische Tendenzen und eine spirituelle Orientierung prägen, die oft mit dem Wort „Mystik" bezeichnet wird ... Der Sufismus wird manchmal mit

sehr spirituell war. Mein damaliges Ziel war klar: Er musste Gott wirklich kennenlernen. Das folgende Erlebnis, welches ich bei meinen damaligen Bekehrungsversuchen erlebte, werde ich niemals vergessen.

Ich fuhr mit ihm zu einer Quelle im Wald, an der ein großes Holzkreuz steht, setzte mich mit ihm dort auf eine Bank und schlug vor, dass wir zusammen beten könnten. Er willigte ruhig ein. In Wahrheit wollte ich ihn in die Enge treiben. Ich dachte bei mir, wenn ich jetzt von ihm verlange, dass er mit mir betet, wird er das nicht können, dann aber mein „salbungsvolles" Gebet bewundern, meine große innere Freiheit, und in der Folge zum Glauben an den rechten Gott finden. Mit stolzgeschwellter Brust startete ich ein einfaches Gebet, um ihn nicht von Beginn an zu überfordern. Ich, die huldvolle Christin, er der ärmliche Sufi.

Nach meinem Gebet schwieg er lange und ich frohlockte innerlich ob meines Planes. Doch plötzlich begann er stockend zu beten, seine Worte trafen von Anbeginn an mein Herz. Er steigerte sich und wurde immer lockerer, ich konnte spüren, wie ernst es ihm war. Seine Freiheit wurde größer und das, was er in anbetender Haltung Gott gegenüber sprach, trieb mir die Tränen in die Augen.

Ich glaube, ich habe seither niemals ein schöneres, von Herzen kommendes Gebet gehört wie damals im Wald unter diesem Holzkreuz. Mir liefen die Tränen die Wangen herunter und ich schämte mich entsetzlich vor mir selbst und Gott. Und ich war verwirrt! Wie konnte so etwas sein?! Er liebte Gott von ganzem Herzen, das konnte ich spüren. Ich betete dann nicht weiter, weil nun MIR die Worte fehlten und ich mich wirklich demütigen musste. In diesem Moment fand wohl **in** mir ein Paradigmenwechsel statt, indem ich erkannte, wer Gott von ganzem Herzen

---

dem Gnostizismus in Verbindung gebracht, wobei die Sufis eigentlich unabhängig von einer Religionszugehörigkeit sind und diese Bewegung schon weitaus älter ist als der geschichtliche Islam. Die Sufis selbst betonen jedoch, dass sich der Sufismus zu seiner vollen Blüte erst ab dem Auftreten des Propheten Mohammed entwickelt habe, und dass der Islam die geeignetsten metaphysischen Instrumente für die geistige und seelische Entwicklung des Menschen bereithalte (Wikipedia).

sucht, **wird** ihn finden (vgl. Jer 29,13; Mt 7,8). An diesem Tag lernte ich, meine „große Klappe" einmal zu halten und nicht ständig urteilen und alles besser wissen zu müssen.

> Es war einmal eine gläubige und fromme Frau, die Gott liebte. Jeden Morgen ging sie in die Kirche. Unterwegs riefen ihr die Kinder zu. Bettler sprachen sie an, aber sie war so in sich versunken, dass sie nichts wahrnahm.
> Eines Tages ging sie wie immer die Straße hinab und erreichte gerade rechtzeitig zum Gottesdienst die Kirche. Sie drückte an der Tür, doch sie ließ sich nicht öffnen. Sie versuchte es heftiger und fand die Tür verschlossen!
> Der Gedanke, dass sie zum ersten Mal in all den Jahren den Gottesdienst versäumen würde, bedrückte sie. Ratlos blickte sie auf und sah genau vor ihrem Gesicht einen Zettel an der Tür. Darauf stand: „Ich bin hier draußen!"[6]

Dass der Gott, der die ganze Welt geschaffen hat „nicht in von Menschenhänden gebauten Häusern wohnt" (vgl. Apg 7,48), wissen wir aus der Schrift, warum also erwarten wir ihn – *entgegen* der Bibel – ausgerechnet dort? Wieso überhaupt nennen wir unsere Kirchengebäude „Gotteshäuser", wo von vornherein klar ist, dass er in solchen Häusern sowieso *nicht* wohnen wird? Gott wohnt ja *in uns*, darum sind *wir* die *lebendige* Kirche aus Fleisch und Blut. Der Heilige Geist wurde an Pfingsten nicht auf den Tempel ausgegossen, auch nicht auf eine Liturgie und schon gar nicht auf eine Priesterkaste, sondern auf die Menschen, die im Gebet auf Gott warteten (vgl. Apg 1,15: ca. 120 Personen), er setzte sich in Form von Flammen auf *sie alle*.

Gottes Reich und der Kirche Reich

Wir müssen doch zugeben, dass Jesus sowohl außerhalb der Wände geistlicher Organisationen (Synagoge, Tempel, Kathedrale) geboren wurde, als auch aufwuchs, auch seine Jünger nicht

[6] A. de Mello, „Geschichten, die gut tun", 2. Aufl., Herder, Freiburg 2001.

aus solchen Kreisen rekrutierte, das „Reich Gottes" weniger dort, sondern viel mehr „unter den Menschen" verkündete und demonstrierte und auch keine christliche Religion bzw. Kirche in heutigem Sinne gründete. Was er tat, tat er ganz unabhängig von den Direktiven und Restriktionen des frommen Establishments seiner Zeit, welches dem Heiligen Geist keinerlei Raum gab, sondern sich selbst genügte und für heilig genug hielt.

Jesus war ein unmöglicher Gottesdienstbesucher, das belegen die Evangelien vielfältig. Er passte sich nicht in das Prozedere ein und fiel permanent aus dem Rahmen. Wir würden ihn heute genauso ungern in unserer geordneten Veranstaltung mit minutiösem Ablaufplan sehen wie die Pharisäer damals. Er tat, was er wollte, und nicht, was die Synagoge, Hierarchie, Gottesdienstleitung usw. wollten – und behauptete auch noch, dies sei im *Willen Gottes*. Unverschämt!

Die Frage, die sich an diesen Konflikten, die heute immer noch die gleichen sind wie damals – nichts hat sich geändert –, aufwirft, ist die, ob die Synagogen, Hierarchien, Priester, Liturgien usw. *überhaupt* in Gottes Sinne sind, ob sie *wirklich* der *Beziehung* zu Gott dienen, dem *Gefallen* aneinander Raum und Ausdrucksmöglichkeit geben – oder gerade umgekehrt. Aber noch einmal: Wer stellt schon solche Fragen?

Das Reich der Kirche und das Reich Gottes sind nicht das Gleiche! In dem einen herrschen *wir*, in dem anderen *er*. Legen wir unser eigenes Reich nieder, kann das seine sowohl kommen als auch geschehen. Es ist wahr, dass das Reich Gottes dann und wann in unsere religiösen Veranstaltungen „einbricht", aber das ist sicher nicht das Beste, was möglich ist.

Das Reich Gottes hat viel mit *Selbstlosigkeit* zu tun. Wenn es uns einmal gar nicht um uns und unsere wichtigen Angelegenheiten und großen Ziele geht, wenn wir locker werden und „normal", dann – zu unserer großen Überraschung – ereignet sich mitten unter uns auf einmal das Reich Gottes, der Wind des Geistes weht und Wunderbares geschieht. Danach fragen wir uns fieberhaft, woran es gelegen hat und wie wir es wiederholen können. Wir „arbeiten" daran mit unseren bewährten Organigrammen, Planungs- und

Strukturwerkzeugen ... (so hilfreich diese auch für andere Aufgaben sein mögen). Je mehr Anstrengung wir allerdings darauf verwenden, die Sache in den Griff zu kriegen, desto weniger ereignet sich das Reich Gottes. Es wird angezogen von Leere und Sehnsucht, weniger von Organisation und Programmen, die denkbar ungeeignet sind, Leere und Sehnsucht zu handhaben.

Der Himmel hört auf den Schrei des Herzens, weniger auf wohlformulierte Lieder und Gebete aus dem Gesangbuch. Sie mögen uns in unserer Suche nach Worten durchaus einmal unterstützen, jedoch neigen wir dazu, den Schrei unseres Herzens zu vergessen, zu verdrängen und zu ersetzen durch eine vorformulierte Christlichkeit, die gut klingt und korrekt aussieht, aber eben nicht dazu fähig ist, unsere Herzensbeziehung zu Gott zu regeln, zu bestimmen oder zu führen. Das ist die Aufgabe des Heiligen Geistes.

Der Herr sieht auf das Herz – worauf sehen wir?

> *Ebenso aber nimmt auch der Geist sich unserer Schwachheit an; denn wir wissen nicht, was wir bitten sollen, wie es sich gebührt, aber der Geist selbst verwendet sich für uns in unaussprechlichen Seufzern. Der aber die* ***Herzen*** *erforscht, weiß, was der Sinn des Geistes ist, denn er verwendet sich für Heilige Gott gemäß* (Röm 8,26-27).

Die Tiefe unseres Herzens ist unaussprechlich. Kommen Menschen durch den Abstieg ihrem eigenen Herzen nahe, dann bleibt nur mehr ein „Seufzer" übrig, eine tiefe Ratlosigkeit; die gut gesetzten Worte versiegen, sie sind nicht tauglich, um der Realität und Größe unserer Verzweiflung und Sehnsucht Ausdruck zu geben – der Geist aber wird uns *genau an diesem Punkt* zu Hilfe kommen, uns an der Hand nehmen und zu neuen, frischen Quellen führen. Diese Erfahrung ist äußerst kostbar und fängt uns auf, wie nichts und niemand auf Erden das vermag. Der Geist fängt unser Herz auf, er kennt unser Innerstes und sagt uns, wer wir wirklich sind (vgl. 1 Kor 2,9-16).

Erneut wollen wir darauf hinweisen, dass es beim „Christsein" erstens ganz klar um unser *Herz* geht, weniger um unseren Kopf, bzw. um Wissen, religiöse Rituale und Theorien. Zweitens ist der Heilige Geist vielmehr angezogen von *Nicht-Wissen* als von Wissen. Solange wir meinen, alles zu wissen und im Griff zu haben, erleben wir nur wenig vom Heiligen Geist; hören wir aber damit auf und kommen in jene Tiefe, wo wir mit all unserem Wissen keinen Schritt weiterkommen, sondern nur mit Glauben, Hoffnung und Liebe, die sich aus einer realen Begegnung mit Gott ergeben, dann erleben wir jenes unaussprechliche Seufzen (vgl. Röm 8,26), welches so viel mehr über unsere Wahrheit aussagt, als alle frommen Worte es je vermögen. Wir erkennen und sprechen dann mit dem Herzen. Dies *gefällt* Gott, denn:

Denn der Herr sieht nicht auf das, worauf der Mensch schaut. Denn der Mensch sieht auf das, was vor Augen ist, aber der Herr sieht auf das ***Herz*** (1 Sam 16,7).

Immer wieder erleben wir, dass uns ein herzlicher Blick, eine innige Umarmung, eine Geste der Liebe bis in die Tiefe unseres Herzens erschüttern kann – viel mehr als Worte und Belehrung. *Dorthin* führt uns der Heilige Geist, denn ohne diese Erschütterung unseres Herzens bleiben wir an der Oberfläche eines inszenierten Lebens-Theaters hängen, welches mit unserem *wirklichen* Sein nur wenig zu tun hat.

Als Jugendlicher las ich (Frank) einmal auf einem Plakat folgenden Spruch, der mich zum Nachdenken brachte: „Das Leben nicht gelebt, die Liebe nicht geliebt – und irgendwann dazwischen alt geworden."

In mehr oder weniger allen Gemeinden, die wir kennengelernt haben, ging es vorwiegend um „alles richtig machen" – und nicht um das Leben und die Liebe. Gott aber geht es eben darum; es waren die Pharisäer, denen es unentwegt um „Richtig" und „Falsch" ging. Darüber verloren sie leider beides aus den Augen. Unser Augenmerk muss mehr auf dem Heiligen Geist ruhen als auf „Richtig" und „Falsch", denn *„der Buchstabe tötet, der Geist* *aber macht lebendig"* (2 Kor 3,6 b). Dennoch wird in vielen Gemeinden, die sich selbst auf die Fahne schreiben, „biblisch" zu sein, unzureichend auf den Heiligen Geist geachtet und wenig über sein „Lebendigmachen" gelehrt.

Jesus kollidierte unentwegt mit den Pharisäern, weil er nicht dem Gesetz gemäß handelte. Er heilte etwa Kranke am Sabbat, was die Gesetzeshüter in helle Aufregung versetzte. Er rührte Aussätzige an, was dem Gesetz nach „unrein" machte. Seine Gegenfrage, ob es am Sabbat denn nicht erlaubt sei, Gutes zu tun, beachteten sie nicht, als sei das ganz irrelevant. Dann trieb er sie in die Enge mit einer weiteren Gegenfrage, ob sie denn wohl am Sabbat *ihren Esel* aus einem Wasserloch retten würden, in das er gefallen ist, oder lieber darin umkommen lassen würden, weil eben unglücklicherweise gerade heiliger Sabbat ist? Die Antwort ist klar. Jesus zeigte ihnen damit, dass ihnen ihr Esel offenbar wichtiger ist als die verschmachtenden Menschen. Er erklärt ihnen, dass Gott mehr *Gefallen* an Barmherzigkeit hat als an Richtigkeit bzw. übertriebener Gesetzlichkeit.

Wir mögen meinen: Das ist doch eine Selbstverständlichkeit, jeder weiß, dass das Leben und die Liebe wichtiger sind als das Einhalten von Riten und Gesetzen. Aber gerade fromme Menschen können davon abirren und dann stur Heil ihren traditionellen „Gottesdienst" halten, während um sie her die Welt auseinanderfällt.

Barmherzigkeit

Im berühmten Gleichnis vom „barmherzigen Samariter" (vgl. Lk 10,25-37) bringt es Jesus auf den Punkt. Der Priester und der Levit, die Vertreter der frommen Kaste, des Klerus, der alles über Barmherzigkeit aus den Schriften *weiß*, gehen an dem Verwundeten vorbei und lassen ihn liegen. Ein Samariter aber, der die Schriften *nicht* kennt, *aber ein Herz hat*, rettet ihn. Für den Verwundeten war es gleichgültig, wie schriftgelehrt ein Mensch ist, für ihn zählte nur die Tat der Barmherzigkeit. So auch für Gott. Dies war eine harte Lektion für die Besserwisser. Sie waren stolz auf ihr Wissen und ihre Tradition, aber Jesus wies sie erneut auf das erste und eine Gebot hin: Du sollst Gott und deinen Nächsten lieben wie dich selbst! Alle Menschen – und ein Verwundeter insbesondere – brauchen Liebe; Liebe ist der Weg. Wenn es uns schlecht geht, helfen uns weder weitere Belehrungen, wie wir uns richtig zu benehmen haben, noch Appelle zu mehr Frömmigkeit, sondern Barmherzigkeit: Eine Hand auf unserer Schulter, das Abnehmen einer Aufgabe, die uns belastet, ein fürsprechendes Eintreten für uns. Fürsorge, Annahme und Vergebung sind mächtige Werkzeuge der Liebe. Als ich (Frank) einmal über mehrere Wochen krank war, brachte mir eines Tages eine gläubige Bekannte, die nicht einmal Mitglied meiner Gemeinde war, einen warmen Kartoffelauflauf vorbei. Diese Geste ist mir bis heute unvergesslich geblieben.

Im Abstieg und Untergang lernen wir Barmherzigkeit, weil wir Barmherzigkeit mit uns selber brauchen. All unser Wissen und Bibelverse zitieren zu können hilft nichts. Wir kommen ans Ende unserer Weisheit und Kraft, hören mit dem Rationalisieren, Rechthaben und Vergleichen mit anderen auf. Wir sind schwermütig und niedergeschlagen, haben keine Energie mehr, uns zu streiten, zu messen und zu rechtfertigen. Wir werden wieder dankbar für kleine Aufmerksamkeiten, und selbst ein freundlicher Blick kann uns zu Tränen rühren. Auf einmal bemerken wir, wie viel Elend und stilles Leid hinter der Fassade vorgespielter „Freudigkeit", wie Christen die geistliche Variante von „Mir geht es gut – laß mich in Ruhe" nennen, stecken. Sie bekommen schmerzlich zu spüren, wie kultiviert die Heuchelei auch heute ist, wie die modernen Schriftgelehrten immer noch einen Bogen um den „unter die Räuber Gefallenen" machen, weil sie Wichtigeres zu tun haben und sich mit den Sündern nicht abgeben wollen.

Nun, der Heilige Geist möchte uns genau in diesen Schmerz hineinführen, der uns die Augen für die wahren Zustände um uns herum und in uns drinnen öffnet und uns unser verlorenes Herz wiederfinden lässt. Wer wir wirklich sind – im Herzen – ist uns nämlich herzlich fremd und nur schwer zugänglich. Wir leben eindimensional und haben ganz zu Recht immer wieder das vage Gefühl, dass das *Eigentliche* irgendwie fehlt – trotz all unserer

Bildung, Arbeit und Anständigkeit. Viele Menschen fallen in ein Loch, wenn ihnen die Arbeit und das Vergnügen einmal weggenommen werden, wenn sie z. B. in Rente gehen oder krank sind und *nichts* zu tun haben und die ewigen Ablenkungen und Geschäftigkeiten aufhören. Wer sind sie dann?

Frommer Stress

In unserer westlichen Kultur fallen immer mehr identitätsstiftende Elemente und Rituale weg. Die Familien lösen sich auf, Karriere und Titel verlieren an Bedeutung, die Schnelllebigkeit und Flexibilisierung löst dauerhafte Beziehungen und gewachsene Werte auf allen Ebenen auf. Unser Herz braucht aber dauerhafte, verlässliche Beziehungen, um es zu wagen, sichtbar zu werden und sich in seiner Verletzlichkeit zu zeigen. Unser Herz ist nicht für Hetze und mediale Rund-um-die-Uhr-Berieselung geschaffen. Es wird davon krank. Außerdem verändern wir uns unmerklich durch das, was wir sehen; es ist eine subtile Macht, die von der Bilderflut ausgeht.

Der Psychoneurologe Joachim Bauer beschreibt in seinem Buch „Warum ich fühle, was du fühlst", wie bestimmte Gehirnzellen, die sogenannten „Spiegelneuronen", durch Darstellungen, Personen und Ereignisse in Filmen zur Resonanz gebracht werden. Er betont:

> Eine solche Resonanz erzeugen auch Videofilme und moderne PC-Spiele, deren virtuelle Welten von der Realität praktisch kaum mehr zu unterscheiden sind. Auch wenn Spiegelneuronen, die durch die Beobachtung einer Handlung angeregt wurden, diese keineswegs zwingend auslösen, so bleibt doch die Frage, ob die Beobachtung einer Handlung, insbesondere die häufige Beobachtung, die Wahrscheinlichkeit erhöht, dass der Beobachter sie selbst ausführen wird. Wissenschaftliche Untersuchungen lassen dies als wahrscheinlich erscheinen."[7]

---

[7] Bauer, Wilhelm Heyne Verlag, München 2006.

In diesem Zusammenhang erscheinen gerade brutale Computerspiele in einem anderen Licht, da sie das Gehirn zur Wiederholung anreizen. Dies mag die hohe Gewaltbereitschaft bei entsprechenden Jugendlichen mit erklären. Einige Studien belegen die Gefahr, die von den digitalen Medien in dieser Hinsicht ausgeht.

Dabei kann die Hetze und Berieselung auch „christlicher" Natur sein, es ändert nichts. Mehr hilft nicht mehr, sondern weniger.

Wenn wir uns medial „überfressen", sinkt unsere Aufmerksamkeit, wir bekommen immer weniger richtig mit und müssen uns nicht wundern, wenn wir Gottes Reden in unserem Herzen schlicht überhören. Manche Experten reden heute schon von einer Generation, die an einer Art „digitalen Demenz" (M. Spitzer) leidet.

Ich (Brigitte) musste erleben, dass ich für manche „Freunde" einfach aufhörte zu existieren, da ich nicht über *Facebook* mit ihnen kommuniziere. Ich komme in ihrer Welt einfach nicht mehr vor. Ich denke, dass sie es noch nicht einmal böse meinen, sie haben mich schlichtweg vergessen, weil ihr soziales Leben zunehmend über ein Computerprogramm läuft. Ob sie draußen in der Sonne liegen oder eine Kürbissuppe kochen, alles wird *„gepostet"*. Das Ganze erinnert doch stark an den Film „Matrix", wo das Leben tatsächlich nur mehr eine Computersimulation darstellt und die „reale" Welt komplett ausgeblendet ist.

Jesus sagt: *„Kommt her zu mir alle ihr Mühseligen und Beladenen und ich werde euch Ruhe geben."* (Mt 11,28). Es fällt uns modernen Menschen nicht eben leicht, zur Ruhe zu kommen, auch in der Gemeinde wird eher auf Aktion als auf Ruhe gesetzt. Wir sprachen schon über den Sabbat, das *heilige Nichtstun*. Mit ihrem Aktionismus steht die Gemeinde immer wieder im Konflikt mit Jesus selbst.

Da das Gemeindeleben in der Veranstaltungsform, wie wir sie heutzutage betreiben, nicht mehr wie zu Beginn des Christentums Zuhause und im Alltag stattfindet, sondern in reservierten Extra-Zeiten an gesonderten Orten, müssen die Leute ihr Programm *zusätzlich* zu ihrem sonst schon überfüllten Leben zeitlich noch irgendwie „reinquetschen". Der großen Mehrheit ist das einfach nur zu viel, aber das können sie kaum zugeben, weil es sich nicht schickt. Immer steht die Gemeinde in Konkurrenz zur Freizeit, Familienzeit und zu der Zeit, die man auch einmal für Freunde bräuchte.

Darum haben viele Christen gar keine Freunde, nur noch „Geschwister“ in der Gemeinde, werden weltfremd und ihre missionarische Wirkung in ihrer Umgebung tendiert gegen Null.

Jesus hat gesagt, wir seien in der Welt, aber nicht von der Welt. Bei vielen Christen verhält es sich aber scheinbar so, dass sie bereits weder von noch in der Welt sind, sondern von und in der Gemeinde, die ihre „Heimat“ ist, in der sie das Leben schön behütet herumbringen wollen bis zum seligen Ende. Dem Vorbild Jesu, der sich immer unter den Menschen bewegte, folgen sie damit nicht, sondern kultivieren das genaue Gegenteil davon – aber sie merken das nicht und können die Welt nicht mit Gottes Augen sehen.

Von Gott heißt es in dem bekannten Wort aus Johannes 3,16: *„So sehr hat Gott die Welt geliebt ...“* Von vielen Gläubigen aber könnte man sagen: „So sehr haben sie die Welt gefürchtet ... und abgelehnt.“ Es ist richtig, dass wir uns nicht nach der Welt richten sollen, sondern nach Jesus, aber dies funktioniert nicht dadurch, dass wir die Welt meiden wie die Pest, sondern uns an Jesus heften wie mit Pech.

Jesus zog mit seinen Jüngern durchs Land und begegnete der „Welt“ ohne Furcht, erhobenen Zeigefinger oder in religiöser Überlegenheit wie die Pharisäer, darum *liebte* ihn das Volk und kam scharenweise zu ihm, sodass die Schriftgelehrten nervös wurden, weil ihre „Schäfchen“ abwanderten, denn das durfte nicht sein. Aber eigentlich brauchten sie keine Angst zu haben, Jesus gründete ja nicht einen eigenen Club oder eine konkurrierende, neue Religion oder Denomination, in der er dann die Mitglieder der Synagoge zu Mitgliedern seiner neuen Gemeinde machte. Jesus holte die Leute nicht aus ihren Familien oder Häusern in seine Veranstaltungen, sondern ging in die Familien und Häuser, aß und trank mit den Leuten und redete mit ihnen dort über „die Dinge des Reiches Gottes“. Ganz ohne Werbung, Marketing, Einladungen usw. kamen Mengen von Menschen ganz

„freiwillig“ zu Jesus, um ihn zu hören *und zu berühren*, da Kraft von ihm ausging.

Wie viel solch heilsame, liebende und annehmende Kraft geht von *uns* aus?

Entgegen den Pharisäern, Schriftgelehrten und „Oberen“ war Jesus sehr berührbar, ließ Nähe zu und schaute den Leuten in die Augen. Er stellte sich ihrer Verlorenheit, Verzweiflung, Krankheit und ihren *echten* Fragen. Er war tatsächlich ein *richtiger Mensch* und konnte mit den Menschen weinen und lachen, darum öffneten sie sich ihm und ließen ihn an sich heran – bis an ihr Herz. Er hatte ihr *Gefallen*.

All das, *was* Jesus tat und *wie* er es tat, tut die Kirche heute im Allgemeinen eher nicht, behauptet aber, ihm zu folgen. Viele Kirchenführer gleichen eher Funktionären eines Unternehmens als „echten Menschen“. Für Menschsein bleibt in dem bürokratischen Getriebe mitunter gar keine Zeit, es müssen schließlich so viele Dinge getan werden: Veranstaltungen geplant, Gelder eingetrieben, Gebäude bezahlt, Mitarbeiter geschult, Visionsbeschreibungen entwickelt und Konferenzen für Gemeindewachstum mit hochkarätigen Sprechern besetzt werden usw. ... All dies mag ja seinen Platz haben, darf aber nicht dazu führen, dass das Eigentliche untergeht. Genau das passiert jedoch regelmäßig, wie wir aus eigener Erfahrung nur zu gut wissen. In der Folge wird es in der Gemeinde, die von sich sagt, die Gemeinde Jesu Christi zu sein, unmenschlich und „stressig“. Niemand findet zur Ruhe, die Jesus unseren Seelen geben möchte, und erfährt in der Ruhe die Begegnung mit Gott, nach der sein Herz eigentlich dürstet. Immer wieder steht die Gemeinde vor dem Dilemma, dass das Eigentliche und Wesentliche nicht zu „machen“ und nicht zu „managen“ ist; es kann nur empfangen werden ... durch Sehnsucht, Verlangen und Liebe – in Ruhe.

In den fast 18 Jahren unserer „offiziellen“ Gemeindearbeit, bevor wir selbst durch Überbelastung und Idealismus ausbrannten, hatten wir oftmals das Gefühl, dass wir einem sehr anspruchsvollen Gemeinde-„System“ zu dienen hatten, zusätzlich für den Gemeindeverband Leistungen erbringen sollten, allezeit für jeden ansprechbar und eigentlich noch nebenbei Sozialarbeiter für jede Menge Hilfsbedürftige sein mussten. Wir mutierten mit der Zeit zur legendären „eierlegenden Wollmilchsau“! Die eigene, innere Not war kaum zu reflektieren, weil es ja „weitergehen“ musste mit den Gemeinde-Aktivitäten, die unentwegt gefordert wurden und die wir selbst auch noch zu allem Überfluss forcierten, weil „man“ es als „richtige Gemeinde“ eben so macht. Zum Innehalten blieb kaum Zeit, weil die Menschen zu viele und die Hilfsbedürftigen zu hilflos waren und weil auch zu Hause kein Zuhause mehr war, da auch dort Hilfsbedürftige und dazu noch eine demenzkranke Mutter auf uns warteten. Das Reden Gottes wurde zwar immer warnender, aber weitgehend ignoriert, bis nichts mehr funktionierte und es ab in den „Abgrund“ ging: Krankheiten (Bandscheibenvorfälle, Migräne, Dauerschmerzen), Ehekrise, Finanzkrise usw. rissen uns in die Tiefe.

Wir verstanden damals „die Welt nicht mehr“, da wir das, was wir taten, ja „für den Herrn“ taten und meinten, seinen Willen zu erfüllen. Manches war ja schließlich auch „gesegnet“ (funktionierte), also ruderten wir weiter bis zur Erschöpfung wie die Jünger im Boot, die dann vor Schreck aufschrien, als sie im Sturm einen „Geist“ auf dem Wasser auf sich zukommen sahen, der sich dann aber „lustigerweise“ als Jesus herausstellte. Manchmal erkennen wir Gott im Sturm nicht, halten ihn für einen „Dämon“ und schreien auf vor Furcht, statt zu erkennen, dass der Retter naht, um uns aus dem Chaos zu holen, in das wir hineingerudert sind.

Die Gemeinde wollte weiter-„rudern“ wie bisher, wie auch sonst? Neue, „frische“ Leiter wären passend gewesen, da wir erschöpft im „Keller“ saßen und ratlos unsere Wunden leckten. Warum hatte es so schlecht funktioniert, Menschen in Jüngerschaft und die Nachfolge Christi zu führen? Warum war das so schwer und warum die Arbeit so überfordernd? So hatten wir uns das nach all den Jahren nicht vorgestellt: Wir waren scheinbar „gescheitert“, nur auf der Ebene Gottes hatten wir einen unerschütterlichen Halt und ebenso auf der Ebene unserer Freundschaft, die auch der damaligen Ehekrise trotzen konnte. Das war in allem Elend eine wunderbare Erfahrung!

Wem gehört dein Herz?

> *Gib mir, mein Sohn, dein Herz, und deine Augen lass an meinen Wegen **Gefallen** haben!* (Spr 23,26).

In all den vielen Herausforderungen, die David zu meistern hatte, stand er immer wieder ganz alleine vor Gott, und die Frage war, ob er ihm angesichts der schwierigen Lage *noch* und *weiter* vertrauen würde. Ob er vor ihm immer noch sein Herz ohne Wenn und Aber ausschütten könnte, seine Tränen fließen lassen und all die traumatischen Erlebnisse Gott vorlegen würde. Gelang ihm dies, offenbarte Gott ihm die tieferen Zusammenhänge, zeigte ihm die Auswege aus der Ausweglosigkeit und erfüllte ihn mit übernatürlicher Kraft, die Dinge zu tun, die ein Mensch gar nicht tun kann, und den Weg zu gehen, den ein Mensch gar nicht gehen kann.

> *Ja, du lässt meine Leuchte strahlen. Der HERR, mein Gott, erhellt meine Finsternis.*
> *Denn mit dir erstürme ich einen Wall, und mit meinem Gott überspringe ich eine Mauer* (Ps 18,29-30).

Am Tiefpunkt des Abstiegs stehen wir vor der Wahl, uns bitter und endgültig in uns selbst zurückzuziehen, voller Vorwurf, dass Gott unsere „Leistungen" so wenig honoriert hat, oder aber wir schütten unser Herz mit aller Verzweiflung Tag und Nacht vor Gott aus und stellen so eine *tiefe* Verbundenheit zu ihm her, die über das übliche fromme Geschäft weit hinausgeht, nichts mehr zurückhält und unbedingt an ihm festhält – und darum als „rein" und „treu" erachtet wird.

Die Verse 21-25 von Psalm 18 mögen uns ganz schön selbstgerecht und eingebildet erscheinen. Aber in den Augen Gottes ist ein hingegebenes Herz „vollkommen" und viel kostbarer als Buchstabengehorsam und vorbildliche Gesetzlichkeit in der Art der Pharisäer. Jesus sollte Jahrhunderte später das berühmte Gleichnis von dem „Pharisäer und dem Zöllner" erzählen, um diesen Punkt ein für alle Mal klarzumachen:

> *Er sprach aber auch zu einigen, die auf sich selbst vertrauten, dass sie gerecht seien, und die übrigen für nichts achteten, dieses Gleichnis: Zwei Menschen gingen hinauf in den Tempel, um zu beten, der eine ein Pharisäer und der andere ein Zöllner. Der Pharisäer stand und betete bei sich selbst: O Gott, ich danke dir, dass ich nicht bin wie die übrigen der Menschen: Räuber, Ungerechte, Ehebrecher oder auch wie dieser Zöllner. Ich faste zweimal die Woche, ich verzehnte alles, was ich erwerbe. Und der Zöllner stand von fern und wollte sogar die Augen nicht aufheben zum Himmel, sondern schlug an seine Brust und sprach: O Gott, sei mir Sünder gnädig!*
> *Ich sage euch: Dieser ging gerechtfertigt hinab in sein Haus im Gegensatz zu jenem; denn jeder, der sich selbst erhöht, wird erniedrigt werden; wer sich selbst aber erniedrigt, wird erhöht werden* (Lk 18,9-14).

Wie unser Herz an den Punkt kommt, sein *Selbst*vertrauen und seine *Selbst*gerechtigkeit, seine *Selbst*überschätzung und *Selbst*schutzmaßnahmen aufzugeben, ist ein Geheimnis, welches nur Gott weiß, der erkennt, was das Sinnen und Trachten des Herzens ist (vgl. Jer 17,9-10). Unsere tiefsten Befürchtungen und Argumente gegen das Vertrauen und die Liebe ans Licht zu bringen, braucht Zeit, Geduld und einiges an Zerbruch, um die harte Schale zu knacken, die wir um unser Herz gebildet haben. Wie sollen wir gerettet *werden* und aus der Finsternis ins Licht getragen *werden*, wenn wir Gott nicht vertrauen und es uns gefallen lassen, was er an uns tut?

Der berühmte Mystiker „Meister Eckhart" (1260 – ca. 1328) stellt in seinen *Traktaten* fest:

> Die Schale muss zerbrechen, und das, was darin ist, muss herauskommen; denn willst du den Kern haben, so muss die Schale zerbrechen. Und demnach gilt: Willst du die Natur unverhüllt finden, so müssen die Gleichnisse alle zerbrechen, und je weiter man eindringt, umso näher kommt man dem Sein. Wenn die Seele das Eine findet, in dem alles eins ist, da

verharrt sie in diesem Einen. Wer „ehrt“ Gott? Wer Gottes Ehre in allen Dingen im Auge hat.[8]

Solange wir Gott nur als Unterstützung verwenden möchten, das *selber* zu tun, werden wir nicht weiterkommen und sehr wenig von Gott erleben. Und das ist, was unseres Erachtens die überwältigende Mehrheit der Christen erfährt, denn sie geht nicht den Weg der Erlösung durch Vertrauen, sondern des Missbrauchs Gottes zum Zwecke der *Selbst*erlösung. Ihr Herz bleibt weitgehend verschlossen, behält sich für sich *selbst* und will Gottes Segen mit frommen Leistungen „kaufen“, um sich *selbst* durchzubringen. Alles ist Geschäft.

Aber ohne die Aufgabe der Egozentrik, die Auslieferung des sowohl stolzen als auch verzagten Selbst, kann es keine Einheit geben, um die es im Christsein in Wahrheit geht.

Die Wirkung der Sünde ist die Zertrennung von Gott und Mensch, aber auch der Menschen untereinander. Die Liebe wird ersetzt durch eine Art „geschäftlicher“ Beziehung, die nach „vertraglichen“ Regeln läuft („Ich erfülle deine Erwartungen, wenn du meine erfüllst.“), jedoch behält sich jeder für sich selbst. So finden wir eine Welt voller Parteiungen und Polarisierungen, und dies macht vor den Toren der Gemeinde keineswegs Halt.

Die göttliche *Agape*-Liebe liebt ohne Bedingungen und Erwartungen; sie liebt, weil sie Liebe *ist*. Sie „versöhnt“ die Gegensätze. Wer in diese Agape findet und in ihr verweilt, der fängt auch selber an, alles ohne Bedingungen und Erwartungen zu lieben. Menschen, Tiere und Pflanzen sind für ihn von Gottes Wohlwollen durchdrungen und „heilig“, weil für ihn alles den Duft und die Schönheit Gottes atmet. In allem, was ihn umgibt, sieht er in einer kindlichen Art und Weise Gottes Handschrift, sogar in den „Feinden“, die es natürlich auch zu lieben gilt, denn auch sie sind schließlich Gottes Schöpfung. Vielleicht haben sie es nur vergessen …

Die Agape wirft viele neue Fragen hinsichtlich unseres gewohnt barbarischen Umgangs mit Menschen und Tieren, ja, der

---

[8] „Deutsche Predigten und Traktate“, Diogenes 1963, S. 265.

ganzen Schöpfung auf, die wir ausbeuten und vergiften. Wir beginnen die „Leiden der Liebe" zu teilen.

Das Kreuz Christi

Eine Herzensbeziehung, die die Gegensätze aufhebt, die geschäftliche Basis überwindet und in Liebe eins wird, ist ein Wunder, eine Gnade, eine Herrlichkeit, zu deren Erlangung Jesus ans Kreuz ging, um die Macht der Sünde zu brechen und uns zu befreien – von der Furcht zur Liebe.

Viele Christen wollen Befreiung – aber nicht zur Liebe, sondern um „etwas besser durchs Leben zu kommen" oder um in der Gemeinde angesehen zu sein, Titel und Posten zu bekommen und Karriere zu machen. Sie wollen von minderwertigen Egoisten zu gott-mächtigen Egoisten werden, die den Himmel durch fromme Tricks zu ihren Gunsten manipulieren können. Genau wie der Pharisäer verkünden sie in der Gemeinde stolz, wie viel sie gefastet oder wie treu sie den Zehnten gegeben haben, wie sehr sie sich von der bösen „Welt" ferngehalten haben und wie superfromm sie gewesen sind. Und *darum* habe Gott sie gesegnet ... Hätten sie *nicht* gefastet, ihren Zehnten *nicht* gegeben und wären sie *nicht* superfromm gewesen, hätte Gott sie selbstverständlich *nicht* segnen können. Es ist also immer noch nichts anderes als ein Geschäft. Nach wie vor brauchen sie ihr Selbst nicht loszulassen und vertrauen, sie haben alles im Griff und regeln ihre Frömmigkeit *selbst.* Sie haben das *Kreuz* nicht verstanden, an dem dieses „Selbst" stirbt und seine Kontrolle aufgibt.

Jürgen Moltmann stellt über die Bedeutung des Kreuzes Folgendes heraus:

> Das eigentlich Neue und zugleich für jeden Humanismus Anstößige ist im Neuen Testament in der Tat die Erkenntnis des wahren Gottes und des wahren Menschen im Gekreuzigten ... Von Anfang seines Auftretens an bis zum Ende kommen Menschen zu ihm mit allen nur denkbaren Krankheiten und Fehlern: vom Fieber bis zur Blindheit, von der Besessenheit bis

zum Aussatz, vom Landesverrat bis zur Hurerei.
Jesus, in einer Krippe geboren und von niedriger Herkunft, war selbst einer dieser „Armen". Er hat nicht ein neues Ideal des guten und gerechten Menschen gepredigt und vorgelebt, sondern hat das Evangelium vom kommenden Gottesreich den Armen gebracht, hat mit „Sündern und Zöllnern" zu Tisch gesessen, hat Kranke geheilt und Dämonen ausgetrieben, hat Arme, Trauernde, Weinende und Hungrige selig gepriesen: „denn ihrer ist das Himmelreich".
Er hat Gott bei den Gottlosen und Verachteten zur Sprache gebracht ... Darum kommen aus den Winkeln und Höhlen, in die die gute Gesellschaft sie vertrieben hat, die Ausgesetzten und Verworfenen zu ihm ... Sie können ihre Krankheit und Fehler nicht verdecken. Es sind nicht einfach die unterdrückten Sklaven und ausgebeuteten Proletarier, sondern in der Tat jene „Verdammten der Erde", mit denen kein Staat und auch keine Revolution zu machen ist ... In der Hölle der Verlassenheit von Gott und den Menschen sterbend, bringt Jesus Gottes Gemeinschaft, die Liebe genannt wird, zu denen, die in ihrer Hölle alle Hoffnung fahren lassen und gibt ihnen Zukunft ...
In diesem Gekreuzigten haben sich in der Geschichte immer wieder Menschen selbst erkennen können. Sie haben die Illusionen über sich selbst aufgegeben und in seinen Wunden ihre Wunden und in seiner Verlassenheit ihre Verlassenheit entdeckt ...
Der Gekreuzigte gehört zu keinem Volk, keiner Rasse und keiner Klasse. Als Bruder der Ausgestoßenen, der Verachteten und der Deklassierten fasst er die menschliche Gesellschaft an ihrem untersten Ende, dort, wo alle diese Differenzen von Kultur, Sprache und Besitz keine Rolle mehr spielen, wo Menschen – ob Jude oder Heide, ob Grieche oder Barbar, ob Herr oder Knecht, ob Mann oder Frau – in ihrem Elend eins sind.[9]

---

[9] Jürgen Moltmann in „Mensch", Kreuz-Verlag Stuttgart, 3. Auflage, Abschnitte von S. 34–36.

Solange wir kein Elend geschmeckt haben – *unser* Elend –, so lange sind wir nicht reif für Begriffe wie Glauben, Hoffnung und Liebe. Wir haben den Preis der Selbstlosigkeit, was „das Kreuz auf sich nehmen" bedeutet, nicht gezahlt, also wissen wir nicht, wovon wir sprechen.

Wenn wir die Schönheit und Herrlichkeit der Heiligkeit auf dem Altar unserer Ego-Kultur opfern und „Glaube, Hoffnung und Liebe" nur mehr leere Worthülsen sind, in die wir unsere „Meinungen" darüber hineinfüllen und theologischen Ergüsse darüber hinauspredigen – und somit immer noch uns selbst vergöttern, anstatt Gott –, sind wir noch nicht frei genug von uns selbst, um unser *wirkliches* Selbst im Angesicht Christi zu erkennen.

Wer in sein eigenes Elend abgestiegen ist, der weiß „gar nichts mehr", der braucht tatsächlich Gnade und Erbarmen. Er erkennt einerseits die persönliche verzweifelte Verlorenheit, in der er dann andererseits die unfassbare Liebe Gottes erkennen kann, die ihm in der Tiefe die Hand reicht – einfach so – jenseits von Leistung, Dienst, Ansprüchen und „Geschäften".

Durch solch eine Erfahrung werden auch wir selbstlos, so wie Gott selbstlos ist. Er rettet uns nicht um seinet-, sondern um unseretwillen. Er gibt sich selbst her, so können auch wir uns hergeben. Dann erleben wir Seligkeit: Einheit mit Christus im Kreuz.

Kapitel 5

Wer ist Gott?

Denn wer ist Gott außer dem HERRN? Und wer ist ein Fels als nur unser Gott? Gott umgürtet mich mit Kraft und untadelig macht er meinen Weg.

Psalm 18,32-33

Bevor wir absteigen und „echt" werden, haben wir allerlei Meinungen über Gott, verwechseln ihn mit unserer Kirche/Gemeinde, mit theologischen Konstruktionen und traditionalistisch-christlichen Vorstellungen, versuchen ihn mit „frommen Mitteln" zu beeindrucken, zu manipulieren, zu kaufen, zu bändigen usw., aber uns wird nicht bewusst, wie absurd ist, was wir da tun.

Unser Umgang mit dem Leben, mit Gott, unserem Nächsten und uns selbst ist uns weitgehend unbewusst, vieles läuft wie automatisiert, ist angepasst an äußerliche Normen und regelt sich nach angelernten Mustern. Eine tiefere Reflexion unseres Verhaltens, seiner Ursprünge, Strategien und langfristigen Auswirkungen findet nicht statt, dafür besteht unserer Meinung nach gar kein Anlass und ist auch keine Zeit dafür. Solch schlimme „Sünder" sind wir ja nun auch wieder nicht – meinen wir.

Je mehr wir durch Bedrängnis und Leiden, durch unerwartete Einbrüche in unseren normierten Alltag und unsere „Lebensplanung" erschüttert werden, desto mehr unbequeme Fragen stellen sich danach, ob das, was wir tun, eigentlich wirklich der Wirklichkeit entspricht und das Leben sich tatsächlich von uns so „regeln" lässt wie ein „Ding".

Buße

> Würde jemand dem Ungeborenen im Mutterleib sagen: „Draußen wartet eine wunderbare Welt mit hunderten von Freuden, herrlichen Obstgärten und feinen Speisen, Bergen und Seen, blauem Himmel und strahlendem Sonnenschein – warum bleibst du in diesem engen Gefängnis und trinkst Blut?“, dann wäre das Ungeborene misstrauisch. Es würde diese Verheißung nicht glauben, weil sie seine gegenwärtige Vorstellungskraft übersteigt. So geht es auch den Gottesfreunden, wenn sie über die Verheißungen des Himmels reden. Sie sagen: „Diese irdische Welt ist eine dunkle und enge Grube, jenseits davon wartet eine wunderbare Welt.“ Doch die Begierde verschließt den Kleingläubigen die Ohren. Wie das Ungeborene sich weiter von Blut nährt, nähren sie sich weiter von den Freuden der niederen Welt.[1]

Je mehr wir mit unserem künstlichen Lebensstil von der Realität abdriften und je gewaltsamer wir versuchen, sie uns gefügig zu machen, was aber nicht funktioniert, desto dringender wird der Ruf nach „Buße“. Das ist ein altes, aus der Mode gekommenes Wort, mit dem so manche noch ein selbstkasteiendes Verhalten à la klösterlichem Mittelalter verbinden, aber nach biblischer Definition meint es nichts anderes als „zur Besinnung kommen“ und „umdenken“. Heute würden wir von einem *Paradigmenwechsel* sprechen: der Notwendigkeit, grundsätzlich *anders* zu denken, um *andere* Wege zu gehen und *andere* Ziele zu erreichen als bisher. (Zum Begriff „Paradigmenwechsel“ mehr im Kapitel „Das Erbe Davids“.)

Nun ist biblische Buße allerdings kein rein gedanklicher Akt, wie es den Anschein haben könnte, geht es doch um das (Um)Denken. Die Bibel verlangt eine „ganzheitliche“ Buße, die uns zu *anderen* Menschen macht … zu *wirklichen* Menschen.

---

[1] O. W. Barth, „Rumi“, 25. Januar.

Da wir im Allgemeinen keine Ahnung davon haben, was ein wirklicher Mensch sein soll, und gemeint haben, wahre Menschlichkeit erschöpfe sich darin, nett zueinander zu sein, muss Gott uns in eine Begegnung mit Christus, dem wahren Menschen, führen, in der wir uns in ihm erkennen wie in einem Spiegel, der uns vorgehalten wird. In *ihm* sehen wir ein Bild von *uns*, welches von unserem egozentrischen, inszenierten und marionettenhaften Leben, das wir irrigerweise für authentisch und „frei" halten, abweicht.

Diese Abweichung zu korrigieren, ist der Sinn und Inhalt der „Buße".

Wir werden von Menschen wie uns zu Menschen wie er, wir gehen den Weg vom Schein zum Sein. Diese Verwandlung in sein Bild ist die große Gabe und Aufgabe des Heiligen Geistes (vgl. 2 Kor 3,18), unseres Trösters, der uns durch den Prozess der Buße hindurch begleitet, uns führt, beisteht und motiviert, weiterzugehen und nicht auf halbem Wege stehenzubleiben. Um den Weg der Buße zu gehen, müssen wir nicht alles verstehen, was vor sich geht, wir müssen jedoch *vertrauen*, dass der Heilige Geist uns nicht in die Irre führt oder in eine Falle lockt.

Glauben

Die Wahrheit über Gott und die Wahrheit über uns selbst zu erkennen, braucht Vertrauen und Mut. Die Bibel spricht bei diesem mutigen Vertrauen bzw. vertrauensvollen Mut von „Glauben". Ohne Glauben können wir den Weg der Verwandlung nicht gehen. Dabei ist Glaube genauso wenig wie Buße eine reine Kopf-Angelegenheit. Glaube besteht nicht darin, die Bibel zu kennen und zu bejahen, in die Kirche zu gehen und deren Angebote wahrzunehmen. Viele Christen sehen das leider so und erleiden in ihrem so gearteten Glauben bald Schiffbruch. Wenn die Krisen kommen, wenn der notwendige Abstieg ansteht, dann nutzen ihnen intellektuelle Zustimmungen zu Bibeltexten und Kirchenlehren herzlich wenig, dann brauchen sie eine *Beziehung*, eine heilige Gemeinschaft mit dem Heiligen Geist, der sie durch die

Erfahrung von Tiefe und Zerbruch begleitet und durch das dunkle Tal hindurchbringt bis ins Licht eines neuen Tages. Der Geist macht uns zu Menschen, für die *Agape* nicht nur ein griechisches Wort ist, sondern die in dieser göttlichen Liebe leben und jeden Tag ein Stück mehr zu dieser Liebe *werden*. Statt ihrer alten, vom Ego gesteuerten Ängste und Vorurteile, fließen aus ihnen Agape-Gedanken und Agape-Empfindungen. Sie sind zu Söhnen und Töchtern Gottes geworden, die an seinem Wesen Anteil haben. Es ist ein Wunder, eine andere Seinsart. Dafür muss das Alte abgelegt werden und abgelegt bleiben.

Gemeinschaft mit dem Heiligen Geist

> *Die Gnade des Herrn Jesus Christus und die Liebe Gottes und* ***die Gemeinschaft des Heiligen Geistes*** *sei mit euch allen!* (2 Kor 13,13).

Diese Gemeinschaft ist keine Sache von Katechismus-Wissen, dem Aufsagen des Vaterunsers und des sonntäglichen Gottesdienstbesuches. Gemeinschaft dreht sich darum, einander zu kennen und zu vertrauen; anders ist es keine Gemeinschaft. Wer aber unter modernen Christen westlichen Zuschnitts hat heute eine wirkliche Beziehung zum Heiligen Geist? Ohne diese jedoch ist der Weg der Buße, welcher der Weg der Verwandlung in das Bild Christi ist, nicht möglich, denn weder kennen wir den Weg, noch sind wir aus eigener Kraft dazu imstande, ihn zu gehen. Darum finden wir unter den heutigen Christen so wenig Christusähnlichkeit und bei genauem Hinsehen eigentlich überhaupt kaum einen Unterschied zwischen den Gläubigen und „Ungläubigen", wenn wir sie einmal so nennen wollen. Manche Nichtchristen oder „Andersgläubige" benehmen sich seltsamerweise oft christlicher als die Christen. Da kommt der Spruch zum Tragen: „Es ist irritierend, wenn die falschen Leute das Richtige sagen." Und noch irritierender, wenn sie es nicht nur sagen, sondern sogar *tun* …

Wie kommt das nur? Nun, ohne die Gemeinschaft des Heiligen Geistes ist der Weg wahrer Buße und wahrer Verwandlung nicht zu gehen, wir bleiben also dieselben – mit etwas religiöser Sauce oben drauf.

Jesus riet seinen Jüngern in den Evangelien, nach seiner Himmelfahrt *abzuwarten und gar nichts zu tun, bis* der Heilige Geist auf sie gekommen sei (vgl. Apg 1,4-5). Er würde zu ihnen kommen und *bei ihnen bleiben*, was sich dann an Pfingsten erfüllte. Wir alle brauchen unser eigenes Pfingsten, nichts nutzt uns eines von vor zweitausend Jahren.

Ohne die Gemeinschaft mit dem Heiligen Geist bauen wir unsere *eigene* Kirche, fabrizieren ein *eigenes* Christsein nach *eigenen* Vorstellungen und Regeln – ein reines Kunst-Christentum. Darin ist von Erlösung und Herrlichkeit nichts zu finden, es wird nur viel darüber geredet.

Sowohl die Gnade Christi als auch die Liebe Gottes und ebenso die Gemeinschaft des Heiligen Geistes müssen *erfahren* werden, sonst sprechen wir darüber wie die Blinden von der Farbe. Der obige Vers besagt, dass diese Erfahrung *für uns alle* angesagt ist, sie ist nicht beschränkt auf bestimmte Zeiten, Orte oder herausragende „Heilige". Leider hat die Kirche zu allen Zeiten viel darangesetzt, Unterschiede statt Gemeinsamkeiten herauszuarbeiten, d. h. immer wieder wurde gerade der Heilige Geist und sein Wirken an bestimmte Wallfahrtsorte, Kirchen, Rituale, Sakramente, Kleriker usw. gebunden, was alles *nicht* Jesus-gemäß ist und dem Neuen Testament *nicht* entspricht.

Ohne die Gemeinschaft des Heiligen Geistes, der uns die Liebe Gottes und die Gnade Jesu ganz persönlich offenbart, sodass wir auch ganz persönlich daran glauben und in der Kraft dieses Glaubens durch die Tiefe gehen können, geht gar nichts – nur das Ersetzen des echten Lebens aus Gott durch ein frommes Imitat.

Wir erstarren angesichts der Krise vor Furcht wie dereinst Lots Frau und verzweifeln. Wir weigern uns, der Wahrheit ins Gesicht bzw. in ihren Spiegel zu schauen und spielen lieber weiter „heile Welt". Gott bleibt für uns auf diese Weise ein Fremder, genauso wie wir selbst uns fremd bleiben. Wir erkennen weder ihn noch uns. Die Gnade Christi, die Liebe Gottes und die Gemeinschaft des Geistes bleiben für uns reine Philosophie und theologische

Lehrsätze, die wir Sonntag für Sonntag abnicken, aber nicht erleben. Das ist schlimm – sowohl für uns als auch für Gott.

Der Weg der *Buße* müsste dringend beschritten werden, aber wer sagt uns, wie?

Viele Verantwortliche, Leiter, Pastoren, Priester usw. kennen den Weg des Geistes selbst nicht. Sie wiederholen stereotyp ihre vorgegebene Kirchenjahr-Agenda und pflegen ihre ritualisierte Veranstaltungskultur. Dabei vertrösten sie die verhungerten Seelen und Herzen ihrer „Schäfchen" aufs Jenseits, *dort* wird alles gut werden. Es ist ein Trauerspiel. All das wird dem, was Jesus am Kreuz für uns getan und durchlitten hat, so gar nicht gerecht.

David ging den „Weg des Kreuzes", er nahm den Weg in die Wüste, wo er sich selbst „starb" und Gott begegnete, der die Toten lebendig macht. Durch die heftigen Konfrontationen mit schwierigen Situationen und schwierigen Menschen, durch die er ging, lernte er, seine *Selbst*gefälligkeit, Furcht und *Eigen*mächtigkeit vor Gott einzugestehen und abzulegen – immer wieder neu –, bis er zu der *Gewissheit* gelangte, dass Gott in seiner Schwachheit tatsächlich mächtig ist: ***„Gott** umgürtet mich mit Kraft."* So hieß es in dem einführenden Vers zu diesem Kapitel, der etwas über den Gesamtinhalt des 18. Psalms aussagt: *„Ich liebe dich, Herr,* ***meine Stärke!"***

Viele Menschen sehnen sich nach dieser Erfahrung Davids, jedoch halten sie krampfhaft an sich selbst fest und wissen nicht, wie sie sich selbst im Glauben loslassen können. Hier braucht es die Hilfe und den Trost des Heiligen Geistes, der uns langsam und geduldig die Hände von den Augen nimmt, mit denen wir sie fest zuhalten und unser Gesicht vor dem Licht verbergen. Wenn er unser Vertrauen und unseren Mut stärkt, dann wagen wir es, der Realität ins Auge zu sehen, die furchtbar und herrlich zugleich ist. Furchtbar ist sie, weil unsere Wunden und Verkehrtheiten Wirklichkeit sind, die uns schmerzen und beschämen, aber herrlich ist sie, weil die Gnade Christi und die Liebe Gottes genauso wirklich sind und halten, was sie versprechen. Das gibt uns Hoffnung und Zuversicht, die die Dunkelheit erleuchten und unsere Wüste zu einem „bewässerten Garten" machen.

In der Erfahrung der Gegenwart Gottes in unserer Schwachheit und „Unmöglichkeit“ hört das Verstecken und Verdrängen auf und wir werden befreit. Die Wahrheit, die wir so gefürchtet haben, macht uns nun frei und schenkt uns die Erfahrung der Erlösung.[2]

Verschiedene Betrübnisse

Bis ein Mensch allerdings seine Angst und Verkrampfung aufgibt und sich quasi ergibt und Gott übergibt, kann es dauern und einen tiefgehenden Zerbruch benötigen. Heutzutage, wo die Menschheit sich einbildet, neben dem Körper nun auch die Seele „in den Griff“ zu bekommen mit zahllosen Therapien und Psychopharmaka, kommen viele Menschen gar nicht mehr auf dem Boden der Tatsachen an; ihnen wird die berechtigte und heilsame Verzweiflung genommen, die als „krank“ eingestuft wird und „wegtherapiert“ werden muss.

> *Denn die Betrübnis nach Gottes Sinn bewirkt eine nie zu bereuende Buße zum Heil; die Betrübnis der Welt aber bewirkt den Tod* (2 Kor 7,10).

Es gibt gemäß diesem Vers also verschiede „Betrübnisse“. Wir müssen ihren Ursprung erkennen, um die guten von den schlechten zu unterscheiden. Das Ziel der „guten“ Betrübnis ist schließlich nicht die Vernichtung, sondern die Rettung! Diese sieht der Vernichtung allerdings streckenweise sehr ähnlich, weil wir uns mit Händen und Füßen dagegen wehren, in den Spiegel der Wahrheit zu schauen. Wir fürchten die Wahrheit über uns und das Urteil unseres eigenen Gewissens, unserer Mitmenschen und Gottes über das Theater, das wir allen vorspielen, damit sie uns annehmen, „cool finden“ und lieben. Dass wir *ohne* das Theater liebenswert sein könnten und wie ein ungekünstelter Lebensstil aussehen soll, ist uns schwer vorstellbar. So sind wir also an die

---

[2] Hier empfehle ich (Frank) das Buch meines ehemaligen Bibelschullehrers W. Margies: „Über die Gemeinschaft mit dem Heiligen Geist“, das sehr ausführlich die Dimensionen der Beziehung mit dem Heiligen Geist beschreibt.

Finsternis und Lüge als das ganz Normale gewöhnt, was *alle* so machen.

Wenn Gott beginnt, unsere Inszenierung zu erschüttern und Licht in unsere Finsternis zu bringen, dann macht das vielen Menschen „höllische" Angst. Sie wollten Gott eigentlich dazu benutzen, ihre Vorführung zu perfektionieren und nun auch noch eine fromme Rolle zu spielen. Wie man jedoch *jenseits* von Rollen lebt, ist undenkbar – und das ist wirklich ein Problem.

Wir müssen noch einmal zurück zum Anfang, das Leben unter anderen Vorzeichen von vorne beginnen, noch einmal geboren werden. Der Prozess des Verlassens der gut einstudierten Rollen und Muster, das Verlernen der alten Texte und Darstellungen, zieht uns sozusagen „nackt" aus, und scheinbar werden wir reduziert zu „nichts". Das ist der Weg der Buße. Genauso muss es sein, um uns auszuleeren und dann neu füllen zu können.

Das „Nichts" ist in dieser Hinsicht nicht zu fürchten, sondern zu begehren! Aber wer hat uns das gesagt? Zwar lesen wir davon in der Bibel, aber durch eine religiöse Brille, die uns nur sehen lässt, was wir sehen wollen – Pseudo bzw. den Schein – und nicht, was wir sehen sollen – die Wirklichkeit.

De Mello sagt:

> Wir leben in einer Zukunftskultur, einer Morgenkultur: Morgen werde ich glücklich sein; morgen werde ich leben. Wenn ich auf das Gymnasium komme, werde ich leben; wenn ich auf die Universität komme, werde ich leben. Und wenn du dann auf der Universität bist, wirst du sagen: „Wenn ich heirate, werde ich leben." Nachdem du geheiratet hast, wirst du sagen: „Wenn die Kinder größer sind, werde ich leben." Wenn die Kinder groß geworden sind, wirst du nicht wissen, was es heißt zu leben! Und wahrscheinlich wirst du sterben, ohne je gelebt zu haben.[3]

[3] Anthony de Mello, „Gib deiner Seele Zeit", 6. Aufl. Herder 1999.

Papier-Geistlichkeit

Es gibt eine religiös kultivierte Blindheit, die sich für sehr geistlich hält und dennoch nicht sieht, was vor Augen ist. Die Pharisäer waren zurzeit Jesu *das* Paradebeispiel dafür und konnten ihn, den Messias, nicht erkennen, obgleich er mitten unter ihnen wandelte. Sie lebten ganz in ihrer eigenen, abgeschlossenen Welt von Frömmigkeit und Synagogentum, in der der *wirkliche* Gott keinerlei Platz hatte. Dies muss uns sehr zu denken geben! Vielleicht bestehen ja auch *wir* so sehr auf einen Jesus, wie wir ihn uns kirchlich zusammengezimmert haben, dass wir den echten Jesus mitten unter uns nicht wahrnehmen können.

Jesus warf den Schriftgelehrten vor, *Heuchler* zu sein. Sie beteten angeblich Gott an, aber eigentlich ihre eigene Frömmigkeit. Sie betrachteten sich als *besser* als die anderen Menschen, waren also elitär, und fühlen sich ihnen *überlegen*, waren also stolz. Sie bauten auf Schriftkenntnis und traditionsreiche Auslegung und verwechselten die heiligen Schriften, die über Gott berichten, am Ende mit Gott selbst.

Diese Verherrlichung der Schriften bei gleichzeitiger Ignoranz des realen, auferstandenen und lebendigen Jesus im Jetzt und Hier ist auch heute unter manchen Christen und ihren Gemeinden verbreitet. Auch sie sind überlegen und stolz, halten sich aber für demütig und fromm. Sie können nicht sehen, dass sie in ihren Gottesdiensten nur bemüht „heile Welt" spielen, während die *wirkliche* Welt alles andere als „heil" ist und nach Erlösung schreit. Sie leben noch im „Pseudo", ihre Schrift-Erkenntnis und Schrift-Predigt ist „Papier-Geistlichkeit".

„Wann werde ich erleuchtet?"
„Wenn du siehst", sagte der Meister.
„Was sehen?"
„Bäume und Blumen, Mond und Sterne."
„Aber die sehe ich doch jeden Tag."
„Nein, was du siehst, sind Papierblumen, Papierbäume, Papiermonde und Papiersterne. Denn du lebst nicht in der

Wirklichkeit, sondern in deinen Worten und Gedanken."

„Und um ganz genau zu sein", fügte er noch sanft hinzu: „Du lebst leider ein Papierleben und wirst einen Papiertod sterben."[4]

Wir können die Gefahr einer inszenierten Spiritualität, die nicht auf die persönliche Beziehung zu Jesus baut, sondern auf Tradition, Kirchlichkeit, Schriftauslegung, Rituale, Liturgien, Sakramente, Pastoren usw. nicht hoch genug einschätzen! Alle diese scheinbar harmlosen und nützlichen Hilfsmittel können sehr leicht das Eigentliche verdrängen und durch sich selbst ersetzen. Dann folgen wir nicht mehr Jesus, sondern einer „Lehre", die wir „glauben", sind abhängig von „Leitern" und deren „Segen" und nicht vom Heiligen Geist, der sich niemals an Dogmen oder Leiter bindet oder in deren Verfügbarkeit begibt, sondern frei ist und Freiheit bringt, wo man sich ehrlichen Herzens auf ihn einlässt. Der gesunde geistliche Weg führt stets zur Mündigkeit, also Selbstverantwortung. Dabei geht es nicht ohne Fehlermachen, nicht ohne „Versuch und Irrtum" ab, was Leitungspersonen (die ebenso durch den Prozess von „Versuch und Irrtum" gehen) nicht vorschnell als Ungehorsam und Rebellion brandmarken sollten. Es geht nicht darum, dass sie Jesu „Schafe" einfach zu ihren eigenen erklären und dann verwalten, als seien sie ihr Eigentum.

David hat erkannt, dass *Gott* seine Stärke ist. Das hat er nicht in einer Kirche oder Predigt „gelernt", sondern in der Wüste *erfahren,* fern aller frommen Geschäftigkeit und kirchlichen Vermittlung, die er dazu offensichtlich nicht benötigte. David erfuhr die Wahrheit über Gott und sich selbst im Alltag in Begegnungen mit ihm „von Angesicht zu Angesicht". Er lebte tatsächlich eine *Beziehung* mit ihm, die weder den Vorgaben noch der Kontrolle einer geistlichen „Behörde" unterlag und ihr eigenes Geheimnis auslebte. Sie war so völlig unberechenbar und authentisch, wie es das Leben nun einmal ist – und Gott geht es immer um das Leben.

---

[4] A. de Mello, „Geschichten, die gut tun", Herder Freiburg, 2. Aufl. 2001.

In der Wüste gab es keinen profanen Alltag und frommen Sonntag mit Kirchenglocken, Kirchenchor und Kirchenkaffee, dort ging es um die *Realität* und nicht um ein stilisiertes Kunstkirchentum.

Wir müssen der unbequemen Frage ins Auge sehen, ob institutionalisierte Kirche, wie wir sie in unseren Breitengraden etabliert haben, nicht dazu angetan ist, uns die persönliche Erfahrung des Reiches Gottes in unserem *Alltag* und *Zuhause* zu erschweren, anstatt zu erleichtern. (Dies motiviert heute unter anderem das Entstehen neuer Gemeindemodelle wie das der „Hauskirchen-Bewegung".)

Manche Christen sind ja z. B. der irrigen Ansicht, Gott wohne in der Kirche, womit sie die Gottesdiensträume meinen, die sie womöglich auch noch offiziell als das „Haus Gottes" bezeichnen; weiter oben erwähnten wir diese Vorstellung bereits. Auch meinen sie, Gott gefiele es, wenn sie jahrein, jahraus das immer gleiche Sonntags-Gottesdienst-Prozedere wiederholen, von dem in der Bibel nicht mal eine Andeutung existiert. So gibt es eine Menge „fromme Routine", die sehr dazu angetan ist, uns zu Heuchlern zu machen und Gott fein aus unserem *wirklichen* Leben herauszuhalten; dort dreht sich nach wie vor alles um uns selbst und unser Geschäft. Noch einmal De Mello:

> Man hat zu Recht gesagt, die Sünde gegen den Heiligen Geist besteht darin, nicht mehr daran zu glauben, dass er die Welt verändern kann, nicht mehr daran zu glauben, dass er mich verändern kann. Hier haben wir es mit einem gefährlicheren Atheistentyp zu tun als bei einem Mann, der sagt: „Es gibt keinen Gott", denn während er sich einredet, er glaube an Gott, hat er sich von einem praktischen Atheismus blenden lassen, den er kaum wahrnimmt. Er sagt: „Gott kann mich nicht mehr ändern. Er hat weder den Willen noch die Macht, mich umzuwandeln, mich von den Toten zu erwecken. Das weiß ich, ich hab nämlich alles versucht. Ich habe so oft Exerzitien gemacht, mit solcher Inbrunst gebetet – aber nichts ist geschehen, genau nichts."

Der Gott dieses Menschen ist, im Grunde genommen, ein toter Gott – nicht der Gott, der uns durch die Auferweckung Jesu von den Toten gezeigt hat, dass ihm nichts unmöglich ist.[5]

Identität

Die große Not unserer schnelllebigen Postmoderne liegt unter anderem darin, dass wir selten Zeit finden, anzuhalten und uns über unsere vielen unterschiedlichen Rollen klar zu werden, die wir zu „spielen" haben. Wir erfüllen die eine Rolle auf unserer Arbeitsstelle, eine andere in der Familie, eine weitere bei Freunden und wieder eine andere in der Kirche, Wir haben verschiedene „Identitäten" im Internet und müssen uns in allen diesen Rollen auch noch den ständigen Wandlungen anpassen, denen sie heute unterworfen sind. Nun können wir uns leicht mit der einen oder anderen Rolle, die wir spielen, überidentifizieren und meinen, wir *wären* diese Rolle. Ein moderner Buchtitel lautet treffend: „Wer bin ich – und wenn ja, wie viele?" (R. D. Precht, Goldmann)

> Eine Frau lag im Koma. Plötzlich hatte sie das Gefühl, sie käme in den Himmel und stände vor dem Richterstuhl.
> „Wer bist du?", fragte eine Stimme.
> „Ich bin die Frau des Bürgermeisters", erwiderte sie.
> „Ich habe nicht gefragt, wessen Ehefrau du bist, sondern wer du bist."
> „Ich bin die Mutter von vier Kindern."
> „Ich habe nicht gefragt, wessen Mutter du bist, sondern wer du bist."
> „Ich bin Lehrerin."
> „Ich habe nicht nach deinem Beruf gefragt, sondern wer du bist."
> Und so ging es weiter. Alles, was sie erwiderte, schien keine befriedigende Antwort auf die Frage zu sein: „Wer bist du?"
> „Ich bin Christin."

[5] A. de Mello, „Von Gott berührt", Herder, 3. Aufl. 1992.

„Ich fragte nicht, welcher Religion du angehörst, sondern wer du bist."
„Ich bin die, die jeden Tag in die Kirche ging und immer den Armen und Hilfsbedürftigen half."
„Ich fragte nicht, was du tatest, sondern wer du bist."
Offensichtlich bestand sie die Prüfung nicht, denn sie wurde zurück auf die Erde geschickt. Als sie wieder gesund war, beschloss sie, herauszufinden, wer sie ist. Und darin lag der ganze Unterschied.[6]

Wenn wir unser *Sein* darüber definieren, was wir *haben* oder *fühlen* oder *tun* oder darüber, was *andere* von uns halten, denken und erwarten, greifen diese Definitionen zu kurz und versklaven uns unter ihr Diktat. Denn wer sind wir, wenn uns die Habe genommen wird, wir uns schlecht fühlen oder wenn wir die Arbeit verlieren? Wer sind wir, wenn wir unseren gesellschaftlichen Status verlieren und die anderen uns, aus welchen Gründen auch immer, ausschließen oder ignorieren?

„Ich kenne mich nur in meiner Rolle und bin doch nicht identisch mit ihr" (Karl Jaspers). In diesem Satz liegt die Tragik des Menschen, der sich sucht und nicht findet, sondern in einer Vielzahl von ...

„... oft sehr verschiedenen Ansprüchen, Normen und Erwartungen leben muss, die sich nicht mehr auf den Nenner der einen, in sich ruhenden Persönlichkeit und des einen, zusammenhängenden Lebensromans bringen lassen. Der Zwang zu immer neuen Anpassungen kann zur Auflösung der Kontinuität eines gelebten Lebens führen. Im Geschäft soll er den harten Manager spielen, zu Hause den zärtlichen Familienvater, im Freundeskreis den anregenden und interessierten Partner usw. Wo ist er Mensch und darf es sein? Oder kommt er als er selbst und als „Mensch" im funktionalen Verkehr dieser pluralistischen Gesellschaft gar nicht vor? Ist er überall eine Person nur

[6] A. de Mello, „Zeiten des Glücks", Verlag Herder Freiburg 2004, S. 114–115.

insofern er ein Träger von Eigenschaften, Leistungen und Rechten ist, die andere auch haben?"[7]

Interessanterweise redet Gott mit uns viel lieber über unser Sein als über unser Tun und Haben. Darum hören ihn so wenige, sie haben einfach kein Ohr für die Fragen des *Seins*, sondern wollen Gott stets einspannen für ihre falschen Identitäten und ein gesegnetes Fortkommen oder wenigstens gutes Überleben darin. Da schweigt Gott, und Menschen fragen sich irritiert, warum er nicht mit ihnen redet. Selten kommen sie auf die Idee, *ihn* einmal danach zu fragen, worüber *er* eigentlich mit ihnen sprechen möchte. Sie tun sich auch damit schwer, wirklich still zu werden und Gott ihnen sagen und zeigen zu lassen, *was immer* er ihnen sagen und zeigen will. Finden sie *doch* einmal in die Stille und zu Offenheit, verstehen sie die Worte und Bilder nicht, die der Heilige Geist ihnen eingibt, weil sie so gar nicht in ihr Selbstbild, Weltbild und Gottesbild passen. Also sortieren sie das, was sie nicht verstehen, als „Unsinn" aus und vergessen es einfach wieder. So wird Gott zensiert! Besser, sie fragten den Heiligen Geist danach, was die Bedeutung der Inspiration ist und wie sie damit umgehen sollen, dann käme ein „göttlicher Dialog" zustande, in dem wahre Selbst-, Welt-, und Gotteserkenntnis geschehen würde, die ihr Leben neu definieren und reich machen würde.

Der Priester war fest entschlossen, dem Meister eine unzweideutige Glaubensaussage über Gott zu entlocken.
„Glaubst du, dass es einen Gott gibt?"
„Natürlich glaube ich das", antwortete der Meister.
„Und dass er alles geschaffen hat, glaubst du das?"
„Ja, ja", sagte der Meister, „bestimmt glaube ich das."
„Und wer hat Gott erschaffen?"
„Du", erwiderte der Meister.
Der Prediger schaute ihn entgeistert an.
„Willst du mir im Ernst erzählen, dass ich Gott geschaffen habe?"

[7] J. Moltmann, „Mensch", Kreuz-Verlag Stuttgart, 3. Aufl. 1977, S. 131.

„Den, über den du ständig nachdenkst und sprichst – ja!“, sagte der Meister ruhig.[8]

Oftmals sind die Dinge erstaunlich einfach und realitätsbezogen und gar nicht so geistlich oder kompliziert, wie man häufig annimmt. Zuweilen ist Gottes Humor einfach nur erfrischend und macht einen geradezu sprachlos.

Ein kleines Beispiel: Ich (Brigitte) litt seit Wochen unter einigen merkwürdigen Pickeln im Gesicht und betete, dass Gott mir offenbaren sollte, welche Lebensmittel ich vielleicht nicht vertrage oder wo das Problem liegt. Alle Gebete um Heilung blieben unbeantwortet und ich musste mich mit diesen juckenden Pickeln rumschlagen, die aussahen, als hätte mich eine Mücke gestochen. Doch das konnte nicht sein, weil mein Schlafzimmerfenster ein neues Fliegengitter hatte. Ich hatte mich irgendwie in meinem Denken festgefahren und betete eines Tages: Gott, du musst mir das Verständnis öffnen, ich brauche echt Hilfe! Die innere Stimme des Heiligen Geistes war sehr klar: „Die Katze hat ein Loch in dein Fliegengitter gerissen und es kommen Mücken rein, die dich heimlich stechen.“ Das sind Momente, die so erfrischend sind, so einfach, so „ungeistlich“ und herrlich. Ab diesem Moment hörte ich tatsächlich das Gesumme und war ein paar Nächte lang auf der Jagd nach den Blutsaugern.

Creflo Dollar jun. (amerikanischer Prediger) sagte einmal in einer Predigt, dass die Menschen immer das „*super*naturale” wollten, also Zeichen, Wunder, Heilungen usw. Doch das „*naturale*“ entginge ihnen dabei. Er meinte, wenn jemand um Heilung betet und die göttliche Heilung *über* seine Krankheit erhält, also das „Super“, dann ist es wichtig, dass er im *Natürlichen* auch aufhört, sein Essen etwa ausschließlich in der Pommesbude zu holen. *Über* und *natürlich* gehören zusammen.

Die notwendige Zerstörung falscher Bilder und Identitäten ist immer schmerzhaft und irritierend, aber unumgänglich, um Platz für das Wahre zu machen.

---

[8] A. de Mello, „Geschichten, die gut tun“, Herder.

Siehe, ich bestelle dich an diesem Tag über die Nationen und über die Königreiche, um auszureißen und niederzureißen, zugrunde zu richten und abzubrechen, um zu bauen und zu pflanzen (Jer 1,10).

Es mag in unser pseudochristliches und humanistisch gefärbtes Verständnis nicht passen, dass dem Aufbau und der Neupflanzung solch ein „brutal" klingendes Aus- und Niederreißen, Zugrunderichten und Abbrechen vorausgehen muss, aber genau so ist es. Wir haben zu viel unseres Lebens mit unrealistischen Idealen verknüpft, denen wir huldigen (Götzendienst), und in Rollen investiert, die wir zu spielen gelernt haben, ohne mit ihnen identisch zu sein (Heuchelei).

Jesus sagt uns, dass wir unser Leben mit diesen Methoden *auf Sand bauen*, sie halten dem Sturm des Lebens nicht stand (vgl. Mt 7,24-26) und werden schließlich kollabieren. Er fordert uns auf, unsere „Sandkästen" zu verlassen und unser Lebenshaus besser auf den Felsen zu gründen, ehe denn der Sturm kommt. Es mag erst einmal erschütternd und ernüchternd sein, dass Jesus unsere Anstrengungen, unser Leben zu bauen, als ein Errichten von Sandburgen bezeichnet; es mag schwerfallen, damit aufzuhören und die Förmchen zur Seite zu legen, wo die Burg vielleicht schon so schön aussieht und wir möglicherweise sogar richtig stolz auf unser fragiles Machwerk sind. Aber angesichts der Wucht der Realität, die uns alle einholen wird, rät uns Jesus, unser Leben besser „ohne Wenn und Aber" auf den Felsen zu gründen. Der Felsen ist Gott, und wir gründen unser Leben auf ihn, indem wir zuerst zuhören, was Jesus uns zu sagen hat, und dann in der Kraft des Heiligen Geistes anwenden, was wir von ihm erfahren.

Noch einmal: Der Felsen ist nicht eine Kirche, eine bestimmte Ausprägung von Frömmigkeit, Schriftauslegung, Klerikalismus, Liturgie usw., sondern Gott. Er ist schließlich der, der uns *in seinem Bilde* geschaffen hat und darum doch wohl tatsächlich weiß, wer wir wirklich sind. Er hat auch die Welt geschaffen, in der wir leben, und weiß darum auch, wer wir *in ihr* sind, und er versteht ebenso die Zeit – Vergangenheit, Gegenwart und Zukunft – und weiß darum, wer wir in der Geschichte sind. Der *Dialog mit ihm* vermittelt uns ein solches Verständnis von uns selbst, von unserer Welt, der Zeit, in der wir leben, und von Gott, dass wir festen Boden unter die Füße kriegen und im Sturm bestehen können. Gott gibt uns *Einsicht* in die Wirklichkeit der Dinge, in die Sinnzusammenhänge der Welt, der Zeit und unseres Lebens darin. Ohne klare Einsichten gibt es keine klaren Aussichten.

Unsere Aufgabe besteht also primär nicht darin, Kirchenveranstaltungen zu besuchen und uns religiös zu benehmen, sondern darin, *den Dialog mit Gott zu führen.* Das ist unsere vornehmste und wichtigste Lebensaufgabe, in der uns der Heilige Geist behilflich sein wird. In diesem Dialog erkennen wir die Wahrheit, die uns frei macht und unser Leben begründet.

Domestizierte Spiritualität

Unser gesamtes Leben und unser Alltag wird zum Raum der Begegnung und des Gesprächs mit Gott; eine Zerteilung in fromme Extra-Zeiten und unfromme andere Zeiten kann es nicht geben. Ein Abschieben der Beschäftigung mit Gott und von geistlichen Dingen auf professionelle Kleriker, die wir dafür anstellen, uns eloquent anzupredigen, ist ebenso anmaßend wie absurd. Ein Mann wie *David* war alles andere als ein „Geistlicher", wie wir uns einen solchen vorstellen, einen rechten „Gottesmann" mit Abschluss am Pastoralkolleg und Gemeindeanstellung nach Beamtentarif. Wir könnten mit solch einem „Vollblut-Menschen" wie David in der heutigen Kirche überhaupt *nichts* anfangen, er würde im Gefängnis oder einer anderen Anstalt landen, schließlich hat er Verbrechen ohne Ende auf dem Kerbholz (unter anderem Mord und Vergewaltigung) und hält sich dennoch für gerecht, wie wir in Psalm 18,25 lesen.

David ist nicht alleine mit einer solch haarsträubenden Biographie, die *absolut nicht* in unser gutbürgerliches Frömmigkeitsprofil passt. Andere herausragende Männer wie die „Patriarchen" Abraham, Isaak und Jakob, die Führer Israels wie der irre Richter

Simson oder der große Befreier Mose (auch ein Mörder), die Propheten wie Jesaja, der „nackt und barfuß gegangen ist drei Jahre lang als Zeichen und Wahrzeichen" (vgl. Jes 20,3), oder Hosea, der auf Gottes Geheiß hin eine Hure heiraten sollte (vgl. Hos 1,2-3). Sie alle würden ausnahmslos von jeder Kirche ausgeschlossen werden und als abschreckende Beispiele von religiösem Wahn und Extremismus dienen. Aber über diese Dinge redet man in der Gemeinde nicht, nur über die Seiten, die in unsere gängigen Vorstellungen von Gottesfurcht passen. Die Betrachtung ist selektiv und nicht ganzheitlich, sie wird vereinfacht und „standardisiert", was der Komplexität unseres Menschseins nicht gerecht wird.

Von David weiß der durchschnittliche Kirchenbesucher wahrscheinlich nur, dass er durch ein Wunder den bösen Goliath mit einer Steinschleuder erledigt und den 23. Psalm „Der Herr ist mein Hirte" geschrieben hat. Ein *guter Junge* und „heiliger" Mann – ja sicher. Genau so oberflächlich und scheinheilig wird heute zumeist die „rechte Christlichkeit" betrachtet. Meist wird sie mit Gutbürgerlichkeit gleichgesetzt, mit einem bestimmten Maß an Sittlichkeit und Moral, dem die Gemeinde sich verpflichtet weiß. Gewalt und Sex etwa, die bei unseren biblischen Vorzeigemodellen wie den Patriarchen, Führern und Propheten eine *ganz erhebliche* Rolle spielten, werden ausgeblendet (tabuisiert), ein „richtiger Christ" hat damit einfach keine Probleme und nichts zu tun.

Auf durch Sexskandale gefallene Fernsehprediger aus den USA oder sogar aus Europa wird herabgeschaut bzw. mit dem Finger auf sie gezeigt, und sie verschwinden lange Jahre in der Versenkung, bis sie wieder auftauchen. Geläutert und mit einem zaghaften Neuversuch, gestärkt durch die Erfahrung der Tiefe – oder aber für immer in eine gottferne Depression, Scham oder Gottesverleugnung versinkend. Gerade bei solchen Skandalen kann man den Reifegrad der Christen erkennen. Die, die mit dem Finger zeigen, sind noch in ihrer grandiosen Selbstgerechtigkeit verhaftet und entrüstet darüber, wie ein Mann oder eine Frau Gottes so etwas tun kann. Die, die schweigen und deren Herz über den „gefallenen“ Bruder oder die Schwester blutet, kennen ihre eigenen Abgründe und beten für ihn oder sie.

Eine Geschichte erzählt über einen Mönch, der, wann immer er einen anderen sündigen sah, den Blick zu Gott erhob, weinte und sagte: „Gott, sei *mir* Sünder gnädig!“ Das ist wahre Erkenntnis.

> Ist jemand in den Brunnen gefallen, wirf nicht noch Steine hinterher (Chinesische Weisheit).

Nun wird an dieser Stelle der Einwand erhoben, dass mit den Evangelien und dem Neuen Testament all diese bedauerlichen Verfehlungen der Alten überholt sind, jetzt habe die reine Tugendhaftigkeit gesiegt. Aber nein, nicht die Tugendhaftigkeit hat gesiegt, sondern Jesus. Aber auch der passt nicht so recht in unsere Vorstellung des frommen Menschen, auch bei ihm finden wir Züge von Gewalt und Zorn, sein lockerer Umgang mit „Huren“ und „Zöllnern“ ist nach wie vor ein Kapitel, mit dem sich die Kirche, die ihm angeblich nachfolgt, schwertut. So halten wir alle von uns bzw. unserer aktuellen Kultur als „negativ“ klassifizierten Wesenszüge und Neigungen in uns unter Verschluss und werden zu Heuchlern, indem wir sie bei anderen scharf kritisieren, bis sie eines Tages mit aufgestauter Energie aus uns selbst hervorbrechen und uns zu Handlungen hinreißen, die wir nie für möglich gehalten hätten.

Während wir dieses Buch schreiben, geht unentwegt durch die Presse, welche sexuellen Missbrauchsfälle von Priestern und Pastoren begangen und vertuscht wurden, bis sie jetzt durch intensive staatsanwaltliche Recherche ans Licht kommen und die Kirche in ihrer Heuchelei bloßstellen.

Das tut weh, aber dieser Schmerz muss sein und kann heilsam wirken, wenn „Erneuerung“ nicht nur ein Schlagwort sein soll, sondern als der *einzige Ausweg* aus der Misere gesehen wird.

Ein Bund mit Gott

Jesus macht uns nicht zu „braven Bürgern“, sondern zu *echten Menschen*, die davon gekennzeichnet sind, dass sie **alle** ihre Wesensanteile integriert haben, anstatt sie „mit Gottes Hilfe“ zu selektieren, zu bändigen und zu verdrängen. Um „richtige“ Menschen zu werden, die allen Aspekten des Lebens gewachsen sind, brauchen wir auch die scheinbar negativen Charaktereigenschaften. Alles hat seinen Platz, sein Maß und seine Zeit – nur erkennen wir das notwendige, ausgewogene Zusammenspiel der Kräfte oft nicht.[9] Ebenso wenig verstehen wir die Entwicklungen, die es zu einem ausgewogenen Miteinander braucht, Gott aber versteht sie schon! Darum ist er unsere Chance auf einen tatsächlichen Frieden, der durch Wahrheit und Ausgewogenheit der Kräfte entsteht und nicht durch ein waffenstarrendes „Gleichgewicht des Schreckens“. Er lädt uns ein, eine umfassende Beziehung – einen Bund – mit ihm zu schließen, in dem er die Möglichkeit und durch unser Vertrauen das Mandat hat, uns dies alles zu offenbaren und mit uns durchzuarbeiten. Das ist der Prozess der „Buße“. Er umfasst zunächst das „Ausreißen, Niederreißen, Zugrunderichten und Abbrechen“ dessen, was auf Sand gebaut und nur „inszeniert“ ist, bevor es dann zum „Bauen“ auf dem Felsen geht und zum Pflanzen eines paradiesischen Gartens in der inneren Verwüstung, der uns zu fruchtbaren Menschen macht, die in der Lage sind, die Welt zu segnen, statt sie auszubeuten.

Dass wir diesen Weg der Zerstörung und Neuerrichtung gehen, uns selbst in der Beziehung mit Gott loslassen können und also frei werden für die Wirklichkeit, die größer und weiter ist als wir selbst, dafür brauchen wir die Trias von Glauben, Hoffnung und Liebe. Nicht nur Glauben allein, Liebe oder Hoffnung allein, alle drei Kräfte müssen zusammenwirken, um uns den Mut zu geben, „wie die Kinder zu werden“, denen die Verheißung gilt, dass „sie das Reich Gottes sehen können“.

---

[9] Um die verschiedenen Anteile unseres Wesens besser kennenzulernen, empfehlen wir das kleine Buch der amerikanischen Familientherapeutin Virginia Satir „Meine vielen Gesichter: Wer bin ich wirklich?“, Kösel, 2001.

Kindern ist es zu eigen, dass sie nicht alles mit dem Kopf angehen, sie sind keine Analytiker, sondern leben eher mit dem Herzen und „aus dem Bauch“ heraus. Diese „Naivität“ können sie sich leisten, weil die Eltern sie sichern und tragen und alle die schweren Überlegungen anstellen, wie das Leben Tag für Tag zu besorgen ist. Und sie *glauben* an ihre Eltern. Andersherum glauben auch die Eltern an ihre Kinder, beide „Parteien“ sind in Liebe eins. Dies ist ein anderes „Glauben“ und „Sich-Kennen“ als das Bejahen von Bibelstellen, Anhören von Predigten und Besuchen von religiösen Veranstaltungen. Diesen Unterschied zu begreifen, ist wirklich wichtig für die Zukunft der Gemeinde. Jesus sucht weniger unser Bibelwissen als vielmehr unser Herz. (Womit wir das Bibelwissen nicht abqualifizieren wollen!)

David, der „Mann nach dem Herzen Gottes“ brilliert nicht durch eine tadellose Vita und Konformität mit einem religiösen Kodex, sondern durch seinen Bund mit Gott, seinen authentischen Glauben, seinen Weg der Buße und sein intimes Kennen Gottes. Dass Gotteserkenntnis und Selbsterkenntnis die zwei Seiten einer Medaille darstellen, wird gerade bei David sehr deutlich.

In den Versen 25-26 in Psalm 18 kann David von folgender Erkenntnis sprechen:

> *Gegen den Treuen verhältst du dich treu, gegen den untadeligen Mann untadelig.*
> *Gegen den Reinen zeigst du dich rein, gegen den Verkehrten aber verdreht.*

Dabei sind Treue, Untadeligkeit und Reinheit à la David nicht entsprechend unserer gutbürgerlichen Tradition zu verstehen, deren tugendhaftes Bild des Gutmenschen uns durch jahrhundertelange Kirchlichkeit eingebläut wurde. David interpretiert diese Eigenschaften auf der Basis des persönlichen *Bundes* mit Gott:

In seiner Beziehung mit Gott war er *treu* – in guten und schlechten Tagen. Er fand immer wieder zu einer „nackten“ Ehrlichkeit vor Gott, war führ- und korrigierbar, sodass er selbst in seinen schlimmsten Verfehlungen „die Kurve kriegte“ und in die

Übereinstimmung mit Gott zurückfand. Er war nicht einer Religion, Doktrin oder Institution (Kirche) treu, sondern Gott. Nicht dem Papier-Gott eines Katechismus, dem religiös stilisierten Bild einer Bibellese oder Ähnlichem, sondern dem *wirklichen* Gott, der ihn in die Tiefen eines Bündnisses führte, welches *alles* erfasste und umfasste, das *ganze* Leben.

Zum Thema „Bund" habe ich ein eigenes Buch geschrieben.[10]

Ein reines Herz

David war absolut nicht *untadelig*, wenn wir darunter eine weiße Weste verstehen. Liest man seine Geschichte im Alten Testament unvoreingenommen, stockt einem immer wieder der Atem, so „verrückt" waren manche Situationen, durch die er ging, so „krass" waren auch manche folgenschweren Fehlentscheidungen, die er traf. Dennoch blieb sein Herz untadelig, da er in alledem nach Gott schrie – im wahrsten Sinne des Wortes. Er ließ nicht zu, dass seine Sünden ihn von Gott trennten, sondern dass sie ihn zu ihm hintrieben. In dieser Haltung und Hinsicht bewahrte sich David ein *„reines"* Herz. Er verwarf oder betäubte nicht die Stimme seines Gewissens, sondern hörte letztlich immer auf sie. Das bekannte Gebet aus Psalm 139 zeugt von dieser Haltung der Reinheit:

> *Erforsche mich, Gott, und erkenne mein Herz. Prüfe mich und erkenne meine Gedanken! Und sieh, ob ein Weg der Mühsal bei mir ist, und leite mich auf dem ewigen Weg!* (Ps 139,23-24).

Hier sehen wir sehr anschaulich, dass die Qualitäten von Treue, Untadeligkeit und Reinheit bei David nicht gutbürgerliche Tugenden, ethische Konzepte und theologische Konstrukte darstellten, sondern lebendige Elemente in einer lebendigen Beziehung waren.

Heutzutage sind wir geneigt, die Begriffe aus ihrem Zusammenhang zu lösen, genau zu analysieren und zu bestimmen, aber nicht, sie in Beziehungen zu *leben*. Damit berauben wir sie ihres

---

[10] Frank Krause, Das Geheimnis des Bundes, GloryWorld-Medien 2012.

Geheimnisses und ihrer Dynamik, wir behandeln sie wie tote Objekte, die wir mit sterilen Handschuhen fein säuberlich sezieren und dann wissenschaftlich beschreiben. Dies wird der Wirklichkeit nicht gerecht. Jemand sagte treffend: „Die Speisekarte zu kennen, ist etwas anderes, als die dort aufgeführten Speisen zu essen."

Was *Treue* in einer einmaligen Beziehung eines einmaligen Menschen in einer einzigartigen Beziehung mit Gott bedeutet, das ist eine Sache zwischen den beiden, die ihr eigenes Geheimnis hat und weder wissenschaftlich zu analysieren noch technisch zu formulieren ist. Leider sind wir in unserer wissenschaftsgläubigen Zeit sehr bemüht, *alles*, inklusive der Beziehungen zwischen Menschen und Gott, zu normieren, zu definieren und am besten von der Stange zu produzieren. Wir suchen Formeln, die man auswendig lernen kann, und reproduzierbare Schablonen, in die alle „Gläubigen" gepresst werden können, um dann „richtig" zu sein. Das ist absurd und führt zu einer *formellen* Treue, Untadeligkeit und Reinheit, die von vornherein den Geruch von Heuchelei an sich haben, da sie nicht in einer Beziehung *gewachsen*, sondern von einer Institution und ihrer Theologie *vorgegeben* sind.

Heute wollen Menschen wissen, wie der Glaube „funktioniert", so auch Liebe und Hoffnung. Aber Beziehungen sind keine Maschinen, in denen wir „Funktionieren" wie Rädchen im Getriebe. Allein mit all unserem Wissen über Glauben, Hoffnung und Liebe können wir sie nicht zum „funktionieren" bringen. Wir müssen schon mutig unser Herz in die Waagschale werfen, uns auf ein unberechenbares Abenteuer einlassen, jeden Tag neu beginnen und den Weg der Heiligung gehen, den wir nicht kennen, den uns aber der Heilige Geist führt. Die beste *Haltung*, die wir für dieses Unterfangen einnehmen können, ist die des *Kindes*, welches keine Angst vor dem Unbekannten hat, sondern *Vertrauen* in seine Eltern, dass sie schon wissen, wo es langgeht. David hat dies ganz eindeutig erkannt und lässt uns in Psalm 103,13 wissen:

> *Wie sich ein Vater* ***über Kinder*** *erbarmt,* ***so*** *erbarmt sich der Herr über die, die ihn fürchten.*

David beschreibt die Kindeshaltung seiner Seele gegenüber Gott in Psalm 132,2 so:

> *Habe ich meine Seele nicht beschwichtigt und beruhigt? Wie ein kleines Kind bei seiner Mutter, wie ein kleines Kind ist meine Seele in mir.*

Dass die, die *Gott fürchten*, die Haltung von *kleinen Kindern* einnehmen, darauf kommt ein Mensch von alleine eher nicht. Er verbindet mit „Gottesfurcht" großartige religiöse Werke und moralische Höchstleistung. Den Weg der Kindschaft zu gehen, das muss uns schon der Heilige Geist beibringen. Wir haben aus uns selbst heraus keine Ahnung, wie das funktioniert, und unsere Kirchen/Gemeinden haben sie zumeist auch nicht, denn offensichtlich kultivieren sie im Allgemeinen etwas ganz anders als den „Geist der Kindschaft".

Über viele als „Heilige" bekannte Menschen wird berichtet, dass sie, nachdem sie viel studiert und gelernt hatten, am Ende wieder ganz einfach wie die Kinder wurden, weil sie merkten, dass es ihre kindliche Einfalt, Freude und das stete innere Zusammensein mit Gott sowie das Gespräch mit ihm ist, was sie wirklich mit Gott verbindet. Wenn wir den Psalm 23, in dem es um das Lernen des Vertrauens im „dunklen Tal" geht, wirklich von Herzen leben können und in den widrigen Umständen ein „naives" Vertrauen, und damit einhergehend auch etwas von dieser kindlichen Unbeschwertheit wiedererlangen, dann sind wir einen großen Schritt weitergekommen und teilen die wunderbare Erfahrung Davids, dass uns „im Angesicht unserer Feinde ein Tisch bereitet ist", an dem wir mit Öl gesalbt und mit einem überfließenden Becher getränkt werden" (Ps 23,5).

> Ich selbst halte mich nur für ein Kind, das am Strand eines weiten Meeres voller unentdeckter Wahrheiten spielt.[11]

---

[11] Isaak Newton.

In vielen Gemeinden wird dem Heiligen Geist die Arbeit komplett aus der Hand genommen und durch unendlich viel Gemeindearbeit, die damit aber keine Jünger Jesu, sondern Besucher der Gemeinde produziert, ersetzt.

„Leben im Geist" ist nicht das Gleiche wie „Leben in der Gemeinde", allerdings setzten das viele unzulässigerweise gleich, um ihre stressige Gemeindearbeit zu rechtfertigen. Jesus hat uns nicht zur Gemeindearbeit berufen, *sondern dazu, zu ihm zu kommen*. Bei ihm werden wir nicht Mitglieder einer Gemeinde, sondern Kinder des Vaters im Himmel.

Das klingt sehr kritisch und nicht alle Gemeinden sind in dieser Hinsicht gleich. Wenn uns die Gemeindearbeit tatsächlich darin hilft, zu ihm zu kommen und in der Beziehung mit ihm zu wachsen, dann mag sie sinnvoll und nützlich sein. Vieles an dem allgemeinen Bild, welches uns die Kirchen vom Christsein vermitteln, ist allerdings sehr beschränkt, zahm und einseitig – es entspricht Jesus ganz und gar nicht und bringt alles andere als geistliche Reife und ein Bewusstsein der Sohn- und Tochterschaft Gottes hervor – inklusive der Autorität und Vollmacht, die mit diesem „Stand" einhergehen.

Stellt die Gemeindearbeit entsprechend dem Neuen Testament eine *Zusammenarbeit* mit dem Heiligen Geist dar (siehe Apg 9,31), so handelt es sich dabei heute häufig um einen *Ersatz* für ihn. Hier müssen wir aufpassen und sehr genau hinschauen. Mag das Gemeindetum auch gut gemeint und von guten Leuten engagiert betrieben werden, kann es doch in *keiner Weise* den Heiligen Geist ersetzen, der *ganz alleine* in der Lage und dazu autorisiert ist, uns Jesus zu offenbaren und mit ihm eins zu machen in Glaube, Hoffnung und Liebe.

Jesus lässt uns *teilhaben* an seiner Kindschaft gegenüber dem Vater, er *nimmt uns mit* hinein in seine Sohnschaft und all ihre vielfältigen Dimensionen. Dies ist wunderbar und verwandelt unser Leben umfassend; das ist der Kern authentischen Christseins. Da bleibt nichts, wie es war, und da hört das ängstliche und süchtige Drehen um uns selber auf – wir werden durch die Gemeinschaft des Heiligen Geistes frei, uns an Jesus zu verlieren und loszulassen, weil wir durch die Begegnung mit ihm zurückfinden zu jenem Frieden, Urvertrauen und Aufgehobensein des Kindes, welches uns abhanden gekommen ist. Wir finden zurück zum Vater.

KAPITEL 6

Wendepunkte

Ja, du lässt meine Leuchte strahlen. Der HERR, mein Gott, erhellt meine Finsternis. Denn mit dir erstürme ich einen Wall, und mit meinem Gott überspringe ich eine Mauer ... Gott umgürtet mich mit Kraft und untadelig macht er meinen Weg. Er macht meine Füße den Hirschen gleich, und stellt mich hin auf meine Höhen. Er lehrt meine Hände das Kämpfen und meine Arme spannen den ehernen Bogen.

Psalm 18,29-35

Nun, da David in seiner Ohnmacht und Bedrängnis – in seiner Tiefe – eine Gotteserfahrung gemacht hat, die ihn von seinem ängstlichen und trotzigen Ego losbindet und – durch Vertrauen – an Gott anbindet, dreht sich der Spieß um und sein Abstieg in die Dunkelheit wird zum Aufstieg ins Licht. Wo das Weinen war, kommt das Lachen, wo die Depression herrschte, bricht Hoffnung auf wie die Dämmerung eines neuen Morgens nach langer Nacht. Diese Erfahrung ist äußerst kostbar und die ganze Heilige Schrift ist voller Zeugnisse dieser Wende. Es finden sich dort zahlreiche Bilder der Verwandlung – etwa von der Wüste in einen Fruchtgarten oder den Trümmern in eine wieder aufgebaute Stadt, der Niederlage in Triumph und der in die Fremde Verschleppten in Heimkehrer.

Den Elenden frohe Botschaft ...
Den gebrochenen Herzen, dass sie verbunden werden ...
Freilassung den Gefangenen ...

Öffnung des Kerkers den Gebundenen ...
Trost allen Trauernden Zions ...
Kopfschmuck statt Asche,
Freudenöl statt Trauer,
ein Ruhmesgewand statt eines verzagten Geistes
(aus Jes 61,1-3).

Unser Kreuz auf uns nehmen

Es gibt die Stunde der Verzagtheit, der Trauer und Asche. Es gibt das Beweinen unseres verkorksten Schicksals, krummen Weges und betrügerischen Verhaltens (vgl. Jak 4,8-10). Wenn uns die schockierende Erkenntnis zuteil wird, dass *wir* es sind, die *noch immer* den Garten in Eden in eine Wüste verwandeln, indem wir auf den Versucher hören und einander die Schuld zuschieben wie damals Adam und Eva; wenn uns offenbar wird, dass *wir* es sind, deren Weg voller Verwüstung und Zerbruch ist (vgl. Jes 59,7), welche *wir* ununterbrochen in unserer Egomanie anrichten, ohne überhaupt zu merken, was wir tun, dann endlich akzeptieren wir das Kreuz als einzige Lösung für uns und die Übergabe des Zepters an Jesus als das einzig Vernünftige, was wir tun können, um die Macht der Sünde zu brechen und die Macht der Gnade zu erfahren.

Denken wir nur daran, dass Jesus von seinem Jünger Judas mit einem Kuss (!) ans Messer geliefert wurde. Denken wir an Petrus, wie er bitterlich weinte, als ihm klar wurde, dass er Jesus verraten hatte – genau wie ihm dieser es vorausgesagt hatte. In der Stunde der Not liefen *alle* Jünger weg und ließen Jesus alleine. Zuvor, in Gethsemane, als Jesus mit seinem Schicksal rang, bis ihm der Schweiß wie „große Blutstropfen" von der Stirn rann, schliefen seine Jünger *alle* ein und konnten nicht *eine* Stunde mit ihm wachen – vor lauter Traurigkeit, die ihnen einfach zu viel war (vgl. Lk 22,39-46). *Den* Weg konnten sie mit Jesus nicht mitgehen, dort kämpfte er alleine. Erst in der Stunde der Not erkennt man, wie idealistisch und selbstüberschätzend man daherreden kann, wenn alles gut läuft, und zu welch einem Angsthasen und Verräter man wird, wenn dem nicht so ist und man etwas zu verlieren hat.

Wie sollten wir die „Frohe Botschaft“, das Evangelium, verstehen, wenn wir unser Elend und unsere Verlorenheit nicht erkennen? Da wir, wie gesagt, im heutigen „Christentum“ dazu neigen, das Ziel des Evangeliums darin zu sehen, dass wir uns gutbürgerlich benehmen und erfolgreich Gemeindearbeit betreiben, und also meinen, es gehe um Moral und Arbeit, können viele Menschen nicht einsehen, wozu sie sich bekehren sollen, da sie doch „niemandem etwas zuleide getan haben“ und darum gar keine Sünder sind, die Gnade und Vergebung benötigen. Gott kann mit ihnen doch eigentlich zufrieden sein, meinen sie, sie sind die Guten. Dabei sind sie blind für die Abgründe und Egozentrik ihres Herzens, sie kennen die Tiefe nicht, sondern nur die Oberflächlichkeit voller Heuchelei und Konventionen, inszeniertem Leben und der Verwechslung von Liebe mit Nettigkeit, von Glauben mit intellektueller Zustimmung zu Doktrinen und von Hoffnung mit „Lasst uns alle positiv bleiben“.

Dass ihnen der Schweiß wie Blut von der Stirn rinnt und sie bis zur Agonie mit der Versuchung ringen, um Wahrheit und Gerechtigkeit, Treue und Liebe nicht zu verraten, sondern zu erringen, ist ihnen fremd. Unmöglich können sie ihr Kreuz auf sich nehmen und Jesus folgen. Ein amerikanischer Prediger meinte einmal: „Jesus widerstand bis aufs Blut, und wir schaffen es nicht einmal, einem Burger zu widerstehen.“

> *So kann auch keiner von euch, der nicht allem entsagt, was er hat, mein Jünger sein. Das Salz ist gut; wenn aber auch das Salz kraftlos geworden ist, womit soll es gewürzt werden? Es ist weder für das Land noch für den Dünger tauglich; man wirft es hinaus. Wer Ohren hat zu hören, der höre!* (Lk 14,33-35).

Unsere Erfahrung in der Gemeindearbeit hat uns gezeigt, dass es nur wenige Gläubige gibt, die Ohren haben, um *diese* Worte zu hören. Sie wollen hören, dass „alles gut ist“ und der Herr nichts anderes im Sinn hat, als sie zu segnen, aber von Selbstverleugnung und Selbstentsagung wollen sie nichts hören. Sie sind dazu gar nicht in der Lage, nein, sie sind „kraftloses Salz“, angepasste Mitläufer, die den Namen „Christen“ tragen, aber die Bedingungen, die Jesus an Jünger stellt, verwerfen. Darum gibt es unseres Erachtens nach zwar eine Menge Gemeinde*besucher*, aber nur wenige *Jünger* unter den Christen. Es geht um *ein wenig* Frömmigkeit am Sonntag, um die persönliche *Auferbauung* durch ein halbwegs *unterhaltsames* Gottesdienst-Programm und darüber hinaus um ein *akzeptables* Moralverhalten im Alltag – und fertig ist der moderne Christ. Mit Jesus kennen und Jesus folgen hat das wenig zu tun.

> *Wenn jemand mir nachkommen will, verleugne er sich selbst und nehme sein Kreuz auf täglich und folge mir nach. Denn wer sein Leben (seine Seele) retten will, wird es verlieren; wer aber sein Leben (seine Seele) verliert um meinetwillen, der wird es (sie) retten* (Lk 9,23-24).

Wollen wir mit Jesus „ernst“ machen, was bei jeder anderen „ernsten“ Beziehung genau genommen nicht anders ist, müssen wir unserem Ego absagen. Das hatten wir ja schon. Es will sich um sich selbst und nicht um Jesus oder irgendeinen „Nächsten“ drehen, also müssen wir es „kreuzigen“, d. h. „Nein!“ zu seiner Lust und Unlust sagen und ihm die Zügel aus der Hand nehmen und in die Hand der Liebe legen, damit sie uns *ganz anders* führt, als wir uns überhaupt vorstellen können, weil wir bisher ja nur den „Egotrip“ gekannt haben.

Mit Jesus zu gehen ist das große Abenteuer des Lebens, aber es erfordert eine klare, tägliche Absage an das egoistische Selbst, welches seine eigenen Wege gehen will, um sich selbst zu produzieren und selbst zu inszenieren. Dieses „Nein!“ kostet uns etwas und ist schmerzlich, jedoch wird der Schmerz am Ende desto größer sein, wenn wir es nicht tun.

Das meint natürlich nicht, dass wir unsere Gaben und Fähigkeiten, unsere Individualität und Persönlichkeit verlieren. Viele

Christen meinen, sie müssten „alles“ an sich „verleugnen“, was sie so verstehen, dass sie es „ablehnen“ müssen. Durch ein solches „Selbstablehnungs-Konzept“, welches sie irgendwo in einer Predigt oder einem Buch aus dem Zusammenhang herausgerissen aufgeschnappt haben, kommen sie in große Anfechtungen und eine unerträgliche innere Zerrissenheit. Sie haben nicht wirklich verstanden, was EGO meint. Weiter oben definierten wir schon diese „Ersatzpersönlichkeit“ und ihren narzisstischen Charakter. Die „Pseudo-Persönlichkeit“ und die „echte Person“ zu unterscheiden, fällt nicht immer leicht, aber der Heilige Geist hilft uns dabei, diese nötige Beurteilung zu treffen und einen Sinn für das „Gelogene“ und das „Wahrhaftige“ zu entwickeln.

Erneuerung

Nun, am Punkt der Wende angelangt, wo wir aller Kraft beraubt worden sind, mit der Sünde weiterzumachen und unserem Ego zu dienen, sehen wir viele Bibelworte mit ganz neuen Augen in einem ebenso neuen Licht. Sie sprechen auf einmal ganz unmittelbar zu uns und wir begreifen, dass sie *von uns* sprechen. Das ist eine „Revolution“, ein Umbruch, der alles verändert und uns zu den neuen Menschen werden lässt, die Gott durch das Evangelium aus uns machen will. Diese „neuen Menschen“ sind allerdings nicht ganz andere Menschen als wir, sondern eben genau die, die wir eigentlich wirklich sind, aber nicht wussten, dass wir sie sind.

Es ist leichter zu denken, als zu fühlen –
leichter, Fehler zu machen, als das Richtige zu tun.
Es ist leichter zu kritisieren, als zu verstehen –
leichter, Angst zu haben, als Mut.
Es ist leichter zu schlafen, als zu leben –
leichter zu feilschen, als einfach zu geben.
Es ist leichter zu bleiben, was man geworden ist,
als zu werden, was man im Grunde ist.
(Hans Kruppa)

Am Punkt größter Schwachheit angelangt, geben wir den Widerstand auf und schauen in den Spiegel, der Christus ist. Dort sehen wir uns, wie wir uns noch nie zuvor gesehen haben, unsere Finsternis wird erhellt und unser Irrtum über uns selbst korrigiert. Nun können wir uns selbst in die Augen schauen und uns vergeben.

Mit dem Licht der Erkenntnis darüber, *wer wir in Christus sind*, kommt eine solche Belebung und Autorität auf uns, eine solche Erleichterung und Hoffnung, dass der Sinkflug gestoppt und umgekehrt wird; wir bekommen wieder Auftrieb. Dies ist eine selige Erfahrung, ein Wunder, welches sich an uns, in uns und durch uns vollzieht, sodass wir nur staunen können wie die Kinder.

In der Krise haben wir gelernt, langsamer zu werden, achtsamer und aufmerksamer. Wir haben eine Menge traditioneller, kultureller und selbstgefälliger Vorstellungen über uns abgelegt und nun zieht Gott uns neue Kleider an, die uns (wieder) schön machen und strahlen lassen. Gott umgürtet auch uns wie David mit Kraft und macht unseren Weg untadelig. Nicht mehr wir selbst tun das, nein, nun lassen wir uns gefallen, dass *er* es tut.

Wir haben hoffentlich durch die Betrachtungen in den vorherigen Kapiteln dieses Buches bereits gelernt, dass „Untadeligkeit" keine Sache moralischer Vollkommenheit bzw. gutbürgerlicher Tugendhaftigkeit ist, sondern der Verbundenheit mit Gott, die für uns jetzt, nach dem Weg durch die Tiefe, eine völlig andere Dimension angenommen hat, als was wir zuvor gekannt haben. Wir *fühlen* jetzt etwas von der Auferstehung, der Erlösung und Versöhnung. Begriffe, die uns zuvor relativ abstrakt erschienen und keinen realen Niederschlag in unserem Leben fanden, sind uns nun ganz nah und wir leben in ihnen ... und sie in uns. Jetzt sind wir *Zeugen* geworden und der Heilige Geist führt uns mitten im Alltag in die Situationen, mit den richtigen Leuten zur richtigen Zeit in der richtigen Art und Weise über unsere Erfahrungen mit Gott zu sprechen. Unser Wissen wandelt sich mehr und mehr in Weisheit.

Auch das ist eine beglückende Erfahrung: Wo wir früher zwanghaft versuchten, irgendwie „missionarisch" zu sein und unser angelerntes Bibelwissen an den Mann zu bringen, läuft nun alles wie von alleine und wie „geschmiert". Jetzt sind nicht mehr wir es, die „mit Gottes Hilfe" etwas hervorbringen, sondern Gott, der durch uns handelt; wir schauen ihm bei der Arbeit zu und bringen *seine* Frucht ... nicht unsere.

An diesem Punkt wird uns die Führung des Heiligen Geistes im Alltag ganz vertraut. Wie David führt er auch uns auf unsere Höhen und lehrt auch uns „den ehernen Bogen zu spannen". Niemand auf der ganzen Welt kann uns diesen Weg führen und uns solches lehren, außer dem Heiligen Geist! Er macht uns zu „Erben Davids", er lässt uns seine Erfahrungen teilen, sodass wir uns in ihm wiedererkennen können. Was uns früher an biblischen Geschichten gelangweilt und ermüdet hat, ist uns jetzt eine Quelle ständigen Staunens und unendlicher Entdeckungen *über uns selbst.* All das ist wunderbar und wie der Aufgang eines neuen Morgens nach langer, dunkler Nacht.

Gegenwind

Unsere Umgebung allerdings, die uns nur in der alten Version kennt, kann uns sehr zusetzen und uns gerade jetzt, da wir den Weg der Heuchelei verlassen haben, Scheinheiligkeit unterstellen. Wir könnten meinen, verrückt zu werden! Die neue Kraft und Euphorie, die wir erfahren, kommt unserer Gemeinschaft möglicherweise verdächtig vor, vielleicht sogar „sektiererisch" oder „aufgeputscht".

> Eine Ordensschwester aus Indien geht für kurze Zeit in Exerzitien. Alle Mitschwestern der Gemeinschaft sagen: „Ja, das kennen wir: das gehört zu ihrem Stil; sie besucht immer Arbeitskreise und macht Exerzitien; nichts wird sie jemals ändern."
> Zufällig passiert es aber, dass sich die Schwester bei diesem bestimmten Arbeitskreis oder dieser Tagung, was immer es auch sei, ändert. Sie ändert sich wirklich und alle merken den Unterschied. Alle sagen: „Ja, du hast wirklich Einsicht gewonnen, nicht wahr?" Das hat sie auch, was an ihrem Verhalten

und ihrer Ausstrahlung zu erkennen ist. Das ist immer so, wenn eine innere Veränderung stattfindet. Sie zeigt sich in ihrem Gesichtsausdruck, in ihren Augen, an ihrer Erscheinung. Die Schwester kehrt also in ihre Gemeinschaft zurück, und da die Gemeinschaft eine feste, von Vorurteilen belastete Meinung von ihr hat, wird sie immer noch mit ihren Vorurteilen angesehen. Ihre Mitschwestern sind die Einzigen, die **keine** Veränderung an ihr bemerken. Sie sagen nur: „Ja, sie wirkt ein bisschen schwungvoller, aber wartet nur, bald wird sie wieder frustriert sein." Und nach einigen Wochen **ist** sie tatsächlich so weit; sie reagiert auf deren Reaktion. Und alle sagen: „Siehst du, was haben wir gesagt, sie hat sich nicht verändert!" Aber das Tragische daran ist, dass sie sich doch verändert hatte und es von den Mitschwestern nur nicht bemerkt worden war. Verhinderte Wahrnehmung kann in der Liebe und in menschlichen Beziehungen verheerende Folgen haben.[1]

Wir haben schon so manche Leute gesehen, die den Weg der Buße und des Kreuzes gingen, die wirklich Jünger und verwandelte Menschen wurden, denen ihre Gemeinde dann allerdings reines Unverständnis entgegenbrachte und böse Unterstellungen machte; sie glaubte einfach nicht an deren Veränderung. Waren diese Menschen bereits in ihrem Abstieg unverstanden und isoliert, waren sie es nun auch in ihrem Aufstieg! Weder wollte man mit ihnen im Zerbruch weinen, noch wollte man sich nun mit ihnen freuen. Sie gaben ihr Zeugnis in der Gemeinde, die sich seltsam verhalten zeigte und nicht angemessen auf das Wunderbare reagierte, weil sie es selbst nicht kannte oder den Bericht für überzogen hielt. Das ist hart und kann den Prozess der Erneuerung zurückwerfen, es ist also wie immer Wachsamkeit geboten. Musste David nicht eben diese Lektion lernen?

Wir haben noch selten eine Gemeinde gesehen, die als Ganze oder zumindest mehrheitlich den Weg der Nachfolge „von pseudo zu real", also vom Schein zum Sein, geht, es sind immer Einzelne,

[1] A. de Mello, „Der springende Punkt", Verlag Herder Freiburg 1991, S. 125.

die dann natürlich mit dem System des „kultivierten Stillstandes" und der „ewigen Wiederholung des immer Gleichen" in Konflikte geraten.

Gemeindegeschwister unterstellen diesen Einzelnen, die aus dem Rahmen fallen, Hochmut, obwohl sie sich bis zum Tode ihres Ego gedemütigt haben; Leiter unterstellen ihnen Stolz und Rebellion, obwohl sie selbstlos geworden sind; die Gemeinde unterstellt ihnen Ungehorsam gegenüber ihren Regeln, obwohl sie dem Heiligen Geist bedingungslos folgen.

War es nicht ebenso bei David?

In der Welt des „Pseudo" definieren sich Begriffe wie „Demut", „Selbstlosigkeit" und „Gehorsam" eben ganz anders als in der Realität, darum müssen alle, die den Weg der Erneuerung gehen, auf der Hut und gefasst sein. Die mancherorten in religiösem Schein-Christentum gefangene Kirche wird sich nicht glücklich zeigen über Veränderungen, die nicht sie, sondern Gott bewirkt hat; Veränderungen also, die nicht unter ihrer Kontrolle stehen, sondern unter der Regie des Heiligen Geistes geschehen.

Der Preis der Veränderung

Zu allen Zeiten gab es um diesen Punkt große Kämpfe, wie uns die Kirchengeschichte reichlich belegt. Die institutionelle Kirche neigte zu allen Zeiten dazu, den Gehorsam gegenüber Gott gleichzusetzen mit dem Gehorsam gegenüber *ihr*, was bis zur Inquisition führte. Sie setzte Jesusnachfolge gleich mit Gemeindemitgliedschaft und Unterordnung unter ihre Pastoren. Mit der Taufe wurde man nicht in Christus, sondern in die Gemeinde getauft. Nach wie vor brauchen wir diesem geistlichen Missbrauch gegenüber Wachsamkeit.

Die gängigen Gemeindeformen sind strukturell selten auf Veränderung angelegt, sondern eher auf die Konservierung dessen, was ist. Nun hat das Bewahren von Erreichtem sicherlich auch seinen Wert, kann aber auch der größte Feind allen weiteren Fortschritts werden.

In vielen Gemeinden wird durchaus Veränderung gepredigt, während sie jedoch gleichzeitig durch ihre starren Strukturen ausgebremst wird. Wir sprechen aus eigener Erfahrung, weil wir es selbst so gemacht haben! Dieses Paradox müssen wir durchschauen, um nicht irre zu werden. Es wird auch für Erneuerung gebetet, während sie jedoch instinktiv zurückgewiesen wird, weil sie den Bestand des Gehabten bedroht. Was eine „Erneuerung" tatsächlich sein soll und aus der Gemeinde machen würde, wenn sie denn geschähe, wird gar nicht realistisch reflektiert und stellt eine mentale Überforderung dar.

Veränderung und Erneuerung brauchen ja, wie wir gesehen haben, den Zerbruch des Gehabten, seine Überwindung und Umformung (Transformation). Darüber unterhaltsam oder auch mahnend zu predigen, ist das eine, diesen Weg tatsächlich zu beschreiten, allerdings etwas ganz anderes. Das eine ist eine exegetische Übung, das andere führt uns in einen lebensverändernden Prozess, dessen Ausgang ungewiss ist, da wir in „Jünger", „Erweckte" und „Zeugen" verwandelt werden, die wir zuvor nicht gewesen sind.

> Es gibt kein schwierigeres Wagnis, keinen zweifelhafteren Erfolg und keinen gefährlicheren Versuch, als eine neue Ordnung einzuführen; denn jeder Neuerer hat alle zu Feinden, die von der alten Ordnung Vorteile haben, und findet nur zögernde Befürworter in jenen, die sich von der neuen Ordnung Vorteile erhoffen.
> Das Zögern resultiert teilweise aus der Furcht vor den Gegnern, die das Gesetz auf ihrer Seite haben, und teilweise aus der Phantasielosigkeit der Menschen, die erst dann von Neuerungen überzeugt sind, wenn sie konkret Erfahrungen damit gemacht haben.
> Daher kommt es, dass die Gegner die neue Ordnung bei jeder Gelegenheit mit aller Leidenschaft angreifen und die Befürworter diese zu schwach verteidigen. Deshalb gerät der Neuerer zusammen mit den Befürwortern in Gefahr.[2]

---

[2] Niccolo Machiavelli, „Der Fürst", Nicol Verlag 2009.

Die Voraussetzung für jeden Aufbruch ist der Zerbruch. Viele Gemeinden wollen den Aufbruch – aber bitte ohne Risiko und den Zerbruch des Status quo. Sie wollen das Neue unter das Alte mischen, den „neuen Wein in die alten Schläuche füllen" (vgl. Mk 2,22).

So verständlich das auch ist, es funktioniert nicht, wie Jesus unmissverständlich erklärt hat und wie das jeder weiß, der es probiert hat. Das Alte festhalten und gleichzeitig das Neue verlangen, wird uns über kurz oder lang zerreißen, wir können nicht gleichzeitig nach hinten schauen und nach vorne gehen. Viele Gemeinden versuchen es mit diesem Spagat und wundern sich über die immensen Spannungen, die die Gemeinde zu zerreißen drohen.

Einzelne Menschen gehen diesen Weg, die Krisen in ihrem Leben lassen ihnen gar keine andere Wahl. Dann aber stehen sie schnell außerhalb des Systems ihrer Gemeinde oder auch Familie: Sie sind andere geworden, die Gemeinde bzw. Familie aber ist die alte geblieben, so gehen die Wege dann oftmals auseinander. Jesus hat es prophezeit:

> *Denkt ihr, dass ich gekommen sei, Frieden auf der Erde zu geben? Nein, sage ich euch, sondern vielmehr Entzweiung. Denn es werden von nun an fünf in einem Haus entzweit sein, drei werden mit zweien und zwei mit dreien entzweit sein: Vater mit Sohn und Sohn mit Vater, Mutter mit Tochter und Tochter mit Mutter ...* (Lk 12,51-53a).

Diese Worte aus dem Mund des *Friedefürsten* Jesus muten sehr widersprüchlich an. Aber wer nicht Scheinfrieden, sondern *wirklichen* Frieden haben will, wird um immense Konflikte und Entzweiungen nicht herumkommen. So besteht unsere Aufgabe des „Friedenstiftens" (vgl. Mt 5,9) nicht darin, alle Konflikte fein zuzudecken und so zu tun, als herrsche eitel „Friede, Freude, Sonnenschein", sondern umgekehrt, die Wunden ans Licht zu bringen und Verkehrtheiten beim Namen zu nennen, was uns natürlich alle übel nehmen werden.

Alle Propheten, inklusive Jesus, haben das im Namen Gottes getan und wurden der Reihe nach umgebracht, warum sollte es bei uns anders sein? Dabei werden wir heute in den „zivilisierten Ländern" zumeist nicht physisch getötet, sondern psychisch durch Ablehnung, Ächtung und Ausgrenzung. Da zeigt sich, was man im Abstieg und Aufstieg gelernt hat! Reicht es uns aus, Gott auf unserer Seite zu haben, oder zieht uns das „Nicht-Beifall-Klatschen" über unsere Erneuerung gleich in den nächsten Abgrund? Es ist Utopie, zu glauben, dass nun alles „gut" sei und gut bleiben wird. Das Leben ist ein einziges Trainingslager, um stets gelassener und gottvertrauender zu werden. Graham Cooke sagte dazu passend: „On every new level there is a new devil" („Auf jeder neuen Ebene findet sich ein neuer Teufel.").

David wurde bis zum Äußersten verfolgt von Saul und seinem „Sicherheitsapparat". Saul war bereit, über eine Menge Leichen zu gehen und die ganz Nation einzuschüchtern. Er war der König und hatte das Sagen; dies stellte er unmissverständlich klar. Zwar hatte Gott ihm diese Position längst abgenommen, aber das irritierte Saul nicht, er war schließlich politisch legitim eingesetzt worden, und so blieb er der „Chef" bis zu seinem Tode und verwehrte dem Land die notwendige Reform, während David eben diesen Weg ging – durch alle Tiefen, Verfolgungen und Leiden hindurch, die dies bedeutete.

Gehen wir den Weg der Buße, Erneuerung und Jüngerschaft, muss uns klar sein, dass wir „Gegenwind" erleben werden – und zwar aus den eigenen Reihen. Da es dort zumeist das Wichtigste ist, sich einzupassen und gemäß den vorgegebenen Regeln und zugewiesenen Rollen mitzuspielen, um das System aufrechtzuerhalten, wird jede Abweichung davon in irgendeiner Form sanktioniert. Dies zu verkraften, braucht Durchhaltevermögen und Beharrlichkeit. Es gilt in Liebe „freundlich und konsequent" seinen Weg zu gehen.

Erneut wollen wir betonen, dass viele dieser Mechanismen unbewusst ablaufen, d. h. Menschen merken nicht, was sie tun; das entschuldigt sie ein wenig, macht die Sache aber umso schlimmer. Selbst als sie Jesus ans Kreuz schlugen, begriff die große

Mehrheit nicht, was sie da tat, und Jesus betete, wie schon gesagt, die berühmten Worte: „Vater, vergib ihnen, denn sie wissen nicht, was sie tun!" Sie waren *instrumentalisiert* von ihren „Oberen", dachten nicht selber nach und blickten nicht durch.

Dies aber sind genau die Eigenschaften, die wir in der Krise gewonnen haben, dort wurden wir trainiert, genau hinzuschauen und erst zu denken, bevor wir „Kreuzige!" schreien und jemanden bzw. uns selbst verurteilen. Wir haben ein gesundes Misstrauen gegen den Augenschein entwickelt, wir wollen wissen, was hinter den Kulissen läuft, welche Motive, Ängste und Geschäfte des Ego womöglich dahinterstecken, wir wissen aus eigener Erfahrung, dass die Wahrheit gern als Erstes auf dem Altar der Eigeninteressen geopfert wird.

Ein anderer Krieg

Du schaffst Raum meinen Schritten unter mir, und meine Knöchel haben nicht gewankt. Meinen Feinden jagte ich nach und erreichte sie, und ich kehrte nicht um, bis ich sie aufgerieben hatte. Ich zerschmetterte sie, dass sie nicht mehr aufstehen konnten; sie fielen unter meine Füße. Und du umgürtetest mich mit Kraft zum Kampf, beugtest unter mich, die gegen mich aufstanden (Ps 18,37-40).

David erlebte in der Wende seines Schicksals, dass er ermächtigt wurde, *Krieg zu führen*. Vielleicht hatte er nur vor, zu überleben, aber nein, er fand sich nach dem Untergang und nachfolgendem Aufgang in einer Position wieder, die unvermeidlich Konflikte mit sich bringt. Wahrscheinlich dachte er verständlicherweise: „Nicht schon wieder!", hatte er doch schon genug Anfeindungen erfahren. Doch jetzt hatte der Kampf eine *andere Qualität* als zuvor.

Ohne es zu merken, wurde David von Gott durch alle seine Bedrängnisse hindurch zugerüstet, für die Gerechtigkeit kämpfen zu können. Er brachte David an den Punkt, nicht mehr für sich selbst zu kämpfen, sondern *Gottes Kämpfe zu kämpfen* (vgl. 1 Sam 25,28). Das können nur die, die Gottes Nähe – sein Herz –

wirklich kennen und darin mit ihren *eigenen* Kämpfen zur Ruhe kommen. In diesen Zustand hat Gott David gebracht: ganz nah an seinem Herzen zu sein und vielfältige Erfahrungen seiner Gegenwart zu machen. Und darum geht es immer.

Der Kampf, den Christus gegen die bösen Mächte und Gewalten führt, dreht sich, zumindest was uns Menschen betrifft, immer darum, Menschen aus der Gottesferne in seine Nähe (zurück) zu bringen (vgl. Eph 2,13). Dort, ganz nah bei ihm, von „Angesicht zu Angesicht", fällt es ihnen wie Schuppen von den Augen und sie erkennen, in welch fataler Entfremdung und Illusion sie leben – sowohl von Gott, als auch von ihrem Nächsten und sich selbst.

Nur dort, ganz nah am Herzen Gottes, werden sie zu Kindern, lassen die Sorgen und Ängste los und können aufhören, sich wie verrückt um sich selbst zu drehen.

Es reicht einfach nicht, wenn wir lediglich theologisch-theoretisch wissen, dass wir „Kinder Gottes" sind. Kinder leben nicht von Theorien, sondern von Erfahrungen – *täglichen* Erfahrungen. Gibt es diese nicht, werden sie zu „Waisen".

Den Geist der Waisenschaft überwinden

Viele Christen, die sich Kinder Gottes nennen, leben in Wirklichkeit diese Waisenschaft. Sie haben kein Bewusstsein für eine familienartige Zugehörigkeit zu Gott, keines für ein „Erbe" und auch nicht für die Vollmacht eines Sohnes / einer Tochter, der/die in seinem Namen auftreten und handeln kann. Gottes Nähe ist ihnen unzugänglich, spielt in ihrem Alltag keine wesentliche Rolle – und sie können damit leben. Ein *wirkliches* Kind kann das nicht, denn es lebt von der beständigen Gegenwart der Eltern.

Als Jesus im Alter von gerade mal zwölf Jahren mit seinen Eltern zum Passahfest nach Jerusalem ging, blieb er dort im Tempel zurück und wurde tagelang gesucht. Als er schließlich gefunden worden war, gab er seiner empörten Mutter die folgende Antwort, die typisch für den Geist der Sohnschaft ist und untypisch für den Geist der Waisenschaft:

Warum habt ihr mich gesucht? Wusstet ihr nicht, dass ich in dem sein muss, was meines Vaters ist? (Lk 2,49).

Beachten wir das kleine Wörtchen „muss". Ein Sohn *muss* in dem sein, was seines Vaters ist, sonst *kann* er kein Sohn sein. Jesus definierte seine Sohnschaft später so:

Der Sohn kann nichts von sich selber tun, außer, was er den Vater tun sieht; denn was der tut, das tut ebenso auch der Sohn (Joh 5,19).

Wenn wir uns also Söhne und Töchter Gottes nennen – und wir sind genau dazu berufen, seine Kinder zu sein –, dann *müssen* auch wir den Vater sehen, sonst *können* wir nicht seine Kinder sein, sondern leben Waisenschaft. Wie aber können wir ihn sehen? Römer 8,15-16 gibt uns eine klare Antwort darauf:

Denn ihr habt nicht einen Geist der Knechtschaft empfangen, wieder zur Furcht, sondern einen Geist der Sohnschaft habt ihr empfangen, in dem wir rufen: Abba, Vater!
Der Geist selbst zeugt mit unserem Geist, dass wir Kinder Gottes sind.

Dieses „Zeugnis des Geistes" ist sehr kostbar. Ein „Zeugnis" ist der Bericht davon, was man gesehen und gehört hat. Der Geist offenbart uns Jesus, der in der Gegenwart des Vaters lebt, und lässt uns teilhaben an dessen ewigen Sohnschaft. Er befähigt uns, Jesus zu sehen und zu hören – und das ist mehr, als die Bibel zu lesen und in Gottesdiensten Vorträge zu hören. „Augen, um zu sehen, und Ohren, um zu hören" (vgl. Mk 8,18) kann man nicht durch eine „Schulung" empfangen, es handelt sich dabei um kein Lehrbuchwissen. Die Augen unseres Herzens müssen erleuchtet werden, diese Dinge zu sehen. Dann werden wir in ihr Bild verwandelt. Der Heilige Geist verwandelt uns von Waisen zu Söhnen und Töchtern! Dies ist die exakte Aufgabe des Heiligen Geistes, siehe Römer 5,5 und 2. Korinther 3,17-18.

Mit dem Heiligen Geist zusammenzuarbeiten, um die Söhne und Töchter aus der Fremde zurückzuholen, ist ein Krieg gegen die Kräfte und Mächte der Finsternis, die sie nicht hergeben und in der Gefangenschaft behalten wollen, um sie für sich auszubeuten. Diese Mächte stärken und bestätigen das Ego und sein illusorisches „Theater".

David musste unter Einsatz seines Lebens gegen das böse Regime von Saul kämpfen. So musste es zuvor schon Mose gegen Pharao tun, der Israel in der Sklaverei hielt. Durch die ganze Schrift zieht sich der Kampf um die Sohnschaft gegen die Verwaisung, Entfremdung und Versklavung. Da die Menschen aber in aller Regel keine Lust auf Krieg haben, geben sie sich allzu leicht mit der Sklavenschaft und Fremde zufrieden – wenn es nur nicht zu unbequem ist. Daran hat sich bis heute nichts geändert.

Manche „Gläubige" hören Predigten über die Erlösung zur Sohnschaft – und kämpfen *nicht* dafür. Sie akzeptieren auf breiter Basis, das Zeugnis des Geistes *nicht* zu kennen und die Nähe zum Vater, die Kinder auszeichnet, *nicht* zu erleben. Es ist einfach nicht wichtig genug für sie. Wichtig ist, dass die „Geschäfte" laufen und alles nach außen hin gut aussieht – obwohl ihr Herz dabei verkümmert. Sie opfern ihre Kindschaft und treten niemals in ihre Realität ein. Das ist mehr als tragisch, es ist eine Katastrophe, da die Welt nicht Kirchenbesucher braucht, die keine Ahnung davon haben, worum es eigentlich geht, sondern *Zeugen* der Herrlichkeit Jesu und der realen Erlösung von der Sünde zur Gegenwart Gottes.

Die Gegenwart Gottes praktizieren

Wer hinabgestiegen ist in das unterirdische Wurzelgeflecht seiner Sünden bzw. in die Verfehlungen des Egos und entdeckt hat, wie verloren er eigentlich ist und wie wenig er in Wahrheit über sich selbst und über Gott weiß, der sieht alle Dinge mit anderen Augen als zuvor und hat keine Lust mehr auf „Pseudo" und frommes Getue am Sonntag – auch wenn das alles ist, was von einem „modernen Christen" gefordert wird, und auch, wenn viele dieses Spiel mitspielen und dabei freundlich lächeln, als wäre alles in bester Ordnung.

Wer in den Tiefen des Zerbruchs, in der Konfrontation mit seiner eigenen Sünde und der des verlogenen Systems von Saul, das Gott und Menschen für die eigenen Zwecke instrumentalisiert, hautnah erfahren hat, wie es hinter den Kulissen wirklich zugeht, der hat in seinen Bedrängnissen einen feinen *Spürsinn* entwickelt, der in der Lage ist, zwischen Schein und Sein zu unterscheiden – zwischen Finsternis und Licht, Wahrheit und Lüge.

Auch hat er in seinem täglichen Leben geübt, Gott *ständig* über alles zu befragen und in alle seine Gedanken und Erlebnisse einzubeziehen, anders konnte er in der Krise ja gar nicht überleben. Auf diese Weise „praktiziert" er die Gegenwart Gottes. Jetzt werden diese im Zerbruch gewonnenen Eigenschaften zu sehr kostbaren „Waffen des Lichts" im Kampf gegen die überall herrschende Heuchelei, Egozentrik und den „geschäftsbedingten" Missbrauch von Gott und Mensch, Tier und Natur.

David setzte im Gegensatz zu Saul als König alles daran, die Gegenwart Gottes ins Land zurückzubringen. So holte er unter anderem die Bundeslade zurück nach Jerusalem (vgl. 2 Sam 6) und richtete im Tempel einen *immerwährenden* Lobpreis auf, wofür er zahllose Musiker und Sänger anstellte (vgl. 1 Chr 25). Er schrieb viele Psalmen und schämte sich nicht, ausdrücklich und öffentlich ein Liebhaber Gottes zu sein.

Das klingt ja schön und gut, geht aber ohne Krieg nicht ab, da es nicht alle Mächte und Kräfte begrüßen, wenn Gottes Gegenwart Einzug hält, ihre Machenschaften ans Licht bringt und ihre selbstherrlichen Pläne durchkreuzt. Nicht alle begreifen, dass die Gegenwart Gottes der Schlüssel zu *wirklicher* Herrlichkeit und Ehre ist; sie wollen es weiter mit egomanischer Politik, Gängelung des Volkes und konstitutioneller Überlegenheit probieren. Im Zentrum ihrer Träume steht ja keineswegs Gott, sondern dort befinden sie sich selbst. Damit träumen sie den Traum des Bösen.

Welche Opfer die Verwirklichung ihrer Ego-Träume auch kosten mag, ist ihnen relativ gleichgültig, Hauptsache, ihre Machtinteressen werden bedient. Wenn dann tatsächlich Gott auf den Plan tritt, der ihre Absichten durchschaut, ihre Methoden als korrupt verwirft und eine komplett *andere* Herrschaft bringt, fühlen sie sich bedroht, sind gekränkt und arbeiten dagegen an, als wäre Gott der Teufel.

Herrschaft à la Saul oder David

Davids „Comeback" aus der Wüste nach Jerusalem wurde sehr zwiespältig aufgenommen. Bald schon wurde er wieder zurückgejagt – von seinem eigenen Sohn Absalom! (vgl. 2 Sam 15). Die Intrigen, die bösen Unterstellungen, die Worte falscher Propheten usw. wollten nicht abreißen. Die Mehrheit der „Oberen" konnte gar nicht so *denken* wie David, weil sie nicht seinen Weg gingen; sie verstanden nur „Bahnhof", wenn er über die Dinge Gottes sprach. Sie waren „Schriftgelehrte", David ein „Zeuge". Sie waren so sehr gefangen von ihrem religiösen „Pseudo" und so gebunden an ihr Ego, dass sie sich eine Gottesherrschaft (Theokratie) nicht im Geringsten vorstellen konnten und auch gar nicht für erstrebenswert hielten.

David wollte – völlig verrückt fürs Establishment – eine *wirkliche* Abhängigkeit von Gott etablieren und Israel in ein *Land der Anbetung* verwandeln! Ein Stück weit und für eine Zeit lang ist es ihm gelungen, und tatsächlich war dies die Blütezeit Israels. Es erwies sich, dass Gott ein sehr guter Politiker ist! Nur erreicht er seine Ziele ganz anders, als Menschen es tun (vgl. Jes 55,6-11). Jedoch ging gar nichts im Reich Davids ohne ständige Wachsamkeit, Konflikte und Überwindung. Und bis heute hat sich nichts daran geändert.

Selbst in der „Gemeinde" finden wir überall das Phänomen, dass am Sonntag Gott „angebetet" und „Herr" genannt wird, während den Rest der Woche munter das Ego herrscht und nicht im Traum auf die Idee kommt, Gott *wirklich* den Herrn sein zu lassen. Schon die Auseinandersetzung damit, wie das überhaupt gehen sollte, ist so weit weg, dass die Gegenwart Gottes in der Gegenwart der meisten „Gläubigen" und ihrem „Gemeindeleben" keine bestimmende Größe ist. Gott wird immer noch instrumentalisiert, den eigenen Interessen zu dienen und die eigenen Pläne abzusegnen. Er hat nach wie vor auf der politischen Bühne nichts verloren und in den Vorstandssitzungen fehlt für ihn der Stuhl am Tisch.

Der Weg von der Herrschaftsform Sauls zu der von Davids wird bis heute kaum irgendwo beschritten, und das ist so „normal“, dass es kaum einer bemerkt. Wenn dann ein „David“ auftaucht und darauf dringt, dass eine andere Qualität von Anbetung aufgerichtet werden müsste, verstehen die anderen alle nur „Bahnhof“ und finden das unrealistisch und „extrem“.

> *Ich war zu erfragen für die, die nicht nach mir fragen; ich war zu finden für die, die mich nicht suchen. Ich sprach: „Hier bin ich, hier bin ich!“ zu einer Nation, die meinen Namen nicht anruft. Ich habe den ganzen Tag meine Hände ausgebreitet zu einem widerspenstigen Volk, zu solchen, die auf einem Weg, der nicht gut ist, ihren eigenen Gedanken nachlaufen* (Jes 65,1-2).

Nun, wir denken, dieser jahrtausendealte Text hat an Aktualität bis heute nichts eingebüßt.

Neben dem Konflikt, den wir mit dem Geist der Waisenschaft haben, finden wir in diesen Versen Hinweise auf weitere „Gewalten und Mächte“, mit denen wir uns auseinandersetzen müssen: Wir nennen sie einmal *Ignoranz, Beliebigkeit und Routine.* Sie sorgen sehr erfolgreich dafür, dass wir nicht in der Lage sind, auf einen Gott, der „den ganzen Tag“ (und das *jeden* Tag) seine Hände zu uns ausstreckt, angemessen zu reagieren.

Zunächst müssen wir die „Widerspenstigkeit“ in uns selbst überwinden, was eines der Ziele unseres Abstiegs und Ehrlichwerdens ist. Ohne tiefgehende Selbsterkenntnis und umfassende Wahrhaftigkeit kann es keine Befreiung vom Schein zum Sein geben. Unter der Kontrolle der Trias von jenen bösen Mächten – *Ignoranz, Beliebigkeit und Routine* – haben wir wie unter Betäubung gestanden und *nicht gemerkt*, wie bewusstlos und untauglich wir für die Realität sind. Dieses „Nicht-Merken“ ist ein typisches Kennzeichen der Sünde bzw. der finsteren Mächte, die uns kontrollieren wollen.

Als die Gegenwart Gottes unter der eigenmächtigen Herrschaft Sauls vom Lande gewichen war und statt des Segens der Fluch darauf fiel, machte man einfach routinemäßig weiter wie bisher. Die Gottesdienste im Tempel wurden weiter vorschriftsmäßig abgehalten, das Fehlen der Gegenwart Gottes ignoriert und theologisch begründet. Auch daran hat sich bis heute vieles nicht geändert. Wir müssen wachsam sein!

Der Priester gab bekannt, dass Jesus Christus selbst am nächsten Sonntag in die Kirche kommen würde. Die Gemeinde kam in großer Zahl, um ihn zu sehen. Jedermann erwartete, dass er predigen würde. Jeder bot ihm Gastfreundschaft für die Nacht an, besonders der Priester, aber er lehnte höflich ab. Er sagte, er wolle die Nacht in der Kirche verbringen.
Am nächsten Morgen schlich er sich früh davon, noch ehe die Kirchentore geöffnet wurden. Und zu ihrem Entsetzen entdeckten die Priester und die Gläubigen, dass ihre Kirche mutwillig beschädigt worden war. Überall an den Wänden stand: Gebt Acht! Kein Teil der Kirche war verschont geblieben, Türen und Fenster, die Säulen, die Kanzel, der Altar, nicht einmal die Bibel auf dem Pult. Gebt Acht! In großen oder kleinen Buchstaben war es eingekratzt mit Bleistift, Feder, in jeder nur denkbaren Farbe hingemalt. Wohin das Auge blickte, sah man die Worte: Gebt Acht, gebt Acht, gebt Acht, gebt Acht!
Erschreckend, aufreizend, verwirrend, faszinierend, furchterregend. Worauf sollten sie Acht geben? Das stand nicht da. Es hieß nur: Gebt Acht!
In einer ersten Regung wollten die Leute jede Spur dieser Schmiererei, dieses Sakrilegs, wegwischen. Nur der Gedanke, dass Jesus selbst es getan hatte, hielt sie davon ab.
Nun begann dieses geheimnisvolle Wort „Achtgeben" in das Innere der Menschen einzusinken, wenn sie die Kirche betraten. Sie begannen, auf die Heilige Schrift achtzugeben, sodass sie davon profitieren konnten, ohne frömmlerisch zu werden. Sie begannen, auf die Sakramente zu achten, sodass sie geheiligt wurden, ohne abergläubisch zu werden. Der Priester begann

sich seiner Macht über die Menschen bewusst zu werden, ohne sie beherrschen zu wollen. Und jedermann begann, auf die Religion zu achten, denn wer nicht aufpasst, kann leicht selbstgerecht werden. Sie begannen, auf die Kirchengesetze zu achten, sodass sie gesetzestreu wurden und doch barmherzig gegenüber den Schwachen blieben. Sie begannen, auf das Gebet achtzugeben und sich nicht abhalten zu lassen, selbständig zu werden. Sie begannen sogar, sich ihrer Vorstellungen von Gott bewusst zu werden, sodass sie ihn auch außerhalb der engen Grenzen ihrer Kirche erkennen konnten.

Nun haben sie das aufrüttelnde Wort über den Eingang ihrer Kirche geschrieben, und wenn man in der Nacht vorbeifährt, kann man es in mehrfarbigem Neonlicht über der Kirche leuchten sehen.[3]

Leider ist die kirchliche Routine – die Wiederholung des immer Gleichen – sehr dazu angetan, uns einzuschläfern und nicht merken zu lassen, wie wir abstumpfen und ermüden, bis wir unseren Eifer für Gott verlieren und seine Gegenwart im Alltag sukzessive verschwindet. Auf einmal gründet sich unser Christsein nicht mehr in der Begegnung mit Gott, sondern in routinemäßigem Gemeindebesuch und frommer Programmatik. Wir werden zu „kleinen Schriftgelehrten“, aber nicht zu „Zeugen“, wissen viel über Gott, erleben aber wenig von ihm. Wenn wir uns in diesem Zustand befinden und das für „normal“ halten, weil so viele andere auch so drauf sind, verlieren wir die Sohnschaft und werden zu Waisen oder bleiben welche.

Dann brauchen wir wie David eine „Zeit in der Wüste“, wo wir wieder zur Besinnung kommen und alle Zeit der Welt haben, zurückzukehren in die Gegenwart Gottes, die uns von Waisen in Söhne und Töchter verwandelt. Danach werden wir *Zeugen* sein, die die Gegenwart Gottes in die Welt tragen – und zwar gerade auch in ihren Alltag. *Das* ist unsere Berufung und dafür kämpfen wir.

[3] A de Mello, „Geschichten, die gut tun“, Herder 2001, S. 76-77.

Offene Türen und neue Kraft

Wo im Abstieg alles eng und blockiert war, öffnet sich im Aufstieg auf einmal der Horizont. Verschlossene Türen, gegen die wir erfolglos anrannten, bis wir keine Kraft mehr dazu hatten, öffnen sich auf einmal wie von selbst und lassen uns durch. Schranken gehen hoch und lassen uns passieren, wir kommen wieder in Bewegung und eine gewisse Dynamik kehrt in unser Leben zurück.

Anfangs wollen wir kaum glauben, dass wirklich eine Wende stattgefunden hat und Neues geschieht, aber mit der Zeit wagen wir, noch einmal die Klinken runterzudrücken – und siehe da, uns wird Eintritt gewährt. Unser Kreis weitet sich, wir tauchen aus der Versenkung auf und erleben, dass wir ein verändertes Verhältnis zu allen Dingen gewonnen haben.

Darüber hinaus machen wir die Erfahrung, dass wir mit einer neuen Kraft ausgerüstet wurden, die uns ermöglicht, dem „Pseudo", dem „illusorischen Theater", als etwas „Feindlichem" entgegenzutreten. Wir werden unduldsam mit Scheinheiligkeiten, hassen die Heuchelei, verweigern uns den oberflächlichen Antworten und durchschauen die Ego-Inszenierungen, die uns umgeben.

Wir sind nicht mehr so schnell dabei, der fromm getarnten Lüge zu folgen, nur weil alle bei dem Theater mitspielen, und dem lächelnden Bösen zu glauben, nur weil es so gut aussieht. Wir wagen es, nicht alles abzunicken und bei allem mitzumachen, was die „Oberen" verlangen und veranstalten, wir beten selber, denken selber nach und suchen das Urteil und die Führung des Heiligen Geistes in jeder Angelegenheit. Wir treten diese Freiheit und dieses Recht nicht mehr an Institutionen und deren Leiter ab, die uns dann „wie Schafe" verwalten. Wir sind selbstverantwortlicher geworden und nicht bereit, unsere Integrität billig zu verkaufen. Außerdem haben wir einen sechsten Sinn entwickelt für Wahrhaftigkeit und Betrug, darum kommen wir ständig in Konflikte mit Verhaltensweisen, Strukturen, Programmen usw., die überhaupt nicht danach fragen, wie wahr sie sind und was der Heilige Geist dazu sagt, der der Geist der Wahrheit ist.

Wir wundern uns, mit welcher Leichtfertigkeit über große und tiefe Dinge gesprochen wird, welch geringe Rolle Glaube, Hoffnung und Liebe in der Gemeinderoutine *wirklich* spielen und wie vieles aus egozentrischen Motiven heraus zweckentfremdet wird – sowohl Gott als auch die Menschen, die in seinem Bild geschaffen sind. Der Heilige Geist möchte, dass sich alles um Jesus dreht, die Gemeinde manchmal, dass sich alles um sie dreht.

Wir bemerken mit Bestürzung, wie wenig wir früher von alledem bemerkt haben und wie wenig die Menschen um uns her im Allgemeinen davon mitbekommen. Sprechen wir darüber, verstehen viele unsere Worte gar nicht, sie *wollen* auch gar nicht verstehen, sondern ihre Pseudo-Ruhe haben.

Wir nehmen den „dämonischen Schleier der Betäubung“ wahr, der auf allem liegt und sowohl die Sicht vernebelt als auch das Denken erschwert. Und es ist uns nicht mehr gleichgültig.

Damit befinden wir uns dann tatsächlich im Krieg mit der Oberflächlichkeit, der sinnlosen Geschäftigkeit, der Egomanie, dem Nicht-Denken, den schnellen Urteilen, den dämonischen Schleiern und dem lächelnden Betrug des Bösen. Wir verweigern uns der einschläfernden Routine und hüten uns vor der allseits akzeptierten Ignoranz und Beliebigkeit, die für eine Beziehung mit Gott – aber auch für jede andere Beziehung – auf Dauer tödlich ist und uns zu Waisen macht.

Es ist also unvermeidlich, Krieg zu führen …

Du umgürtest mich mit Kraft zum Kampf … (Ps 18,40).

Ganze Sache machen

Wir können bei David lernen, dass er nicht nur in die Lage versetzt wurde, einen Krieg zu führen, sondern darüber hinaus hinsichtlich seiner Feinde *nicht* „tolerant“ war:

Meinen Feinden jagte ich nach und erreichte sie, und ich kehrte nicht um, bis ich sie aufgerieben hatte (Ps 18,38).

Auch wir sollten nicht den Fehler begehen – beeindruckt von der Ignoranz und Beliebigkeit unserer Umgebung –, *nachlässig* im Umgang mit „Pseudo und Co.", also der inszenierten Schein-Realität, zu sein. Etwas in uns ist und bleibt empfänglich für die Versuchung dazu, denn ständig gegen den Strom zu schwimmen ist anstrengend und erfordert Disziplin und Wachsamkeit.

Als David nach seiner Einsetzung zum König *während des Krieges zu Hause blieb* und sich auf dem Dach seines Palastes dem Müßiggang hingab, fiel ihm die sehr hübsche Nachbarin auf, die sich beim Baden in ihrem Garten unbeobachtet wähnte (vgl. 2 Sam 11). David hatte nichts weiter zu tun, also ging er der Sache nach, bis die Versuchung ihn überrumpelte und, ehe er sich versah, dazu verleitete, Ehebruch zu begehen.

Neben dem Kind hätte David als Konsequenz dieser Sünde um Haaresbreite auch fast alles andere verloren, was Gott ihm je gegeben hatte: das Königtum, die Salbung, den Segen, die Befreiung von Saul, die Siege über zahllose Feinde, Reichtum und Ehre usw.

Das Problem ist, wenn wir die „Feinde" nicht *ganz* „aufreiben", dann stehen sie in der Stunde unsere Schwachheit oder mangelnden Wachsamkeit wieder auf und drängen uns in die Ecke.

Prinzipiell gilt: Sind wir nicht *intensiv* mit den Dingen Gottes beschäftigt (Jüngerschaft), dann drängen andere Dinge in unser Blickfeld und wollen uns beschäftigen und fremdbestimmen. Darum ist es unerlässlich, „ganze Sache" mit Gott zu machen, uns tief und umfassend auf ihn einzulassen und seine Jünger zu werden – so sehr wir nur können.

Als bloße „Gottesdienstbesucher" werden wir unmöglich die Tiefen Gottes und die Tiefen unseres eigenen Menschseins erfahren; dazu braucht es eine größere Hingabe und ein tieferes Verlangen nach Wahrheit. Das zweite Kapitel im 1. Korintherbrief spricht über die Tiefe Gottes als auch die Tiefe des Menschen, es spricht von dem Geheimnis der Weisheit Gottes, welches die Menschen nicht erkennen, weil sie sich nicht weit genug auf den Heiligen Geist einlassen, der das alles offenbart.

Eine neue Erfüllung

Das Neue Testament lässt keinen Zweifel daran, dass es nicht reicht, etwas über den Geist Gottes zu wissen oder ab und an in einer Veranstaltung einen „heiligen Schauder" zu erfahren, nein, er muss uns *erfüllen*. Dazu müssen wir zunächst ausgeleert werden wie ein Gefäß voller fauligem Wasser, dann ausgeputzt und anschließend neu gefüllt werden.

David Herzog schreibt über die Notwendigkeit des Ausgeleertwerdens, der Reinigung und neuen Erfüllung mit dem „neuen Wein" des Geistes u. a. Folgendes:

> Unsere Erfahrung im geistlichen Dienst in vielen Ländern ist immer wieder die gleiche. Wenn wir mit Menschen um die neue Erfüllung mit dem neuen Wein des Heiligen Geistes beten, beginnen sie zu weinen. Heftig zu weinen! Zu weinen, wie sie noch nie zuvor geweint haben. Egal, ob es sich dabei um Pastoren, Leiter oder Gemeindemitglieder handelt. Dieses Phänomen geschieht am laufenden Band. Manchmal ist dies wirklich schockierend und verwirrend für Menschen, die solche Zerbrochenheit noch nie gesehen haben, besonders dann, wenn sie mit lautem Schreien einhergeht. Viele waren ja seit Jahren nicht mehr in der Lage, überhaupt zu weinen. Leute werden im Weinen befreit von vergangenen Verletzungen, Bitternissen, Sünden und religiöser Scheinheiligkeit. Viele Wunden reichen zurück bis in die Kindheit. Was immer es sein mag, es muss ausgeleert und gereinigt werden, bevor die Freude des neuen Weins kommt, die dann mit Lachen einhergeht.[4]

Wir können mit Gott erfüllt werden! Diese großartige Fähigkeit ist dem Menschen gegeben, er kann den Himmel in sich aufnehmen und durch sich fließen lassen, und das macht einen Menschen *glücklich*.

---

[4] David Herzog, „Desperate for New Wine", xulon-press 2004, U.S.A. Frei aus dem Amerikanischen übersetzt von Frank Krause. Das ganze Kapitel, dem das Zitat entnommen ist, findet sich in deutscher Übersetzung im Downloadbereich von www.hisman.de

Wir aber haben nicht den Geist der Welt empfangen, sondern den Geist, der aus Gott ist, damit wir die Dinge kennen, die uns von Gott geschenkt sind (1 Kor 2,12).

Sind wir voll des Geistes der Welt, können wir nicht den Heiligen Geist empfangen; er hat gar keinen Platz in uns. Viele Gläubige machen den Fehler, dass sie beides wollen: den Geist der Welt *und* den Heiligen Geist. Sie wollen sowohl die Welt als auch den Himmel haben, die Heiligkeit Christi erfahren, aber die Sünde nicht lassen. Sie hinken auf beiden Seiten und werden *keine* Jünger, ihre „Bekehrung" ist in den Anfangsstadien stecken geblieben. Sie singen in der Gemeinde: „Ich bin entschieden, zu folgen Jesus", aber sie haben gar keine Vorstellung über diese Nachfolge, also meinen sie, wenn sie die Veranstaltungen der Gemeinde besuchen oder gar Mitarbeiter werden, dann sind sie Nachfolger, aber dem ist nicht so.

Wir können *jede* Veranstaltung besuchen und sehr gute Mitarbeiter sein, *ohne* die Tiefe Gottes und die Tiefe unseres eigenen Herzens je zu erkennen und in neue Menschen verwandelt zu werden – denn ein neues Leben zu leben erfordert es, neue Menschen zu werden.

Den Weg der Verwandlung von weltlichen in göttliche Menschen können wir nur in der Kraft und Gemeinschaft des Heiligen Geistes gehen, wie wir bereits an vielen Stellen dieses Buches betont haben. Nur er kann uns den auferstandenen Jesus enthüllen und uns in seine unmittelbare Nähe bringen; keine noch so schöne Veranstaltung kann dies leisten.

Wir wiederholen diesen Punkt so penetrant, weil wir im Allgemeinen *nicht* gewohnt sind, den Weg des Geistes zu gehen, sondern eben den eines religiösen Veranstaltungstums, welches uns weder die Tiefen Gottes offenbaren kann, geschweige denn in sie hineinzuführen vermag. Wir müssen uns schon an den Heiligen Geist wenden ohne Wenn und Aber, um in die Realität wahrer Jüngerschaft geführt zu werden, die ja nichts anderes ist, als nah an Jesus dran zu sein.

Um diese Dimensionen dreht sich der Kampf – und er ist sehr heftig und sehr real. Um ihn zu bestehen, müssen wir *„stark im Herrn und in der Macht seiner Stärke"* sein (vgl. Eph 6,10).

Nachdem wir im Abstieg gelitten haben, leiden wir nun auch im Aufstieg. Haben wir im Abstieg heftige Kämpfe bestehen müssen, finden sich im Aufstieg weitere Konflikte. Allerdings verlagert sich die Front von innen nach außen. Die Schlachten, die wir um unser eigenes Herz geführt haben, finden wir nun überall um uns her auf allen Ebenen des menschlichen Miteinanders wieder. Wir entdecken, wie umfassend der Krieg um Wahrheit und Gerechtigkeit ist, wie listig der Feind ist und wie betäubt die Menschen sind, die kaum etwas mitbekommen von der Realität.

> Dass ein Leben ein wirkliches Leben gewesen ist – es ist schwer zu sagen, worauf es ankommt.
> Ich nenne es „Wahrheit". Doch was heißt das?
> Sie können auch sagen: dass einer mit sich selbst identisch wird. Andernfalls ist er nie gewesen.[5]

Lesen wir die Geschichte Davids, können wir nicht sagen, ob die Bedrängnis der Wüste und die bösartige Verfolgung durch Saul schlimmer waren als die Kämpfe, die David erwarteten, als er schließlich zum rechtmäßigen König über Israel gekrönt worden war.

Wir lesen die Berichte in den Büchern Samuel und den Chroniken und warten ungeduldig auf ein „Happy End" à la Hollywood, welches aber nicht eintreten will. Immer weiter gehen die Auseinandersetzungen und das zerreibende Aufeinanderprallen der guten und bösen Mächte.

Je älter wir werden und je länger wir den Weg der Nachfolge gehen, desto klarer wird uns diese ernüchternde Tatsache: Der *unsichtbare* geistliche Krieg, der sich unumgänglich in Kriegen, Elend und Ungerechtigkeiten aller Art in der *sichtbaren* Welt ausdrückt, nimmt kein Ende. Erst am Ende der Welt, wenn die Egozentrik der Menschheit die Erde unwiederbringlich ruiniert hat und

[5] Max Frisch.

die ganze Menschheit mit wehenden Fahnen untergeht, wird es ein finales Gefecht und Gericht geben, welches endgültig die Herrschaft von Gerechtigkeit, Frieden und Freude *im Heiligen Geist* etabliert. Unser Ziel ist es, *bereits heute,* Tag für Tag, unter dieser Herrschaft zu leben und sie exemplarisch vorzuleben (vgl. Röm 14,17-18).

Kapitel 7

Erhöhung

Du erhöhtest mich über die, die gegen mich aufstanden; von dem Mann der Gewalttat hast du mich befreit.

Psalm 18,49

Nach dem Abstieg und der Wende am Tiefpunkt kommt der Aufstieg. Wie David tauchen wir als verwandelte Menschen aus der Wüste, der Versenkung, der Vernichtung unserer Egozentrik und Oberflächlichkeit mit ihren Illusionen und Täuschungen wieder auf. Wir sind, wenn der Prozess gut gegangen ist, wesentlich selbstloser und demütiger geworden, als wir es waren. Wir haben einen besseren Sinn für „Pseudo", also den trügerischen Schein, und für die Wirklichkeit gewonnen, sind integer und gereifter, gelassener und barmherziger geworden.

Göttliche Alchemie

Wie im letzten Kapitel beschrieben, stehen wir an diesem Punkt einer Menge alter und neuer Feinde gegenüber. Nicht alle freuen sich über unser Überleben und die neue Gnade auf unserem Leben. Da Gott uns nun wesentlich mehr und wesentlich Tieferes über sich selbst und von seiner Art von (Voll)Macht mitteilen kann und wir uns eng an ihn halten, geschehen um uns her „Zeichen und Wunder". Gottes Wohlgefallen an seinen Söhnen und Töchtern erweist sich in einer neuen Qualität an uns, jetzt können wir das auch aushalten, ohne sofort eingebildet und stolz zu werden. Manchmal ist es uns geradezu „peinlich", weil wir kein Verlangen mehr danach haben, im Mittelpunkt zu stehen. Wir erleben etwas von Jesaja 45,3:

Ich gebe dir verborgene Schätze und versteckte Vorräte, damit du erkennst, dass ich der Herr bin, der dich bei deinem Namen ruft, der Gott Israels.

In unserer langen „Nacht der Seele" haben wir einen Sinn für das *Verborgene* kultiviert. Immerzu schauen wir mit unserem Herzen auf das Verborgene, von dem Jesus uns sagt, dass Gott dort auf uns wartet (vgl. Mt 6,6). Aus unserer Kenntnis der Verborgenheit fließen uns ständig Schätze und Vorräte zu, die nur der erkennen und empfangen kann, der in die Dunkelheit hinabgestiegen ist und sich Gott in einer völligeren Weise ausgeliefert hat, als es Menschen tun können, die noch an die Oberflächlichkeit gebunden sind und von Tiefe nichts wissen wollen. Wir haben das „Elixier der Verwandlung" gefunden und kehren mit ihm aus der Tiefe zurück. Über diese Tiefe und Erfahrung kann man mit Worten alleine nicht ausreichend berichten! Wir begegnen Gott und uns selbst in einer Art und Weise, die die Mystiker als „unio mystica", eine „göttliche Vermählung" der Seele mit Gott bezeichnen. Hier reichen „Lehren" nicht aus, um die ganze „Länge, Höhe, Breite und Tiefe" dieser Erkenntnis zu beschreiben. Man muss diesen Weg selbst gehen – danach ist man ein Zeuge.

Wir erfahren, dass es unsere Berufung ist, zu erkennen, dass Gott *der Herr* ist und uns beim Namen ruft. Es geht uns nicht mehr um die Erfüllung gewaltiger Visionen selbstherrlicher Missionen, sondern um *Liebe*. Wir wollen Gott nicht mehr als „Visions-Erfüllungs-Gehilfen" für unsere Zwecke benutzen, wir wollen ihn lieben. Das ist wahre Erlösung und das Werk des Kreuzes in uns. Nun erleben wir etwas davon, dass *„alle Dinge denen zum Guten dienen müssen, die ihn lieben"* (Röm 8,28).

In der Tiefe der Drangsal und Leiden haben wir etwas von der göttlichen Alchemie der Verwandlung gelernt, wie am Kreuz die Finsternis in Licht verwandelt wird, wie dort Sünder zu Gerechten werden und wie das Bittere sich in Süßes wandelt. Wir kämpfen nicht mehr wie verrückt gegen jedes Problem, jeden Schmerz und jede Bedrängnis an, sondern *nutzen sie*, um ihre Energie für das Gute einzuspannen. Wir verstehen etwas von den so widersprüchlich klingenden Worten des Apostels Paulus:

> *Deshalb habe ich Wohlgefallen an Schwachheiten, an Misshandlungen, an Nöten, an Verfolgungen, an Ängsten um Christi willen; denn wenn ich schwach bin, dann bin ich stark* (2 Kor 12,10).

Wie bitte?! Gefallen an Misshandlungen? Gefallen an Nöten? Gefallen an Ängsten? All das wollen wir normalerweise schnellstens wegbeten, weggebieten und wegtherapieren. Diese Situationen empfinden wir als völlig unzumutbar und als reines Teufelswerk, Paulus aber will *teilhaben* an den Leiden Christi (vgl. Phil 3,10). Er weiß, er kann nicht einseitig der Herrlichkeit Christi teilhaftig werden, wenn er nicht auch die Leiden Christi teilt.

Wir müssen uns einmal Folgendes vor Augen halten:

- Christus ging zu den „Huren und Zöllnern" – und wir?
- Christus rührte die Aussätzigen an – und wir?
- Christus legte sich mit den Dämonen an – und wir?
- Christus ließ sich diffamieren und schlagen, ohne sich selbst zu helfen, weil er sich von Gott retten ließ – und wir?

Inmitten von Anfeindungen, Infragestellungen, Todesdrohungen, Kranken, Bettlern, Aussätzigen und Dämonisierten strahlte die Herrlichkeit Gottes über Jesus auf und wendete das Schicksal der Menschen, mit denen er in Berührung kam, vom Untergang zum Aufgang. Jesus war in der Lage, mit den Weinenden zu weinen und sich der Geschlagenen zu erbarmen – und wir?

Shane Claiborne stellt am Ende seiner Reise in die Leprakolonien von Kalkutta fest:

> Ich wusste, dass mein „Kalkutta" die Vereinigten Staaten waren ... Ich hatte von den Leprakranken gelernt, dass Lepra eine

> Krankheit der Gefühllosigkeit ist. Die Ansteckung lässt die Haut gefühllos werden, die Nerven spüren nichts mehr. Man stellte die Krankheit sogar fest, indem man mit einer Feder über die Haut strich. Wenn der Betroffene das nicht spürte, dann hatte man die Krankheit bei ihm festgestellt. Um das zu behandeln, schälten wir das vernarbte Gewebe so lange ab, bis der Erkrankte wieder etwas spürte. Als ich aus Kalkutta abreiste, hatte ich das Gefühl, in ein Land von Leprakranken zu reisen, ein Land aus Menschen, die vergessen haben, wie man fühlt, lacht, weint, ein Land, das von Gefühllosigkeit geplagt ist. Würden wir es wieder lernen können, zu fühlen?[1]

Wir können den Menschen nicht nah sein und sie „evangelisieren" bzw. ihnen Gott näherbringen, wenn wir nicht ihre Leiden teilen und sie dort finden können, wo sie sind – in der Dunkelheit, Schwachheit und Not. Mögen die Menschen gerade in unserer Wohlstandsgesellschaft auch sehr geübt darin sein, eine „coole" Fassade aufzurichten und so zu tun, als wäre alles „easy", so sieht es hinter der Fassade doch genauso trostlos, einsam und chaotisch aus wie bei denen, die nicht in der Lage sind, eine solche „Show" zu finanzieren. Studien haben gezeigt, dass die glücklichen Menschen auf Erden *nicht* in den Wohlstandsgesellschaften leben, sondern ganz woanders zu finden sind, dort, wo das Tempo und der Stress, den wir uns um den Wohlstand machen, keine Rolle spielen. Gott sei uns Wohlstandssündern gnädig, wir können uns viel mehr Egozentrik leisten wie die anderen! Und dabei „auf hohem Niveau" jammern und unzufrieden sein.

Wie schon erwähnt, erniedrigte Christus sich selbst und ging den Weg ganz nach unten: Er machte sich zu „nichts". Und wer nichts sein kann, der kann auch alles sein. Wer nichts haben kann, kann auch alles haben, wer sich selbst erniedrigt, wird erhöht.

So hob Gott Jesus aus der Tiefe in die Höhe, hoch über alle Gewalten und Mächte, ja, über die Himmel (vgl. Phil 2,7-9).

---

[1] Shane Claiborne, „Ich muss verrückt sein, so zu leben – Kompromisslose Experimente in Sachen Nächstenliebe", Brunnen 2007, S. 88–89.

Auch David wurde nach seiner Wüstenzeit erhöht zum Königtum, seine Schande verwandelte sich in Ehre, sein Weinen in Lachen, seine Bedrängnis in Freiheit; so wendete Gott sein Schicksal. Nicht David wendete es, Gott tat das – und David musste stillhalten, bis es so weit war. Das ist nicht einfach, für niemanden von uns, aber „alles hat seine Zeit".

Gut ist der Herr zu denen, die auf ihn harren, zu der Seele, die nach ihm fragt. Es ist gut, dass man schweigend hofft auf die Rettung des Herrn. Gut ist es für den Mann, wenn er das Joch in seiner Jugend trägt. Er sitze einsam und schweige, wenn er es ihm auferlegt (Klgl 3,25-28).

Alles zu seiner Zeit

Nicht nur *in uns* müssen bestimmte Qualitäten kultiviert werden, wie die, auf den Herrn zu harren und nach ihm zu fragen, Gott muss auch eine Menge *äußerer* Faktoren bewegen, um uns den Weg zu bahnen, er muss zahllose Hindernisse aus dem Weg räumen, um uns aus der Verborgenheit wieder ans Licht zu bringen. Wir finden dieses Prinzip in der ganzen Schrift, immer wieder ist die Rede von der „Zeit, die reif ist"; erst dann sind Dinge möglich, die vorher blockiert waren. Wir brauchen Geduld.

Ein herausragendes Beispiel ist Joseph, der durch einen wahren Alptraum ging, um dann, als die Zeit reif war und alle Faktoren stimmten, zu erleben, wie sein Schicksal gewendet wurde und er vom Kerker auf den Thron kam – an *einem* Tag! (vgl. 1 Mo 37-41). Zuvor allerdings ging er durch sehr schwierige Umstände, Verrat, Intrigen und Untergang, bis er schließlich im Kerker saß und gar nichts mehr ging. *Dort* aber traf er ausgerechnet den Mundschenk des Pharao und deutete ihm einen Traum, was später dazu führte, dass der dem Pharao, der ebenfalls von einem schicksalhaften Traum geplagt wurde, ihm jenen „jungen Hebräer" Joseph im Gefängnis empfahl.

Nun konnte Joseph nicht um die ganze Hintergrundarbeit Gottes wissen, vielleicht fühlte er sich abgeschoben, von Gott vergessen und verlassen; wenn wir die Geschichte seines Abstiegs lesen, können wir ihm das wahrhaftig nicht verdenken. Aber dem war nicht so, allerdings musste die Zeit heranreifen und viele Faktoren zusammenwirken, um Joseph aus der Erniedrigung zu erhöhen. David findet folgende Worte über ihn:

> *Joseph wurde als Knecht verkauft. Sie zwängten seine Füße in Fesseln, in Eisen kam sein Hals,* ***bis zu der Zeit,*** *da sein Wort eintraf, das Wort des Herrn ihn bewährte. Der König sandte hin und ließ ihn los, der Herrscher über Völker, und befreite ihn. Er setzte ihn zum Herrn über sein Haus, zum Herrscher über all seinen Besitz ...* (Ps 105,17b-21).

In der Zeit der Not hatte Joseph gelernt, auf den Herrn zu harren und seine Antworten zu suchen. Für ihn war es gleich, ob er den Traum eines Mitgefangenen im Gefängnis oder den des Pharao im Palast deutete. Er war sehr selbstlos geworden, da konnte Gott ihm eine sehr hohe Stellung geben, in der er große Verantwortung hatte – und er machte seine Sache gut.

Jesus lehrt: „Wer sich selbst erniedrigt, wird erhöht" (vgl. Mt 23,12).

Wie aber tun wir das? Wir tun es, indem wir *aufhören,* uns selbst nach vorne zu bringen, uns selbst wichtig zu nehmen, ins rechte Licht zu rücken, zu rechtfertigen, zu verteidigen und dergleichen mehr. Dies ist eine Absage an das Ego mit seinen Inszenierungen, Beleidigungen und Größenideen. Wer *diesen* Weg geht, wird erhöht, weil er gefahrlos erhöht werden *kann.* Er wird seine Größe nicht mehr missbrauchen für sein Ego. Er geht den Weg des Kreuzes, den Weg Christi, der sich selbst zu Nichts machte und den *Gott* erhöhte und ihm den Namen gab, der über allen Namen ist. Jesus *nahm* sich diesen Titel nicht, er bekam ihn *gegeben.* Genauso soll es bei uns sein. Wir tun, was zu tun ist, ohne auf Gefühle oder Unlust zu schauen, weil Christus unsere Orientierung ist. Wenn wir diesen Perspektivwechsel in unseren Alltag integrieren, kann jegliche Aufgabe zu einer „Lust für Christus" werden.

Gott hat nicht vor, Menschen klein zu machen, und er hat es nicht nötig, jemanden zu unterdrücken. Jedoch gibt es eine gelogene (pseudo) und eine wahre Größe, eine genommene und eine gegebene. Diese beiden sind sehr verschieden voneinander. Die Welt ist voller Eigenmächtigkeit, die sie zugrunde richtet. Ihr fehlt die Macht der Selbstlosen, die ihr mit ihrer gottgegebenen Macht *dienen* um ihrer selbst willen. Das ist Liebe, und *Gott ist Liebe* und er will genau diese Liebe als zentrales Motiv allen Handelns bei uns sehen.

Prinzip Teilhabe

Wie der Weg, so ist auch die *(Pseudo)Weisheit* des Egos eine andere als die Weisheit der Liebe. Die eine sucht das Eigene, die andere das von allen. In Jesaja 55,8-9 heißt es, dass Gottes Gedanken und Wege höher sind als die der Menschen. Auf diese „Höhe" bringt uns Gott, er lässt uns an seiner Größe *teilhaben*, nur ist sie ganz anders geartet als die eitle Größe der Welt, darum erkennen sie so wenige.

Das Prinzip der *Teilhabe* ist vielen Gläubigen nicht klar. Sie wollen etwas von Gott bekommen, aber prinzipiell ihr eigener Herr bleiben. Sie benehmen sich fromm, um Gott zu kaufen, aber er ist unkäuflich. Allerdings ist Gott gerne bereit, jedem Menschen etwas zu geben, ja, Großes zu geben, jedoch muss er in eine Position der Teilnahme versetzt werden – er muss Sohn und Tochter werden. In dieser Position hat er Anteil an allen Dingen Gottes und ist ein Erbe. In der Stellung des Kindes hat man genau genommen *keine* eigene Macht, man lebt ganz in der *Abhängigkeit und Teilhabe* an der Macht der Eltern, man trägt *ihren Namen*. Für jeden Gläubigen ist es ein „Aha-Erlebnis", wenn er diese Wahrheit begreift, dann hört auch der formelhafte Gebrauch von „im Namen Jesu" als Anhängsel für ebenso formelhafte Gebete auf.

Nimmt ein Christ die Position des Kindes mit seinen Dimensionen der Abhängigkeit und Teilhabe *wirklich* ein, was eine Menge Einsicht und das Ablegen der eitlen Ideale von Autonomie und

Selbstherrlichkeit des Egos erfordert, steht als Nächstes ein Prozess der Erziehung und Formung an, der zu Mündigkeit und Reife führt. Ohne diesen Prozess mag man wohl Kind Gottes sein, aber aufgrund von Unreife und Unfähigkeit kann man nur sehr begrenzt an den Gütern und Taten Gottes teilhaben (vgl. Gal 4,1-2). Dies ist der Weg der Heiligung, die immer zunehmen und wachsen will.

Wer meint, mit der Bekehrung sei es getan, hat sich geirrt. Viele Bekehrte leben ein Leben, das sich nur unwesentlich vom Leben der Nicht-Bekehrten unterscheidet. Sie erleben wenig bis gar nichts von den geistlichen Realitäten und erkennen nicht eben viel von Gott. Wenn sie auf diesem Level stehen bleiben, indem die Kirche ihnen versichert, „alles sei in Ordnung" und es reiche aus, wenn sie nur regelmäßig ein paar ihrer Veranstaltungen besuchen und moralisch nicht zu sehr über die Stränge schlagen, dann versiegt die Wachstumsdynamik. Wenn darüber hinaus auch noch der Prediger bzw. die Predigerin den „Babys in Christus" erklärt, dass die Berührung von Jesus und die Gegenwart des Himmels erst nach dem Tode im Jenseits zu haben sind, dann erstirbt ihre Erwartung und ihr Eifer um die volle Teilhabe an der Herrlichkeit und Autorität Gottes in Christus im Jetzt und Hier.

Kultur der Unmündigkeit

Wer in einer so gearteten Tradition aufgewachsen ist und unter einer solchen Predigt gesessen hat, muss sich geradezu davon losreißen und nicht weniger um seine Befreiung und Rettung kämpfen, als es bei seiner Bekehrung der Fall war. Eine Theologie und Kirchenpraxis, die Gott im Großen und Ganzen aus dem Hier und Heute heraushält und ihre Aufgabe darin sieht, im „Namen des Herrn" die Schrift akademisch auszulegen und die Schafe bürokratisch zu verwalten, bis der Herr einst wiederkommt, die verfolgt eine geradezu perfide Art von „Spiritualität", die fromm redet und praktisch gottlos ist. Sie kultiviert den „Schein" und ist der Realität so fern wie nur was.

Das Allermeiste, was wir an Kirche/Gemeinde kennengelernt haben, egal, welchen Bekenntnisses, lebt von der Unmündigkeit ihrer Mitglieder und nicht etwa von ihrer Reife. Mag auch etwas anderes gepredigt und die Mitglieder zur Mitarbeit ermutigt werden, was anscheinend mit der „entschiedenen Nachfolge Jesu" gleichgesetzt wird, so zeugen die Strukturen doch von dieser Tatsache. Die unmündigen „Schafe" bleiben auf einem Level der Versorgung und Betreuung durch die „Hauptamtlichen" und „Ordinierten" (und in der Regel einiger hingegebener Mitarbeiter, zumeist Frauen, die sich den ganzen Gemeindedienst aufladen) stehen, stellen kaum unbequeme Fragen, fügen sich ein und halten still – ideal für eine Organisation, aber eine Katastrophe für den Himmel, der nach Söhnen und Töchtern sucht und nicht nach Parteigängern kirchlicher Denominationen.

Immer wieder müssen wir uns klarmachen, dass Jesus uns aufgefordert hat, IHM zu folgen und keiner Organisation, auch wenn sie sich Kirche nennt. Jesus selbst hat weder eine Organisation gegründet noch ein irgendwie geartetes Kirchentum gepflegt oder gelehrt.

Wenn wir uns *wirklich* an ihm orientieren und *ihm* unsere Fragen stellen, dann werden wir bald in Konflikt mit der institutionalisierten Christlichkeit geraten, weil wir im Gegensatz zu ihrem ewigen Wiederholen des immer Gleichen in der Erkenntnis und Beziehung zu Gott *wachsen*.

Gehen wir diesen Weg und wachsen in die Sohn- und Tochterschaft Gottes hinein, dann werden wir immer vertrauter mit den Dingen des Reiches Gottes und dem Leben im Geist. In der Folge passen wir immer weniger in die Schablonen der „standardisierten" Kirche, sprengen den normierten Rahmen und überwinden den „gepflegten Stillstand". Eigentlich ist dies wunderbar, jedoch werden wir damit zu Störfaktoren, die normalerweise bald ausgegrenzt werden, um die „Ruhe und Ordnung" zu wahren.

Wer den Weg der Reife geht, wird sehr an der Kirche in der derzeit verbreiteten Form leiden müssen und sicher viele Verletzungen erfahren, denn sie zieht die Unreife der Reife vor – natürlich nur, um „alle" zu erreichen und mitzunehmen, wie sie beteuert. Jesus aber hat es nicht so gemacht. Ihm ging es nicht darum, alle zu erreichen, sondern den Himmel und die Gegenwart Gottes zu manifestieren – als Sohn. Dann kamen die Leute ganz von alleine, jedoch machte er beim Thema Jüngerschaft keine Kompromisse.

Der Krieg um die Anbetung

David musste die bittere Erfahrung machen, dass das Volk Gottes lieber so sein wollte wie alle anderen Völker – nur ein bisschen gesegneter. Trotz der unglaublichen Geschichte, die Gott mit ihnen geschrieben hatte, wollten sie Gott nicht lieben, sondern für ihre Zwecke benutzen, sie wollten eine Politik und einen König, wie die Nationen rings um sie her, sie wollten das Gefallen der Welt und das Spiel um Prestige und Macht mitspielen. Saul verkörperte dies alles perfekt. David jedoch, der wahre, von Gott gesalbte König, passte so gar nicht in dieses Schema. Er studierte nicht BWL und Gemeindemanagement, sondern schrieb Psalmen und kultivierte die verborgene Beziehung zu Gott. Damit gewann er den Zugang zu einer Weisheit und Macht, die *ganz anders* geartet ist als die der Welt, welche andere Ziele verfolgt und andere Mittel einsetzt, um sie zu erreichen – vornehmlich die Anbetung. David wurde eines *anderen Geistes* teilhaftig, aber der Preis war hoch und er ist es heute immer noch.

In dem überaus aufschlussreichen Gespräch mit der Samariterin am Brunnen (vgl. Joh 4) klärt Jesus die Frau darüber auf, *was Gott eigentlich sucht.* Viele stellen sich ja diese Frage und finden keine befriedigende Antwort darauf. Nun, Jesus gibt eine Antwort ganz nach dem Herzen Davids: *Gott sucht solche, die ihn anbeten in Geist und Wahrheit* (V. 23).

Wenn dies also einen solch *hohen* Stellenwert bei Gott hat, wieso hat es eine so *geringe* Bedeutung in der Kirche? Wir können einmal alle Gemeinden unserer Stadt besuchen, ihre Programme studieren und an ihren Veranstaltungen teilnehmen und dann urteilen, wie viel Anbetung in Geist und Wahrheit geschieht. Wir werden wahrscheinlich feststellen, dass selbst vieles, was „Anbetung" genannt wird, gar keine ist, sondern einfach das routinemäßige Absingen von einer Hand voll Liedern darstellt, die vor der Predigt angestimmt werden. (Hiermit wollen wir nicht die ehrlichen Absichten von Menschen, die im Lobpreis dienen und ihren Dienst sehr ernst nehmen, schmälern.) Wir werden feststellen, dass die große Mehrheit der Gläubigen den Begriff „in Geist und Wahrheit" gar nicht versteht. Wir werden unzweideutig erkennen, dass im Zentrum der Gemeindearbeit alles andere steht, aber nicht die Kultivierung einer authentischen, herzlichen Liebe zu Gott, was der Kern wahrer Anbetung ist.

Der Heilige Geist gießt die Liebe Gottes aus in unsere Herzen (vgl. Röm 5,5). Mit dieser können wir das Wesen der Egozentrik überwinden, die Gott ganz nach dem Stil Sauls für ihre eigene Agenda benutzen will, und können wirkliche Liebhaber Gottes werden – wie David.

Gehen wir den Weg Davids, befinden wir uns augenblicklich im Konflikt mit dem Geist Sauls, für den Frömmigkeit ein Geschäft ist und keine Romanze. Er kann in Anbetung keinen Sinn und Nutzen erkennen und versteht unter Gemeinde*arbeit* die Errichtung eines Reiches, welches sich möglichst viele Menschen, Ressourcen und Macht einverleibt. Was dabei herauskommt, ist *nicht* das Reich Gottes, welches in Geist und Wahrheit ist, sondern immer ein eigenes Reich.

Das Reich Gottes kann nur von Söhnen und Töchtern repräsentiert werden, niemals von irgendeiner Organisation, Hierarchie oder Kirche. Noch einmal: Es sind *ausschließlich* Söhne und Töchter, die Teilhaber des Hauses Gottes sind, zu seiner Familie gehören, Gott als Vater kennen können und wissen, wovon sie reden, wenn sie über diese Dinge sprechen. Im Himmel sitzen nicht die Vertreter der verschiedenen Kirchen, die dort ihre Anweisungen erhalten und dann entsprechend ihre frommen Vasallen-Imperien regieren.

Wie ich (Frank) bereits in meinen anderen Büchern betont habe, ist Gott kein Vorstand eines frommen Konsortiums, sondern Vater einer Familie. Er delegiert seine Macht nicht in einem hierarchischen System durch zig Instanzen von oben nach unten, sondern hebt die Hierarchie auf und macht jeden Mann zum Sohn und jede Frau zur Tochter *an seiner Seite;* niemand muss sich

„hocharbeiten". Zu jedermann und jederfrau pflegt er eine ganz persönliche Beziehung und macht sie zu intimen Vertrauten und Teilhabern seines Lebens und Himmels. Das beinhaltet auch eine gehörige Portion Anteil an der Vollmacht und Autorität, die Dinge zu tun, die Gott uns anweist zu tun. Gott sagte mir (Brigitte) einmal auf meine Bitte in irgendeiner Angelegenheit hin: „Mach selbst!" Er sagte mir damit, dass ich nicht wegen jedem Kinkerlitzchen zu ihm kommen und „bitte, bitte!" sagen muss, sondern als Tochter die Vollmacht habe, manche Dinge auch selbst zu regeln.

Die Kirchen haben in ihrer Struktur das Bild der Familie, welches wir in der Bibel finden, verworfen und bauen in ihren Gemeinden Hierarchien, Institutionen und Vereine ganz nach weltlichem, aber nicht göttlichem Vorbild. Sie können einfach nicht mehr anders denken, da sie es schon so lange auf diese Weise betreiben. Saul lässt grüßen!

Widerstand der Offiziellen

Das machtpolitische System Sauls vertrieb mit unschuldiger Geste und scheinheiligem Gesichtsausdruck die Gegenwart Gottes aus dem Lande, um seine eigenen Vorstellungen durchzusetzen, verlangte Kadavergehorsam von seinen „Untertanen" und gab alle Macht dem König, frei nach dem Motto: Gott gehorchen = dem König gehorchen! Nach dieser Gleichung funktionieren alle selbstherrlichen Machtsysteme. In der Kirche steht für den König der Papst, der Priester, der Pastor oder die Ältesten. Immer wird der Gehorsam gegenüber dem „Amt" als Gehorsam gegenüber Gott dargestellt und Zuwiderhandlung als Rebellion bezeichnet, die entsprechende Konsequenzen nach sich zieht. Von „Freiheit" keine Spur! Wir haben hier wie in allen diktatorischen Systemen die Wahl zwischen Beugung oder Verwerfung – wie David.

Heutzutage wird man zum Glück nicht gleich hingerichtet für die Anmaßung, selber zu denken, zu glauben und Gott zu suchen, jedoch hat niemand diesem „Recht" mehr Widerstand geleistet als die Kirche. In vielen Gemeinden schimmern diese restriktiven Strukturen noch immer durch und kommen im Ernstfall auch zum Tragen. „Recht“ hat nicht der, der gebetet, Gott gesucht, befragt und angehört hat, sondern die nächsthöhere Ebene der Hierarchie. Diese ist „befugt“, „qualifiziert“, „zuständig“ usw.

David war der *von Gott* „rechtmäßig“ eingesetzte (gesalbte) König, aber wen interessierte das? Er wurde vom Regime und seinen Sicherheitskräften bis aufs Blut verfolgt, ihm wurde alles genommen, jedes „Menschenrecht“ abgesprochen, er war der „Staatsfeind“ Nummer 1. So wurden die eigenen Leute für David zu den schlimmsten Gegnern und Verfolgern – und das tut weh. Sie unterstellten ihm jede Verkehrtheit und behandelten ihn als üblen Terroristen, nur weil er nicht mit dem System konform ging und sein Gewissen nicht an den Staat verkaufte. Nichts hat sich daran geändert.

- Wer den Weg der Reife geht, wird von den Unreifen diffamiert werden.
- Wer den Weg der Anbetung geht, wird als „Schwärmer“ bezeichnet werden.
- Wer den Weg der Selbstverantwortung geht, wird von den vom System legitimierten Zuständigen misstrauisch beobachtet und reglementiert werden.
- Wer behauptet, er habe *direkt* von Gott gehört, wird als Sektierer oder religiöser Extremist betrachtet, es sei denn, er sagt das Gleiche wie die kirchliche Hierarchie.

David sagte *nicht* das Gleiche, und zum Ärger des Establishments bestätigte ihn der Himmel auch noch mit schwer zu leugnenden Wundern wie den Sieg über Goliath, aber auch viele andere, überlegene Feinde. Zunächst versuchte die Führung dies alles für sich zu verbuchen und David als „einen von ihnen“ darzustellen, indem sie ihn mit der Tochter Sauls verheirateten und somit an die Leine legten.

Aber diese in der Geschichte der Politik sehr bewährte Methode ging gründlich schief, David ließ sich nicht instrumentalisieren und durch die politische Zweckehe im Zaum halten, sondern setzte den Weg der persönlichen Nachfolge fort. Da wandelten sich die „Freunde“ auf einmal in Feinde und es war ihnen dabei ganz egal, wie viele göttliche Erweise in Davids Leben sichtbar geworden waren. Wer nicht ins Gefüge passt, muss passend gemacht werden oder verschwinden! Alle Systeme, ob politisch, wirtschaftlich oder religiös, ticken nach diesem Muster. Gott aber nicht, er ist nämlich kein „System“, keine „Organisation“ und keine „Partei“, er hat auch nie solch eine Institution gegründet oder ist bei einer solchen Mitglied geworden. Er lässt sich nicht für jemandes Interessen instrumentalisieren, und er instrumentalisiert auch niemanden für seine. Er sucht Anbeter in Geist und Wahrheit!

Wir führen diesen Punkt so intensiv und wiederholt aus, weil wir wissen müssen, dass wir Gegenwind aus einer Richtung erleben werden, von der wir vielleicht angenommen haben, verstanden und unterstützt zu werden. Wenn dann das Gegenteil geschieht, kann uns das ungeschützt treffen und sehr weh tun. Viele Menschen sind schon daran zerbrochen, psychisch und physisch krank geworden – mitten in der Gemeinde.

Keinem Machtsystem gefällt es, wenn Gott es ist, der jemanden erhöht und nicht es selbst. Keine Organisation akzeptiert es, dass Gott an ihren „Richtlinien“ und „Statuten“ vorbei Leuten Gunst und Autorität gibt – womöglich einfach nur darum, weil sie Anbeter sind. Jemand, der nicht *ihre* Ausbildung durchlaufen hat und in *ihrer* Hierarchie aufgestiegen ist und von *ihnen* legitimiert wurde, ist ein „Niemand“, möglicherweise sogar ein Quertreiber und „Irrlehrer“, der bekämpft werden muss.

Wie bei David war es auch bei Jesus, der nicht umsonst „Sohn Davids“ genannt wurde. Auch er war nicht von den Schriftgelehrten und „Zuständigen“ nominiert und eingesetzt worden, darum fragten sie ihn die typische Schlüsselfrage aller Machtsysteme:

> *In welcher Vollmacht tust du diese Dinge? Oder wer hat dir diese Vollmacht gegeben, dass du diese Dinge tust?* (Mk 11,28).

Seine Antwort gefiel ihnen nicht, also erklärten sie kurzerhand, seine Vollmacht stamme direkt vom Teufel (!) und nahmen sich vor, ihn schnellstens als Scharlatan zu enttarnen und öffentlich wirksam hinzurichten – zur Abschreckung von anderen „Sektierern und Verführern“ (vgl. Mk 3,22). Jemanden zu töten, der ihnen nicht in den Kram passte, erkannten sie natürlich *nicht* als etwas Teuflisches, sondern sahen darin eine „notwendige Präventivmaßnahme“, um das Volk vor Aufruhr zu schützen.

Alles läuft noch immer nach diesem gleichen Muster ab. Wir haben in der Bibel die genauen Vorlagen dafür und müssen nicht meinen, die Menschheit habe sich ja weiterentwickelt und heutzutage sei das alles ganz anders geworden. Der imperialistische Stil politischer Systeme, die sich etwa die Ressourcen eines anderen Landes mit fadenscheinigen Argumenten aneignen, hat sich nicht „gebessert“, ganz im Gegenteil. Was den Umgang mit Macht betrifft, haben sich die Systeme nur „optimiert“, aber keinesfalls verändert, und darum dürfen wir uns nicht wundern, dass viele gar nicht glücklich damit sind, wenn *Gott* uns erhöht und seine Herrlichkeit an uns sichtbar wird. Sie empfinden es nicht als Gnade, sondern als Bedrohung für ihr System und gehen dagegen vor wie einst Saul gegen David. Das Fatale ist, dass ihr Gewissen dabei ruhig ist, sie folgen nur der Systemlogik und Systemvorgabe. Sie führen nur Befehle aus und wenden Gesetze an …

> „Gehorsam hält die Regeln ein“, pflegte der Meister zu sagen, „Liebe weiß, wann sie zu brechen sind.“[2]

Wie oft haben wir in der Gemeinde erlebt, dass jemand in der Krise etwas Besonderes mit Gott erlebt hatte, die Wende des Untergangs, und dies freudig der Versammlung mitteilte. Die Reaktion der Gemeinde aber war je nachdem verhalten und geradezu „ungerührt“. Andererseits gab es auch immer wieder die Reaktion von Leitern, dass sie das Erlebnis sogleich benutzten, um herauszustellen, dass solche Dinge in *ihrer* Gemeinde geschehen.

Die Neigung, sich über den Erfolg eines anderen nicht wirklich zu freuen (Missgunst), und ebenso die Neigung, den Erfolg anderer für sich zu verbuchen (Vereinnahmung), ist typisch für die Ego-Kultur, auch in der Kirche.

---

[2] Anthony de Mello, „Gib deiner Zeit“, Herder 1999, S. 44.

Wir finden uns darum in der Situation wieder, sehr genau überlegen zu müssen, was wir über unseren Weg mit Jesus mitteilen und wie wir es sagen. Sobald sich eine eigene und persönliche Geschichte mit Gott entwickelt und offenbart, wird das „System" nervös. Zunächst lobt es, um sich das Erleben des Einzelnen zunutze zu machen, dann aber sanktioniert oder zensiert sie es, um dieses Erleben unter seiner Kontrolle zu behalten. Dieses Wechselbad kann „mörderisch" sein und Menschen völlig verwirren. Im Moment der Erhöhung müssen wir wie David ganz besonders auf der Hut sein.

KAPITEL 8

Das Erbe Davids

Darum will ich dich preisen unter den Völkern, HERR, und will spielen deinem Namen, der seinem König große Rettungen schenkt und Gnade erweist seinem Gesalbten, David und seinen Nachkommen ewig.

Psalm 18,50-51

Das große Bild

Im Folgenden wollen wir für einen Moment die „Theologie des Erbes" betrachten, eine überaus wichtige Lehre der Bibel, die für uns die allergrößten Geheimnisse und Schätze in sich birgt. Sie nicht zu begreifen, wird uns ganz enorm daran hindern, in die *Fülle* dessen einzutreten, was Gott in Christus für uns bereitet hat. Andersherum werden wir den Weg und die Prozesse in unserem Leben – inklusive der Leiden, die sie uns bescheren – wesentlich besser einordnen können. Sie werden in ein neues Licht getaucht und in einen erweiterten, „ewigen" Zusammenhang gestellt, der uns geradezu eine „Erleuchtung" beschert.

Gott hatte David „ewige" Verheißungen gegeben; große Rettungen und Gnadenerweise sollten durch ihn in die Welt kommen. Sein Name taucht im Stammbaum Jesu auf; durch ihn, den Messias, sollen die Zusagen Gottes an David erfüllt werden, denn durch Jesus können und sollen wir den Heiligen Geist – und durch ihn ein neues Herz – empfangen, welches „davidartig" ist. Ohne ein neues Herz können wir *nichts* Neues empfangen, unser Inneres muss kompatibel mit den Gedanken und Wegen Gottes gemacht werden, worum es in diesem Buch immer wieder geht. Dies wird sehr anschaulich in Hesekiel 36,26-27 beschrieben:

> *Und ich werde euch ein neues Herz geben und einen neuen Geist in euer Inneres geben; und ich werde das steinerne Herz aus eurem Fleisch wegnehmen und euch ein fleischernes Herz geben. Und ich werde meinen Geist in euer Inneres geben; und ich werde machen, dass ihr in meinen Ordnungen lebt und meine Rechtsbestimmungen bewahrt und tut.*

Es muss etwas in uns „ausgetauscht" werden, damit es uns möglich ist, jenen Geist zu empfangen, der in der Lage ist, in den Ordnungen und Bestimmungen Gottes zu leben – denn es ist der Geist *Gottes* selbst. Wie immer wir uns das vorstellen, es ist ein großes und heiliges Mysterium. Nun ist eine „Herztransplantation" keine kleine Sache; es geht um Leben und Tod. Wann immer uns das aus den Augen gerät und wir vergessen, worum es eigentlich geht – oder überhaupt nie die Dimensionen begriffen haben, mit denen wir es zu tun haben –, gehen wir am Sinn des Ganzen vorbei. Die Gefahr, eben das zu tun und uns in nichtiger, religiöser Beschäftigung zu verlieren, ist groß. Alle Teufel der Welt versuchen uns von dem „Geheimnis Gottes" abzulenken und abzuhalten. Solange wir kein neues Herz erhalten und damit in der Lage sind, den Geist Gottes aufzunehmen, haben sie gegen ein wenig Religion nichts einzuwenden, ja, sie unterstützen diese sogar.

Wir finden in der Schrift immer wieder ein *Prinzip, eine* große Linie des Planes und Willens Gottes. Vor lauter theologischer Detailansicht und Detail-Predigt kann es einem entgehen: Gott wollte nicht nur *einen* Abraham haben, sondern ein ganzes Abrahamsgeschlecht; zahlreich wie die Sterne des Himmels und der Sand am Meer sollten seine Kinder sein (vgl. 1 Mo 22,16-18; Röm 4,13-17).

Gott wollte nicht nur *einen* Mose haben, sondern ein ganzes Mose-Volk. Am brennenden Berg Sinai sollte eine ganze Nation Gott so begegnen wie zuvor Mose am brennenden Dornbusch (vgl. 2 Mo 19).

Gott wollte auch nicht nur *einen* David haben, sondern ein ganzes Volk von Davidssöhnen, die ihm ähnlich sein sollten (vgl. 2 Sam 7). In Jesaja 55,3 heißt es:

> *Neigt euer Ohr und kommt zu mir! Hört, und eure Seele wird leben! Und ich will einen* ***ewigen*** *Bund mit euch schließen, getreu den* ***unverbrüchlichen*** *Gnadenerweisen an* ***David****.*

In Christus treten wir ein Erbe an, wir werden Teilhaber der Bündnisse Gottes mit Abraham, Mose und auch mit David. Wir treten in die Geschichte Gottes mit diesen Menschen ein, wir werden von Zuschauern und Unbeteiligten zu *Kindern* dieser Geschichte und dieser Bündnisse; an uns soll sich erfüllen, was jenen auf die Zukunft hin verheißen wurde, die sich in Christus *erfüllt* (vgl. Hebr 11,39-40).

Zu wenigen Christen ist unseres Erachtens klar, worum es geht; sie sehen nicht das *große Bild* und versuchen gar nicht erst, das Erbe der Männer und Frauen Gottes anzutreten, sondern streben danach, Gott in ihre kleine Privatgeschichte hineinzubeten. Wir brauchen wirklich Augen, um zu sehen, sonst gehen wir sowohl an unserer Berufung als auch an der Erfahrung der Erfüllung all der Verheißungen vorbei, die jenen gegeben wurden, die aber erst jetzt in Christus zur Erfüllung kommen – in und an und durch *uns*.

Unsere Berufung in Jesus Christus, *die Erfüllung all der Verheißungen zu leben, die jenen zuvor gegeben wurden*, ist ungeheuerlich, unermesslich und mit Worten kaum auszudrücken. Darum verstehen so wenige die scheinbar komplizierten Aussagen von Paulus und dem Schreiber des Hebräerbriefes, wo die großen Zusammenhänge dieser Erbschaft ausführlich erläutert werden. Vielleicht liegt es daran, dass es in diesem Zusammenhang nicht darum geht, *was wir tun* sollen, sondern *wer wir sein* sollen, weswegen wir uns so schwer tun, es zu verstehen.

In Apostelgeschichte 3 erklärt Petrus seinen Zuhörern dieses Erbe; seine Brisanz ist uns gar nicht klar. Petrus redet dort von dem Gott Abrahams, Isaaks und Jakobs, von dem *Gott der Väter*

(V.13). Er erklärt, dass sich *in Jesus alles erfüllt*, was durch *alle* Propheten *jeher* geredet wurde (V. 24). Er verweist auf Mose (V.22) und Abraham (V. 25). Der Gipfel der Predigt ist, dass er sagt: „**Ihr** seid die **Söhne** der Propheten und des Bundes ..." (V. 25).

Nun treten wir – unabhängig davon, ob wir Juden oder Heiden sind – durch den *Glauben* an Jesus in diese Sohnschaft und damit Erbschaft ein (vgl. Joh 1,11-13). Durch ihn werden wir gleichsam in den „edlen Ölbaum" der Gnadengaben und Berufungen Israels „eingepfropft", worüber Paulus in Römer 11,22-36 schreibt und über die Weisheit Gottes in Begeisterung ausbricht: *„O Tiefe des Reichtums, sowohl der Weisheit als auch der Erkenntnis Gottes!"* (V. 33). Er sah die großen Zusammenhänge! Auch wir müssen sie erkennen, sonst bleiben wir in unserer Kurzsichtigkeit hängen und meinen, unser kleiner Alltag oder die Gemeindegeschäfte seien alles, worum es geht. Vieles von Gottes Umgang mit uns bleibt uns nur aus diesem Grund rätselhaft, weil wir den Hintergrund bzw. Kontext seines „ewigen Vorsatzes" (vgl. Eph 3,11) nicht begreifen.

Wir müssen keine gebürtigen Juden mehr sein, sondern werden Teilhaber der Verheißungen und „Kinder" von Abraham, Mose und David durch Jesus Christus, der die ganze Welt mit Gott versöhnt hat und in dem alle Fäden zusammenlaufen und Jegliches zur Erfüllung kommt, was Gott je gewollt und an seinen exemplarischen Männern und Frauen offenbart hat. Gott macht uns – Juden und Heiden – *eins in Christus durch den Heiligen Geist* (vgl. Eph 2,11-22). Was getrennt war, wird in ihm zusammengefügt.

Dies sind ungeheure Vorgänge – jedoch erschüttern sie die meisten Christen kein bisschen, weil diese nicht die leiseste Ahnung davon haben, worum es geht. Sie meinen, es gehe darum, sonntags in die Kirche zu gehen, Lieder zu singen, eine Predigt zu hören und hinterher Kaffee zu trinken – und fertig. Aber darum geht es *nicht!* Es geht um das Eintreten in ein **ewiges Erbe**, um das Empfangen des **Geistes der Sohnschaft** und eine nie zuvor gehabte **Einheit mit Gott**, denn wir sollen ihn Abba – Vater –

nennen (vgl. Röm 8,14-17)! Es geht um die Erfüllung der ewigen Absichten und Verheißungen Gottes. Jemand sagte: „Gott erfüllt nicht alle unsere Wünsche, aber alle seine Verheißungen."[1]

Paradigmenwechsel

Die Entdeckung des „großen Bildes" gleicht einer „Erleuchtung", die unser gesamtes Bild vom Christsein und darüber hinaus auch unser Verständnis des Lebens, der Welt und unserer Bedeutung darin vollkommen umwälzt. Im Zuge dessen bekommt auch das Thema „Leiden" eine neue und veränderte Sinngebung, und wir sind sowohl herausgefordert als auch befreit dazu, in einer anderen Art und Weise damit umzugehen als zuvor. Frank Viola schreibt im Vorwort zu seinem Buch „Ur-Schrei" über sein eigenes Erleben dieser Offenbarung des „großen Bildes" Folgendes:

> Zum ersten Mal in meinem Leben als Christ entdeckte ich, dass ich in etwas Größeres und Herrlicheres eingebunden war, als ich mir je hätte träumen lassen. Es ging im christlichen Leben nicht mehr nur darum, Seelen zu gewinnen, den Armen zu helfen, Theologie und Glaubenslehre zu studieren, mit der Bibel zurande zu kommen, durch die Fragen der Endzeit durchzublicken, mehr zu beten, ein treuer Gottesdienstbesucher zu sein, Lobpreis und Anbetung zu pflegen, im geistlichen Kampf zu stehen, mit Geistesgaben umzugehen, Gottes Stimme zu hören, Jesus nachzuahmen und sich in guten Werken zu engagieren. Auch ging es nicht mehr um all die anderen endlosen Aktivitäten, die mir als Mittelpunkt des Willens Gottes beigebracht worden waren.
>
> Ich entdeckte, dass es in all diesen Dingen letztlich um etwas ging, das weit darüber hinausreichte, den Leuten eine himmlische Feuerversicherungspolice zu verkaufen, die letzte große Ernte einzubringen oder die Welt für Jesus zu verändern.
>
> Christsein hatte einen völlig neuen Sinn bekommen, einen

---

[1] Dietrich Bonhoeffer.

> Sinn, der mit etwas zu tun hatte, das zum innersten Herzschlag Gottes gehörte. Es ging im Leben als Christ nicht mehr um mich und um das, was ich tun konnte oder tun sollte. Genauso wenig drehte es sich primär um andere. Die Bedürfnisse der Menschen wurden zweitrangig.
> Eine Seite war umgeblättert worden. Mit einem Mal ging es nur noch um Gott und sein höchstes Ziel ...
> Vor dieser „Erleuchtung" hatte ich schon Dutzende von Malen die Bibel gelesen. Ich hatte unzählige Predigten gehört und massenweise Bücher und Kommentare gelesen. Und trotz allem musste ich erkennen, dass mir die Hauptsache total entgangen war ...[2]

Dieses „Aha!"-Erlebnis ist eine Gnade, ein Geschenk Gottes an uns, welches wir weder mit all den christlichen Aktivitäten, die Viola oben so schön aufzählt, „erarbeiten", noch kirchlicherseits „verwalten" können. Gott offenbart seine Geheimnisse denen, die ihn lieben. Wenn wir feststellen, wie wenig wir ihn *in Geist und Wahrheit* lieben – was die vollkommene *Anbetung* ist –, sondern eben die Liebe ständig auf dem Altar geschäftiger Ignoranz, Beliebigkeit und Routine opfern, dann zerbrechen wir und schreien zu Gott um eine tiefergehende Rettung von „Pseudo" und eine Verwandlung in *sein* Bild, um seiner Wirklichkeit wirklich teilhaftig zu werden, also vom Schein zum Sein zu gelangen, was wir selbst niemals bewerkstelligen können. Es braucht dafür ja ein „neues Herz". Den Weg dieser „heiligen Verwandlung" und Initiation nennt man mit einem neudeutschen Wort *Transformation*. Viola beschreibt es so:

> Als Folge dieser Erkenntnis musste ich mein Leben als Christ noch mal von vorne anfangen. Ich drückte sozusagen die „Löschen"-Taste meines Christseins und sah zu, wie sich all meine religiösen Aktivitäten in nichts auflösten. Dann wählte ich die „Strg-Alt-Entf"-Kombination und fuhr meine geistliche CPU neu hoch.

---

[2] Frank Viola, „Ur-Schrei", GloryWorld-Medien, Bruchsal 2010, S. 13–14.

In der folgenden kleinen Geschichte gibt uns Stephen Covey eine Anschauung für das „Aha!"-Erlebnis, welches eine erleuchtende Wirkung auf uns hat und unser gesamtes Denken, Fühlen und Verstehen auf einmal verändert bzw. in ein neues Licht taucht, in dem alles ganz anders aussieht als zuvor:

> Es war in der New Yorker U-Bahn. Die Passagiere saßen still da, manche lasen Zeitung, andere waren in Gedanken verloren, einige hatten die Augen geschlossen und ruhten sich aus. Es war eine ruhige und friedliche Szene.
> Dann stieg ein Mann mit seinen Kindern ein. Die Kleinen waren laut und ungestüm, die ganze Stimmung änderte sich abrupt. Der Mann setzte sich neben mich und machte die Augen zu, er nahm die Situation offenbar überhaupt nicht wahr. Die Kinder schrien herum, warfen Sachen hin und her, zerrten sogar an den Zeitungen der anderen Fahrgäste. Sie waren sehr störend. Aber der Mann neben mir tat gar nichts. Es war schwierig, nicht davon irritiert zu sein. Ich konnte nicht fassen, dass er so teilnahmslos war, dass er seine Kinder dermaßen herumtoben ließ und nichts dagegen tat, überhaupt keine Verantwortung übernahm. Es war deutlich, dass sich alle anderen in der U-Bahn ärgerten. Mit aus meiner Sicht ungewöhnlicher Geduld und Zurückhaltung sprach ich ihn schließlich an: „Ihre Kinder stören wirklich sehr viele Leute hier. Können Sie sie nicht vielleicht etwas mehr unter Kontrolle bringen?"
> Der Mann hob seine Augen, als ob er sich zum ersten Mal der Situation bewusst würde, und sagte leise: „Oh, Sie haben recht. Ich sollte dagegen etwas tun. Wir kommen gerade aus dem Krankenhaus, wo ihre Mutter vor einer Stunde gestorben ist. Ich weiß nicht, was ich denken soll, und die Kinder haben vermutlich auch keine Ahnung, wie sie damit umgehen sollen."
> Können Sie sich vorstellen, was ich in dem Augenblick empfand? Mein Paradigma wechselte. Plötzlich sah ich die Dinge anders, und da ich sie anders sah, dachte, fühlte und verhielt ich mich auch anders. Mein Ärger löste sich auf. Ich brauchte mich nicht darum zu bemühen, meine Einstellung oder mein

Verhalten unter Kontrolle zu halten; mein Herz war von dem Schmerz des Mannes erfüllt. Mitgefühl und Sympathie konnten frei fließen. „Ihre Frau ist gerade gestorben? Oh, das tut mir leid. Wollen Sie darüber sprechen? Kann ich irgendwie helfen?“ Alles veränderte sich in einem kurzen Augenblick.[3]

Erleuchtung

Der Heilige Geist schließt uns das „große Bild“ auf und öffnet unsere Augen für eine Sicht auf das „Ganze“, dass es uns die Sprache verschlägt, unser gewohntes Drehen um uns selbst schlagartig unterbricht und für eine Zeit lang aussetzt, in der wir „Großes und Unfassbares mitgeteilt bekommen, das wir nicht kannten“ (vgl. Jer 33,3).

Esther erlebte das, als sie nach einer furchtbaren Deportation nach Babylon und der ungefragten Verheiratung mit dem König Ahasveros auf einmal von den Plänen des Haman erfuhr, der einen Genozid an den Juden veranlasste und dem König die entsprechenden Genehmigungen „unterschob“. Da erkannte Mordechai, der Vormund von Ester, schlagartig, dass sie *„für eine Zeit wie diese“* zur Königswürde gelangt war (vgl. Est 4,14) und ihre gesamte Leidensgeschichte im Lichte ihrer jetzigen Möglichkeit, den Wahnsinn zu stoppen, einen Sinn ergab. Und es gelang ihr! Damit ging sie in die Geschichte ein.

Auch *Joseph* ging durch unglaubliche und traumatische Leiden; darüber war im letzten Kapitel bereits die Rede: Er wurde von seinen eigenen Brüdern in die Sklaverei verkauft und seinem Vater gegenüber für tot erklärt! Er wurde in übelster Weise verleumdet und diffamiert. Schließlich landete er im Kerker, wo er dann „zufällig“ den Mundschenk des Königs traf und ihm einen Traum deutete. Daran erinnerte sich dieser, als später der Herrscher von schweren Träumen geplagt wurde. Joseph war in der Lage, die Träume zu deuten, und wurde über Nacht vom Gefangenen im Kerker zum zweiten Mann im Staat erhoben! In dieser

---

[3] Covey, „Die sieben Wege zur Effektivität“, Heyne/Campus 1996, S. 26-27.

Position war er in der Lage, Ägypten vor der kommenden Hungersnot zu retten und auch seine Familie. Seinen schockierten Brüdern gegenüber spricht er dann den bemerkenswerten Satz: *„Bekümmert euch nicht und denkt nicht, dass ich euch zürne, weil ihr mich hierher verkauft habt; denn um eures Lebens willen* ***hat mich Gott vor euch hergesandt.“*** (1 Mo 45,5). Am Ende wendete sich die Leidensgeschichte voller Ungerechtigkeit und Bosheit zu einem geradezu märchenhaften „Happy End“. Im Lichte dessen bekamen alle schrecklichen Erlebnisse zuvor eine völlig neue Bedeutung und Bewertung.

Paulus betet in Epheser 1,15 f. um *„erleuchtete Augen des Herzens“,* damit wir unter anderem den *„Reichtum der Herrlichkeit seines Erbes in den Heiligen“* erkennen. Offenbar ist ihm bewusst, dass diese Realität mit Worten alleine nicht zu vermitteln ist, es braucht eine tiefgehende Offenbarung, die unsere Idee, worum es da eigentlich geht, grundsätzlich revolutioniert. Er spricht dort auch über weitere „Dinge“, über die uns ein Licht aufgehen soll: „die Hoffnung unserer Berufung“ und „die überschwängliche Größe seiner Kraft an uns Glaubenden“.

Wenn wir bedenken, wie viele Christen in ihren Leiden, aber auch sonst, so wenig Hoffnung haben und sich so überaus schwach fühlen, dann werden wir uns dem Gebet von Paulus anschließen, dass es eine „Erleuchtung“ der Herzen geben möge, damit die Dunkelheit darin endlich einmal erhellt und das „große Bild“ erkannt wird.

Das Wort „Erleuchtung“ taucht auch in Hebräer 6,4 auf. Dort geht es darum, die „himmlische Gabe zu schmecken“, des „Heiligen Geistes teilhaftig zu werden“ sowie das „gute Wort Gottes“ und die „Kräfte des zukünftigen Zeitalters“ zu schmecken.

Interessant, dass uns diese „Erleuchtung“ eine geradezu *sinnliche Erfahrung* – ein „Schmecken“ – dieser Dimensionen beschert. Das geht über theologische Betrachtungen weit hinaus. Es geht um **Realitäten,** über die man nicht reden kann, sondern die man erleben muss. In sie eingetaucht bzw. ihrer „teilhaftig“ zu werden, das ist es, worum es letztlich geht.

Der Prozess der Verwandlung

Um „passend“ gemacht zu werden für die eben beschriebenen Erkenntnisse, Erfahrungen und Erfüllungen, werden wir in ein „Gefäß geformt“, welches die „Erleuchtung“ und den Segen aufnehmen kann. Dieser Vorgang wird in der Bibel mit verschiedenen Bildern immer wieder beschrieben; eine klassische Stelle ist Jeremia 18,1-6, die Paulus in Römer 9,19f. wieder aufgreift. In Jesaja 64,7 seufzt der Prophet:

> *Aber nun, Herr, du bist unser Vater.* ***Wir sind der Ton, und du bist unser Bildner.***

Gott möchte uns in das Bild Christi formen, wir sollen *ihm* entsprechen, damit er *in uns* sein kann, denn *„Christus* ***in uns*** *ist die Hoffnung auf Herrlichkeit“* (Kol 1,27). Nicht religiöse Werke, christliches Benehmen, kirchliche Veranstaltungen usw. begründen die Hoffnung auf Herrlichkeit, sondern Christus. *In ihm* wohnt die ganze Fülle Gottes leibhaftig (vgl. Kol 1,19; 2,9-10a). Ist er *in uns*, ist Gott in uns, sonst nicht, egal wie fromm wir uns benehmen. Also liegt nun alles daran, für ihn Platz in uns zu machen und „Gefäße“ zu werden, die Christus aufnehmen können.

Wir sagen es noch einmal: *Daran* ist alles gelegen und *daran* arbeitet der Heilige Geist in uns. Dass wir „ihm entsprechend“ gemacht werden ist der Prozess der Formgebung, der Transformation, den wir durchlaufen; viele nennen ihn „Heiligung“. Die meisten verstehen diesen Prozess jedoch nicht oder verkehrt oder nur teilweise und werden in der Folge an den Leiden, die er mit sich bringt, irre.

Gott arbeitet durch den Heiligen Geist ununterbrochen in ihnen, aber sie verstehen seine Arbeit nicht und stehen ihr immerzu im Wege bzw. verweigern die Kooperation, weil sie nicht begreifen, was vor sich geht. Das ist es, was den Prozess so elend schleppend machen kann.

Wir können darum beten, dass in uns ein Paradigmenwechsel stattfindet, christlich ausgedrückt: dass die alten, festzementierten Gedankenfestungen, die alten Muster, denen wir nach wie vor unbewußt anhaften und denen wir die Herrschaft in unserem Leben geben, aufgebrochen werden und wir erkennen, was Gott uns wirklich sagen möchte – und wie er uns zu verwandeln gedenkt. Wir können um offene Augen und Ohren beten.

Als Ehepaar können wir mit Fug und Recht bezeugen, dass unsere bisherigen Leiden und Krisen, etwa das sehr anstrengende Zusammenleben mit Brigittes demenzkranker Mutter, die uns streckenweise das Leben sehr schwer machte und dafür sorgte, dass wir neben unserem Überfordertsein mit der Gemeinde auch kein richtiges Zuhause mehr hatten, letztendlich einen sehr unorthodoxen Lernprozess in Gang setzten, für den wir im Rückblick nur dankbar sein können – auch wenn es ein Weg durch viele Schmerzen, Verzweiflungen und Demütigungen war, der auch nicht allen unseren Mitmenschen gefiel, und obwohl sie nicht verstehen konnten, was wir tun mussten, um überhaupt (über)leben und heilen zu können. Vieles versteht man ja auch erst im Nachhinein. „Leben muss man vorwärts, verstehen tut man erst im Rückblick", sagt ein weiser Spruch. Darum dürfen wir den Tag nicht vor dem Abend loben oder beklagen. Das Leiden hat uns an die tiefsten Abgründe unserer Seele und unserer wahren Motive gebracht, sodass wir uns selbst – und unsere gewohnte Art von *Glauben* – absolut in Frage stellten und nicht mehr weiter wussten. Auch wir drückten wie Frank Viola die „Löschen"-Taste und bauten unser Christsein *und* unsere Beziehung zueinander von Grund auf neu auf. Tatsächlich wurde auch und gerade die Demenz der alten Mutter zu einem „geduldigen Lehrmeister" und brachte uns so nah zu Gott, dass wir nur staunen können.

Als ich (Brigitte) die ersten Wunden an den Beinen meiner Mutter versorgen musste, war ich entsetzt, sperrte mich innerlich und „schmollte" mit Gott. Wie konnte er mir nur so etwas zumuten? Schließlich bin ich keine Krankenschwester und fühlte mich gerade in der Situation, eitrige, mit Hautfetzen versehene Wunden zu reinigen und zu pflegen, hilflos und unfähig. Bei all meiner Bereitschaft, praktisch zu dienen, war für mich eine Grenze erreicht; mir wurde einfach nur übel. Ich war schon froh, gelernt zu haben, am laufenden Band Windeln zu wechseln, ohne das als unerträgliche Belastung zu empfinden. Ich dachte: „Na toll, bei all dem, was ich eigentlich kann und will, darf ich nun hauptamtlich Sch... wegmachen.“ Aber irgendwie amüsierte es mich auch. Gott hat Humor, und er prüfte meine großen Sprüche wie etwa den: „Herr, für dich tue ich alles!“ Zudem verstand ich nun, warum ich früher einmal eine neunwöchige Krankenpflegehelferinnenausbildung absolviert hatte. Ganz an meinem damaligen Verständnis vorbei, warum und wofür, hatte Gott mir aufs Herz gelegt, diesen Kurs zu machen. Nun, viele Jahre später, konnte ich das Erlernte gebrauchen. Seit meinem „Wiesenerlebnis“ (vgl. Abschnitt „Verlieren, um zu gewinnen“ in Kapitel 3) war es mir eigentlich nur mehr wichtig, in allen Angelegenheiten mit Gott *zusammen* zu sein – auch beim Windelwechseln. Hier erwies sich, ob das nur fromme Wunschträume waren oder ob mein Glaube der Wirklichkeit standhielt.

Bei einer besonders großen Wunde streikte ich dann doch und fuhr aufgebracht zu meinem Hausarzt, der mir begütigend die Hand auf die Schulter legte und meinte: „Danken Sie dafür, Sie werden da hineinwachsen. Dankbarkeit wird Sie befreien!“ Mit großen Augen sah ich ihn an und schwieg verbissen, was sollte ich schon auf solch unerwartet „salbungsvolle“ Worte eines Arztes sagen?

Nach Jahren der Wundversorgung und wiederholten Verzweiflungsanfällen bin ich schließlich zu einem begeisterten Wundenversorger geworden und lernte dabei auch allerlei in der Bibel beschrieben Öle kennen, die sehr heilsam wirken.[4]

Ich hatte in all den Jahren viele Ärzte nach den Ursachen dieser Wunden gefragt, aber die Antworten reichten mir nicht aus. Eines Tages kam ich auf die verwegene Idee, einmal den Heiligen Geist nach der Ursache dieser Wunden zu fragen. Zuvor betete ich zwar um Heilung, die aber niemals eintrat. In der Folge wiesen mich unabhängig voneinander zwei verschiedene Personen auf bestimmte Tabletten hin, die meine Mutter zur Entwässerung

[4] Empfehlenswerte Bücher zum Thema Öle und Aromatherapie finden sich im Anhang unter „Buchempfehlungen“.

nahm. Ich testete die Absetzung der Tablette und tatsächlich verschwanden alle Geschwüre.

Diese Geschichte erzähle ich, weil sie für mich ein kleiner „Paradigmenwechsel" war. Das, was mich zuerst mit Schrecken erfüllte, stellte sich durch Gottes Gnade als eine Chance zu neuen Erfahrungen mit ihm heraus. Was ich lernte, machte mir schließlich sogar Spaß! Das hätte ich niemals erwartet, doch Gott wusste um diese verborgene Gabe, eine „Behandlerin" zu sein. Er führte mich den Weg der Erfahrung – und ich machte zum Glück nicht „dicht", sondern ließ die schwere Situation zu, die sich von Bedrohlichkeit in „Gold" verwandelte. Darum geht es beim „Elixier der Verwandlung". Oftmals bringt Gott gerade in Krisen Fähigkeiten in uns zum Vorschein, die wir nicht ahnten.

Man erzählt sich die Geschichte einer Perle hier am Strand.
Sie entstand in einer Muschel durch ein grobes Körnchen Sand.
Es drang ein in ihre Mitte und die Muschel wehrte sich.
Doch sie musste damit leben und sie klagte: Warum ich?

Eine Perle wächst ins Leben, sie entsteht durch tiefen Schmerz.
Und die Muschel glaubt zu sterben, Wut und Trauer füllt ihr Herz.
Sie beginnt, es zu ertragen, zu ummanteln dieses Korn.
Nach und nach verstummt ihr Klagen und ihr ohnmächtiger Zorn.

Viele Jahre sind vergangen, Tag für Tag am Meeresgrund
schließt und öffnet sich die Muschel. Jetzt fühlt sie sich kerngesund.
Ihre Perle wird geboren, glitzert nun im Sonnenlicht.
Alle Schmerzen sind vergessen, jenes Wunder jedoch nicht.

Jede Perle lässt uns beten, hilft vertrauen und verstehn,
denn der Schöpfer aller Dinge hat auch deinen Schmerz gesehn.
Nun wächst Glaube, Hoffnung, Liebe, sogar Freude tief im Leid.
So entsteht auch deine Perle, sein Geschenk für alle Zeit.[5]

---

[5] Sören Kahl.

Vom Kriechen zum Fliegen

Viele Gläubige meinen, es gehe im Glauben um christliche Moral, die Zehn Gebote zu halten usw., aber es geht vielmehr um eine Verwandlung in das Bild Christi. Gott leert und putzt die Bekehrten inwendig aus und sie haben dabei das Gefühl „zu sterben" und nicht gerade, gesegnet zu sein! Sie fragen sich, welche Sünden sie nur begangen haben, um so „gestraft" zu werden, jedoch geht es keineswegs um Sünde und Strafe, sondern um eine Transformation in das Bild Christi (vgl. 2 Kor 3,17-18). Dies ist etwas *ganz anderes*, als die Beachtung einer guten Moral und von Geboten, darum müssen wir grundlegend umdenken.

Der hilfreiche Vergleich aus der Natur für den Prozess der Transformation ist die Verwandlung der Raupe in einen Schmetterling. Das Ziel der Raupe ist nicht, eine „gute Raupe" zu werden, sondern ein Schmetterling. Sie soll vom Kriechen zum Fliegen kommen. Jedoch nehme ich an, dass die Raupe den Prozess der Umformung (Metamorphose) nicht begreift und meint, ihr Ende sei gekommen, wenn sie sich in ihrem Kokon einspinnt und sich darin buchstäblich auflöst. In gewisser Weise stimmt es, dass die Raupe stirbt, denn sie löst sich ganz und gar auf und bildet eine komplett neue Gestalt aus – was für ein Geheimnis und Wunder! Sie wird nicht eine bessere Raupe, nein, sie wird eine *neue Schöpfung*.

Auch *wir* werden eine neue Schöpfung, wie uns das Neue Testament erklärt (vgl. 2 Kor 5,17).

Wir bleiben nicht die Alten und erhalten lediglich einen neuen, christlichen Anstrich, nein, wir „sterben" der alten Natur ab und werden eine ganz neue Schöpfung. Dies ist ein großes Geheimnis und Wunder, wenige nur begreifen es. Sie veranstalten lieber Kirche, wo christliches Benehmen gepredigt wird, aber nicht Verwandlung. Darum haben wir für dieses Buch den Titel *„Elixier der Verwandlung"* gewählt.

Ist der Prozess der Transformation durchlaufen, wird das Alte vergessen. Alle sind begeistert über einen Schmetterling, sie denken nicht mehr an Raupen, Kokons und Auflösung. Das neue Tier ist so herrlich, dass das alte vergessen wird.

Ebenso soll es uns allen ergehen; auch *wir* sollen vom Kriechen zum Fliegen kommen. Wir durchleiden einen Prozess der Auflösung und Neuformung, dann aber kommt die neue Schöpfung ans Licht – voller Herrlichkeit und Pracht. Die Leiden der Transformation werden vergessen und Freude herrscht.

Wenn wir dieses Ziel vor Augen behalten und Christus den Raum in uns geben, dann halten wir den Prozess der Verwandlung – Sterben und Auferstehung – besser durch, als wenn wir den Sinn der gottgegebenen bzw. gottzugelassenen Leiden nicht begreifen. Dies zu verstehen, ist sehr wichtig! Manche verwechseln das Werk Gottes in uns mit dämonischen Angriffen und satanischen Anfechtungen. Dann kämpfen und beten sie dagegen an. Hier braucht es Unterscheidung.

> *Denn ich denke, dass die Leiden der jetzigen Zeit nicht ins Gewicht fallen, verglichen mit der Herrlichkeit, die im Begriff steht, an uns geoffenbart zu werden* (Röm 8,18).

Unserer Erfahrung nach sind sowohl die Theologie des Erbes als auch die Theologie der Verwandlung Themen, die nur wenig von den Kanzeln gepredigt werden. Entsprechend wird nicht viel Herrlichkeit offenbar. Aber *das* ist doch das Ziel. Die Verfolgung dieses Zieles würde allerdings erfordern, dass die *ganze Gemeinde* durch Prozesse der Verwandlung gehen muss, um in das Bild Christi verwandelt zu werden. Es würde darüber hinaus bedeuten, dass wir unsere traditionellen Vorstellungen von Christsein und Gemeinde zur Disposition stellen müssten, um dem Heiligen Geist zu erlauben, uns den Weg der Verwandlung und Teilhabe an Christus zu führen, den wir nur an seiner Hand gehen können und darum nicht unter unserer Kontrolle haben.

Wir müssten vom Glauben an die Kirche und den Gottesdienst, die Lehre und die Hierarchie usw. zum Glauben an Jesus kommen – den *wirklichen* Jesus, in dem die ganze Fülle Gottes wohnt. Diesen *wirklichen* Glauben kann uns nur der Heilige Geist vermitteln. Er zeigt uns Jesus unmittelbar und wir werden in sein Bild verwandelt – von Herrlichkeit zu Herrlichkeit. Das ist die christliche „Erleuchtung".

Kapitel 9

Achtet es für lauter Freude ...

Achtet es für lauter Freude, meine Brüder, wenn ihr in mancherlei Versuchungen geratet, indem ihr erkennt, dass die Bewährung eures Glaubens Ausharren bewirkt. Das Ausharren aber soll ein vollkommenes Werk haben, damit ihr vollkommen und vollendet seid und in nichts Mangel habt.

Jakobus 1,1-2

Vollendung

Alle wollen gerne „vollkommen und vollendet" sein und vor allem „keinen Mangel" haben. Aber was ist der Weg dorthin? Zu Anfang unseres Glaubenslebens meinen wir, dass wir Gott durch „fromme Maßnahmen" dazu bringen müssen, uns zu segnen. Wir denken noch ganz in der Geschäftsmentalität des Fleisches (Ego) und bieten Gott bestimmte Leistungen (z. B. Gebote halten) an, um damit seinen Segen „zu kaufen". Der obige Vers aus dem Jakobusbrief zeigt uns aber eine ganz andere Glaubenseigenschaft, die wir brauchen, um in die Erfüllung der Verheißungen Gottes einzutreten. Es braucht dafür „Ausharren". Andere übersetzen dieses Wort mit „Geduld" (Luther) und noch besser „Standhaftigkeit" (Die Gute Nachricht). Ausharren ist jene Eigenschaft, die im Leben Davids durch alle seine Anfechtungen hindurch trainiert wurde: Er hielt an Gott fest, er stand wieder auf, wenn er gefallen war, er blieb dran, bis die große Wende eintrat. Der ganze übergroße Widerstand, der ihn bei seinem Leben bedrohte (Saul) und in die Wüste jagte, wo er eigentlich als gescheiterte Existenz und abschreckendes Beispiel verbannt bleiben und vergessen werden sollte, zerbrach schließlich an Davids Beharrlichkeit. Sein Leid wurde zu Freude, seine Tränen zu Lachen und seine Gebeugtheit zu Triumph.

> *Durch Geduld wird ein Fürst überredet und eine linde Zunge zerbricht Knochen* (Spr 25,15 LUT).

> *Ein Geduldiger ist besser als ein Starker und wer sich selbst beherrscht, besser als einer, der Städte gewinnt* (Spr 16,32 LUT).

Das sind weise Worte aus den Sprüchen Salomos, des Sohnes Davids. Aber wo und wie lernt man Beharrlichkeit? Nur an Widerständen! Der „lange Atem“, das unermüdliche Dranbleiben wird auch von Jesus im Gleichnis der Witwe, die sich gegenüber dem ungerechten Richter unerschütterlich in ihrem Anliegen zeigt, beschrieben (vgl. Lk 18,1-8). Und Jesus rät uns: *„So sollt ihr beten!“*, also ohne Unterlass. Viele Gläubige geben viel zu schnell auf und werfen die Flinte ins Korn, werden bitter gegen Gott und Menschen und verlegen sich auf eine Haltung permanenten (An)Klagens. Wer aber den *Nutzen* der Krisen erkennt und im Rückblick auf sie sieht, wie gerade *sie* es waren, die uns *konstant* ins Gebet getrieben haben und schließlich zu echten Überwindern trainiert haben, der stimmt mit Jakobus überein, dass es gerade die Widrigkeiten waren, in denen die Hand Gottes erfahren wurde und Zeichen und Wunder geschehen sind, nach denen wir ja zuvor immer verlangt haben. Dieser Zusammenhang ist gerade den jungen Gläubigen nicht klar. Sie beten um „große Dinge“ und kommen danach ins heiße Training der Versuchungen, Anfechtungen und Trübsale, um eben zu diesen „großen Dingen“ bereitgemacht zu werden. Sie werden im Feuer geschmiedet – aber erst danach erkennen sie, dass das Feuer nicht dazu da war, sie zu verbrennen, sondern um die Schlacken auszuscheiden und ein brauchbares Werkzeug aus ihnen zu machen.

> Es erstaunt mich, wenn jemand, der den Spiegel seiner Seele reinigen will, sich beklagt, weil es bei der Politur nicht immer

> sanft zugeht. Die Grobheit gilt nicht der Seele, sondern ihren schlechten Eigenschaften. Wenn man einen Teppich klopft, gelten die Schläge nicht ihm, sondern dem Staub, von dem er befreit werden soll.[1]

Die Schläge tun weh, ja, aber von alleine fällt der Dreck nicht aus uns heraus. Die nötigen Reinigungsprozesse gehen durch und durch, wir fühlen uns elend und geschlagen, aber dann schließlich entdecken wir, wie Recht Rumi mit seiner Beobachtung hat – und wenn wir das erkennen, wird unser Gram zu Freude. Wir können dann schon im Leiden den Triumph sehen, der am Ende dabei herauskommen wird, und – so paradox es klingt – schon im Leiden danken und statt Untergangsgedanken Heilsgedanken denken (vgl. Eph 5,20). Diese Umstellung im Denken (Paradigmenwechsel) hat eine ungeheuer entlastende und entspannende Wirkung auf unsere Gefühle und kürzt den Weg „durch das Tal" normalerweise ganz enorm ab. Wenn wir aber in der Mitte des dunklen Tales stehenbleiben, uns umdrehen und wie gelähmt die Dunkelheit anstarren, dann kommen wir nicht voran. Wissen wir aber, dass das Tal nur eine Durchgangsstation darstellt, in der wir die Erfahrung machen, dass der „Stecken und Stab" Jesu uns tröstet und durchführt (vgl. Ps 23,4), dann haben wir eine unschätzbar wichtige Erfahrung gemacht, die uns eine der mächtigsten Ängste überwinden lässt, die die meisten Menschen ihr Leben lang am Gängelband hält: Die Furcht vor Verlassenheit.

Da solche und andere Ängste jede Menge Lebenskraft gebunden halten, ist es einfach nötig, mit ihnen konfrontiert zu werden, um sie zu überwinden. Aber wenn der Herr mit uns geht und wir seine Gegenwart erleben, geht uns in der Finsternis ein Licht auf und die Schatten, die uns so bedrohlich erschienen, lösen sich in Nichts auf. Die Befreiung von Furcht ist die ultimative Befreiung und lässt uns sehr stark werden, da wir unsere Lebenskraft zurückgewinnen. Das ist tatsächlich *große Freude!*

---

[1] O.W. Barth, „Rumi", 16. Januar.

Herrlichkeit

Freut euch, insoweit ihr der Leiden des Christus teilhaftig seid, damit ihr euch auch in der Offenbarung seiner Herrlichkeit jubelnd freut (1 Pt 4,13).

Erneut tritt uns in diesem Vers der Zusammenhang von Leid und Herrlichkeit entgegen, etwas, was wir normalerweise so gar nicht miteinander in Verbindung bringen. Wir meinen, das eine schließe das andere aus; jetzt lernen wir, dass das eine das andere bedingt.

Wir wollen gerne nur die eine Seite der Medaille haben, die Erlösung zur Freude. Aber die Kehrseite der Medaille ist, dass wir am Prozess der Erlösung leiden werden, weil wir Erlösung zuvor nicht gekannt und nicht gelebt haben, sondern ganz den Weg des Egos gingen, den Weg der Illusionen und des Lebens in der Lüge – den Weg Sauls und nicht den Weg Davids. Uns davon zu verabschieden und einen neuen Weg zu gehen, ja, *neue Menschen* zu werden, ist im Endergebnis herrlich, aber im Werdegang anstrengend, schmerzlich und herausfordernd wie eine Geburt oder wie die Verwandlung einer Raupe in einen Schmetterling.

Wir werden aus dem „Lauf dieser Welt" herausgerissen (vgl. Eph 2,1-2) und müssen aktiv an dieser „Herausreißung" mitarbeiten. Wir gehen entsprechend durch Phasen großer Spannungen und beängstigender Entwurzelung.

Gott versetzt uns aus dem Reich der Finsternis ins Reich des Lichts (vgl. Kol 1,13). Dem Licht so völlig entwöhnt, kann es uns zunächst sehr erschrecken und in den Augen weh tun. Was wir im Licht zu sehen bekommen, ist niederschmetternd und hässlich. Nach der langen Gewöhnung an eine illusionsgeladene Scheinwelt kann uns die Realität hart treffen. Wir schreien zu Gott um Hilfe und Befreiung und er löst uns Stück für Stück aus den Gebundenheiten und Fesseln, an die wir uns als ganz normal gewöhnt hatten. Die Wahrheit braucht sowohl Trost als auch Mut und Entschlossenheit.

Der Heilige Geist, der auch der „Tröster" genannt wird (vgl. Joh 14,16.26) führt uns dankenswerterweise immer den Weg von

Niedergeschlagenheit und Jammer zu Mut und Entschlossenheit. Er führt uns in die Tiefe, jedoch nur, um uns in die Höhe zu bringen. Mitten im Tal des Leidens lässt er auf einmal eine Empörung in uns hochsteigen, eine Weigerung, am Alten festzuhalten und weiter zu jammern. Wir stehen aus dem Staub auf und – zum völligen Erstaunen sowohl des Feindes als auch von uns selbst – greifen wir zu den Waffen und *kämpfen*. Dies ist eine wunderbare Erfahrung, eine Sternstunde im Leben, sie markiert eine Wende, die in unserem Innersten beginnt und sich fortsetzt bis in die sichtbaren Umstände hinein.

Gott gibt uns auf eine schwer zu erklärende Weise durch die Anteilnahme an den Leiden Christi auch Anteil an seiner Autorität über die Umstände – und wir ergreifen sie und machen sie uns zunutze. Das, was uns zerstören wollte, dient uns auf einmal zum Guten! Laufen wir in dieser Spur, sind wir „Davids Söhne und Töchter", denn wir vollziehen seine Erfahrungen nach, nehmen Teil an seinen Kämpfen und treten sein Erbe an.

> *Wohl den Menschen, die dich für ihre Stärke halten und von Herzen dir nachwandeln!*
> *Wenn sie durch das dürre Tal (Tal der Tränen) ziehen, wird es ihnen zum Quellgrund, und Frühregen hüllt es in Segen.*
> *Sie gehen von Kraft zu Kraft und schauen den wahren Gott in Zion* (Ps 84,6-8).

Wiederum wollen wir gerne „von Kraft zu Kraft" gehen und den Segen haben – aber durch das dürre Tal ziehen und Brunnen graben? (Die alte Lutherübersetzung von 1914 übersetzt Vers 7 so: „Die durch das Jammertal gehen und machen daselbst Brunnen." Diese Übersetzung zeigt ein aktives Handeln im „Jammertal". Dort können Brunnen gegraben und Quellen gefunden werden!)

„Vom Geheimnis des Leidens" lautet der Untertitel zu diesem Buch. Eines der Geheimnisse liegt darin, dass Leiden uns zum Segen werden können. Jedes Leiden. Alles in uns mag dem widersprechen wollen, ist doch die Welt voller sinnloser Leiden, das ist wahr. Geben wir unsere Leiden jedoch ab in die Hand Gottes, wird er ihre zerstörerische Kraft nehmen, um sie in segnende Kraft zu verwandeln. Gott hat kein Problem mit Problemen. Er scheut sich nicht, selbst den Aussatz anzufassen und sich in die tiefsten menschlichen Abgründe zu begeben. Wie er das tut und wie der Weg im Einzelnen aussieht, das ist wirklich ein Geheimnis – Gott aber will mit uns eben dieses Geheimnis erschließen.

Das Gute an der „Guten Nachricht", dem Evangelium also, ist, dass Gott sich *nicht* in seinen heiligen Himmel zurückzieht und uns dem Untergang überlässt, sondern dass er zu uns kommt und sich voll auf uns einlässt – Leiden inklusive. Ob selbstverschuldet oder nicht, er kommt an unsere Seite. Dies gibt Hoffnung, und Hoffnung ist schon sehr hilfreich in hoffnungslosen Situationen!

Harte Bandagen

Je länger wir den Weg mit Gott gehen, desto öfter werden wir die Erfahrung machen, dass Gott manches Mal mit „harten Bandagen" spielt. Er lässt schwierige Situationen bis auf den Zenit kommen, Krisen voll hochkochen und das Böse scheinbar den Sieg davontragen, aber wenn wir nicht vorzeitig alles hinschmeißen, erleben wir gerade am Höhepunkt der Krise, dass die Wende kommt, dass ein Wunder geschieht, dass sich im Nachhinein doch noch vieles zum Guten wandelt – gerade dort, wo wir es uns gar nicht mehr hatten vorstellen können, wie das geschehen soll. Jemand sagte: „Wahrer Glaube beginnt erst da, wo aller Grund vorhanden scheint, ihn aufzugeben." Gott ist ein Meister für ausweglose Situationen! Diese für uns so paradox wirkende Handlungsweise Gottes wird in 2. Korinther 4,7-10 so beschrieben:

> *Wir haben aber diesen Schatz in irdenen Gefäßen, damit das Übermaß der Kraft von Gott sei und nicht aus uns. In allem sind wir bedrängt, aber nicht erdrückt; keinen Ausweg sehend, aber nicht ohne Ausweg; verfolgt, aber nicht verlassen; niedergeworfen, aber nicht vernichtet; allezeit das Sterben Jesu am Leib umhertragend, damit auch das Leben Jesu an unserem Leibe offenbar werde. Denn ständig werden wir, die Lebenden,*

dem Tod überliefert um Jesu willen, damit auch das Leben Jesu an unserem sterblichen Fleisch offenbar werde.

Natürlich, wir wollen die „überschwängliche Kraft Gottes" erleben; wie oft haben wir darum gebeten und uns danach ausgestreckt! Sicher, wir wollen furchtlos und unverzagt sein in der Erfahrung, niemals verlassen zu werden. Das Leben Jesu soll an uns offenbar werden, ja klar, dafür sind wir doch Christen! Die Kehrseite der Medaille ist, dass wir all dies nur in der Not, der Bedrängnis und Krise erfahren. *Dort* erweisen sich die Gnade und Herrlichkeit Gottes. Sie sind nicht dazu gedacht, unterhaltsames Beiwerk unserer Gottesdienste zu sein, sondern *Rettungen* in den Nöten, derer wir in einer gefallenen Welt und vergänglichen Schöpfung ständig teilhaftig sind. Gott macht uns *mitten darin* zu Demonstrationsobjekten seiner Herrlichkeit. Er scheint uns immer wieder geradewegs in die verrücktesten Situationen zu führen, an die Grenzen des Möglichen zu treiben und darüber hinaus – um dann und dort seine Weisheit, Liebe und Kraft zu offenbaren. Menschen sollen es sehen, Hoffnung schöpfen und ihn preisen.

Ich bat um KRAFT ...
und mir wurden Schwierigkeiten gegeben, um mich stark zu machen.
Ich bat um WEISHEIT ...
und mir wurden Probleme gegeben, um sie zu lösen und dadurch Weisheit zu erlangen.
Ich bat um WOHLSTAND ...
und mir wurden ein Gehirn und Muskelkraft gegeben, um zu arbeiten.
Ich bat um MUT ...
und mir wurden Hindernisse gegeben, um sie zu überwinden.
Ich bat um LIEBE ...
und mir wurden besorgte, unruhige Menschen mit Problemen gegeben, um ihnen beizustehen.
Ich bat um ENTSCHEIDUNGEN ...
und mir wurden Gelegenheiten gegeben.

Ich bekam nicht was ich wollte ... aber ich bekam alles was ich brauchte.[2]

Der Zerbruch führt uns einerseits zu einem völligen Ehrlichwerden mit uns selbst, unserem Nächsten und Gott, andererseits bringt er uns in die Position, Wunder der Rettung zu erleben. So werden wir Zeugen Christi.

Als ich (Brigitte) Anfang der Neunzigerjahre Urlaub in Bremen machte, beschäftigte mich, dass ich auf einmal kein Fleisch mehr vertragen konnte, und ich betete wiederholt um Heilung. Bei einem Spaziergang durch die Altstadt betete ich innerlich zu Gott: „Oh Gott, zeige mir doch den Weg, wie ich aus diesem Problem herauskomme!" Es war mir, als würde der Heilige Geist antworten: „Kind, ich gebe dir eine Antwort, geh ein Stück weiter." Ich ging um eine alte Kirche herum und traute meinen Augen nicht. Dort war ein riesiges Stoffbanner aufgespannt, auf dem in großen, gelben Lettern stand: „Verzichten schützt vor Unglücklichsein!" Das war der Beginn meiner Entscheidung, Vegetarier zu werden. Dies war für mich ein Beispiel der unkonventionellen Führung Gottes. „Nichts ist zu wertvoll, als dass ich es nicht lächelnd für Gott aufgeben könnte", sagte ein weiser Mann.

Paulus zählt in 2. Korinther 11 eine Menge Leiden auf, durch die er gegangen ist und in denen er großartige Rettungen erlebte. Dabei redet er diesbezüglich nicht davon, dass ihn jemand wegen seines Glaubens mal „schief angeschaut" hat, was manche Christen heutzutage schon als schwere Bürde betrachten. Er redet von *Schlägen, Gefängnis und Todesgefahren*. Er spricht einmal ganz offen von *Verfolgung, Verleumdung, Mühen, Beschwerden, Hunger und Durst, Fasten, Kälte und Blöße*. In unser modernes Bild eines „erfolgreichen" und nach BAT bezahlten Kirchenleiters passt das gar nicht hinein. Unsere Vorstellung von einem Apostel ist doch eher die, dass das einer „ganz oben" in der Hierarchie ist, einer, „der es geschafft hat", der das Leben und den Glauben „im Griff" hat und vollmächtig predigend durchs Land zieht.

---

[2] Verfasser unbekannt.

Immer wieder beteuert Paulus den Gemeinden, dass er eben gerade dadurch ein so großartiges Zeugnis ist, weil er bei den Leidenden sitzt – in Jesu Namen –, damit *dort* die Gnade Gottes voll zum Zuge kommt.

Wie würde wohl heute ein „moderner Paulus" beurteilt werden, der mit Gefängnis, Beschwerden und Blöße aufwartet? Einige theologische Richtungen haben dafür keinen Platz. Wir nehmen die Bibelstellen über Heilung und Wohlstand sehr ernst und glauben, dass Gott immer heilen will und unser Wohl sucht – so wie er auch immer unsere Sünden vergeben will und möchte, dass alle Menschen zur Erkenntnis der Wahrheit kommen (vgl. 1 Tim 2,4). Doch wie genau der Weg der Heilung für einen individuellen Menschen aussieht, und was sein „Pfahl im Fleisch" ist (vgl. 2 Kor 12,7-9), der ihn demütig hält, das wissen wir nicht und müssen es nicht voreilig beurteilen oder ihm mangelnden Glauben unterstellen.

Gnade

Paulus hält sehr viel von der Gnade. Er konnte sagen: Ich habe mehr gearbeitet als alle anderen, aber nicht ich, sondern die Gnade, die mit mir war (vgl. 1 Kor 15,10).

Uns scheint in der modernen Christenheit westlichen Zuschnitts der Begriff der Gnade sehr verloren gegangen zu sein und viel zu theologisch-theoretisch abgehandelt zu werden. Die Gnade kommt, ganz anders als bei Paulus, so *wenig* zum Zug, weil die Vorstellungen des durchschnittlichen Christen von „Gnade" zu oberflächlich sind und keine nachhaltige Wirkung auf den Alltag und das reale Leben haben. Dass Gott „gnädig" ist, reißt niemanden so wirklich vom Hocker; die meisten verstehen das genau so, wie die Welt es sieht: Wir haben gesündigt, okay, aber Gott drückt ein Auge zu und sieht darüber hinweg; wir können aufatmen – noch mal Glück gehabt, der strenge Richter wurde gnädig gestimmt ...

In der Welt ist Gnade eine Ausnahme, Amnestie eine großzügige Seltenheit, die mit vielen langwierigen Verhandlungen erreicht werden muss. Bei Gott jedoch ist Gnade weder eine Ausnahme noch etwas, das ihm „abgerungen“ werden muss, sondern die Regel. *Alles* ist „in Gnade“, sie ist die Grundlage unserer Beziehung zu Gott, die eben nicht ein Geschäft ist, wo wir Gott mit frommen Leistungen etwas abkaufen oder ihn durch endloses Bitten und Betteln zu unseren Gunsten erweichen. Gnade, die uns alles schenkt, ist ein Aspekt der bedingungslosen Liebe (Agape), und Gott *ist* diese Liebe. In die Position des Empfängers *aller* Verheißungen Gottes zu kommen, ist keine Sache von gutem Benehmen und Einhalten der Zehn Gebote, sondern das Verständnis von Gnade. Tatsächlich heißt es, sie soll in unserem Leben *herrschen!*

> *Wo aber die Sünde überströmend geworden ist, ist die Gnade noch überschwänglicher geworden, damit, wie die Sünde geherrscht hat zum Tod, so auch die Gnade herrscht durch Gerechtigkeit zu ewigem Leben durch Jesus Christus, unseren Herrn* (Röm 5,20-21).

Wie „herrscht“ denn die Sünde im Leben eines Menschen? Nun, sie ist das Wesen der Egozentrik, welches rund um die Uhr alles Denken, Trachten und Handeln des Sünders bestimmt. Sie ist kein Einzelereignis, kein bedauerlicher Ausrutscher, wie manche das sehen, sondern eine Haltung, ein Stil, eine *Lebensart* – nämlich die der *Selbst*bezogenheit, *Selbst*herrlichkeit, *Selbst*gerechtigkeit usw. Nicht Gott ist der Mittel- oder Bezugspunkt, sondern das Ich ... und alles dreht sich darum ... immer.

Aus dieser egozentrischen Haltung fließen die *sündigen Eigenschaften* wie Arroganz, Eitelkeit, Neid, Empfindlichkeit, Jähzorn, Stolz, Geiz usw.

Aus diesen Eigenschaften schließlich fließen die *sündigen Handlungen* wie Gewalt, Unterdrückung, Ausbeutung, sich vergreifen an den Dingen anderer usw.

Nun setzt Gott die Axt an der Wurzel an und nicht an der Frucht, an den Ursachen der Krankheit und nicht an den Symptomen. Wir können uns alle Mühe geben, etwas weniger Elend, Tränen, Mord und Totschlag hervorzubringen, jedoch ändert das noch nichts an der Quelle der Probleme, der Ich-Bezogenheit.

Dort setzt die Gnade an. Sie bietet uns die verblüffende Möglichkeit, den Thron in unserem Leben zu räumen, ihn Gott zu übergeben und sein Kind zu werden, welches nichts Eigenes horten, produzieren oder durchsetzen muss, da es Gott ist, der für es sorgt, sodass es selbst damit getrost aufhören kann. Halleluja!

Viele Christen haben diese Zusammenhänge theoretisch begriffen, erleben die große Revolution der Gnade jedoch kaum, weil sie ihren Weg gar nicht gehen. Sie behalten sich weiter für sich selbst, drehen sich weiter Tag und Nacht um sich selbst, sind voller Sorgen und Ängste um sich selbst – und meinen, sie seien *gute Christen*, weil sie sonntags in die Messe gehen. Das ist *nicht* der Fall!

„Gute Christen" sind wir, wenn wir den Weg der kindlichen Art der sorglosen Selbstlosigkeit gehen und die Gnade in und durch uns voll zum Zug kommen lassen – wie wir das bei Paulus im Neuen Testament und bei David im Alten Testament erkennen können. Diese Männer sind Vorbilder und Muster, an denen wir sehen können, wie die Gnade ganz praktisch „in Fleisch und Blut" im Alltag funktioniert. Beide Männer haben gelernt, ihr Selbst zu „kreuzigen", seinen Anspruch zu „verleugnen" und stattdessen Gott den Raum zu geben, in ihrem Leben zu regieren – als Vater. Sie haben aufgehört, Gott für ihre eigenen Zwecke zu benutzen, und wurden *wirklich* seine Kinder, Freunde und Liebhaber.

Der wunderbare Weg

Der Weg der Gnade ist der *wunderbare Weg*, auf dem auch alle Verheißungen Gottes sich erfüllen, jedoch ist der Preis dafür das Loslassen des Egos, das Ablegen des falschen Selbst, die Überwindung und Befreiung von der Sünde als beherrschender Instanz im Leben. Dies wird unumgänglich Leiden mit sich bringen, nämlich die Leiden am zähen Ego, welches keineswegs seine Vormachtstellung aufgeben und kapitulieren will. Wer sich mit sich selbst anlegt, wird die unglaubliche Widerspenstigkeit und Furcht des Egos kennenlernen und ganz sicher in den verzweifelten Ruf des Paulus einstimmen:

Ich elender Mensch, wer rettet mich vor mir selber!? (Röm 7,24).

Die Erlösung der sündigen Variante von uns selbst hin zur göttlichen Variante ist die Absicht Gottes. Da wir ganz und gar an die eine Variante gewöhnt sind, braucht es Vertrauen und Mut, den Weg zur anderen Seite zu gehen, uns selbst (in der alten Variante) hinter uns zu lassen und in der Kraft der Gnade eine neue Schöpfung zu werden. Das ganze Ausmaß unserer Zerstörtheit und Verlorenheit konnte uns nicht bewusst werden, wir hatten gar keinen Vergleichspunkt. Je mehr Gott uns nun die Wahrheit aufdeckt, desto erschrockener sind wir, haben wir uns doch so gekonnt so viel über uns selbst eingebildet! Dann schreien wir nach Gnade und noch mehr Gnade ... nach *völliger* Gnade. Nur in ihrer Kraft können wir in einer völlig egozentrischen Welt frei sein von der Diktatur der Sünde – Tag für Tag. Wenn wir in unserer neuen Erkenntnis über uns selbst in der alten Variante verzweifelt und beschämt zu Jesus schauen, sehen wir ihn lächelnd abwinken: „Hab ich erledigt und ins tiefste Meer geworfen!" (vgl. Micha 7,19). Das ist Gnade.

Das Werk der Gnade ist es, uns aus der Welt *in Christus* hineinzubringen und Christus aus dem Himmel *in uns* hineinzubringen. Wir können ihm Raum geben *in uns*, denn er hat für uns schon Raum gemacht *in sich*. Dieses „Ineinander-Leben" ist die Vereinigung, die Gott erreichen will und die dem ursprünglichen, paradiesischen Zustand in Liebe entspricht, der durch die Sünde verloren ging und verdorben wurde. Sie ist das Ziel des „wunderbaren Weges".

Jesus vergibt uns die Sünden nicht, damit sie uns eben vergeben sind. Die Vergebung ist kein Ziel in sich selbst, sondern die Tür, durch welche wir in die Gnade und die Gnade in uns eintreten kann. Begreifen wir nicht die Absicht der Gnade, begreifen wir auch den Sinn der Vergebung nicht. Gehen wir den Weg der Gnade nicht, ist uns in gewisser Weise vergeblich vergeben worden. Eine erschreckende Vorstellung!

Durch die Vergebung kommen wir in die Gnade hinein, durch die Gnade in die Kindschaft, durch die Kindschaft in das Erbe. So manche Christen, die wir in den vielen Jahren unseres geistlichen Dienstes kennengelernt haben, sind weder in der Gnade noch in der Kindschaft und entsprechend auch nicht im Erbe angekommen. Sie drehen sich um die Vergebung wie in einer Drehtüre, als wäre sie das *eine*, worum es geht. Sie haben ein *Sündenbewusstsein* kultiviert und fühlen sich ständig verkehrt und verdammenswert. Ein *Gnadenbewusstsein,* durch welches sie in *alle* Dinge Gottes und des Himmels eintreten können – als seine Kinder und Erben –, ist ihnen fremd und sogar suspekt.

All dieses Nicht-Verstehen bringt ganz *unnötige Leiden* mit sich, blockiert Entwicklungen und Wachstum. Es erfüllt sich das mahnende Wort aus Hosea 4,6: *„Mein Volk kommt um aus Mangel an Erkenntnis!"* Hinter vielen Krankheiten, Schwachheiten und Depressionen steht der Mangel an der Erkenntnis der Gnade, das viele ungelebte Leben und die viele ungeliebte Liebe, was der Preis der Sünde ist, die nicht radikal abgelegt wird.

Jesus hat sich selbst entäußert. Um zu uns zu kommen, entäußern auch wir uns, um zu ihm zu kommen! Wovon müssen wir uns denn „entäußern"? Von uns selbst in der Ego-Variante. Der Geist der Sünde setzt an unserer Egozentrik an und redet uns ein, wir könnten uns unmöglich loslassen und ihm vertrauen, schließlich wurden wir ja schon so oft hängen gelassen, verraten und enttäuscht. Uns muss klar sein, dass bei dieser Logik *wir* die Opfer sind! Denn wir erlauben damit, dass Enttäuschung, Verrat und Untreue weiter unser Leben beherrschen, da wir ja darauf hören und uns danach *richten.* Besser, wir würden auf die Gnade hören und uns aus dem Griff der Sünde (er)lösen lassen!

Jedem steht es offen, Jesus sowohl um die Erlösung von den Sünden als auch um den Geist der Gnade zu bitten. Es ist keinerlei „Vorleistung" nötig, nur ein echtes Verlangen danach. Dies erwächst normalerweise alleine daraus, dass wir ans Ende von uns selbst kommen und die verzweifelte Notwendigkeit von Erlösung und Gnade für uns begreifen. So wird das Ende zum Anfang.

„Im Ende der Anfang" (T. S. Eliot) ... Ich möchte damit die Kraft der christlichen Hoffnung zum Ausdruck bringen, denn christliche Hoffnung ist die Kraft der Auferstehung aus den Versagungen und den Niederlagen des Lebens. Sie ist die Kraft der Wiedergeburt des Lebens aus dem Schatten des Todes. Sie ist die Kraft zum neuen Anfang, wo durch Schuld Leben unmöglich gemacht wurde. Denn sie ist Geist vom Geist der Auferstehung des verratenen, misshandelten und verlassenen Christus. Durch seine göttliche Auferweckung von den Toten wurde jenes ausweglose Ende Christi am Kreuz auf Golgatha zu seinem wahren Anfang. Sind wir dessen eingedenk, dann geben wir uns nicht auf, sondern erwarten, dass in jedem Ende ein neuer Anfang verborgen liegt. Wir werden jedoch zu neuen Anfängen erst fähig, wenn wir bereit sind, loszulassen, was uns quält und was uns fehlt. Wenn wir den neuen Anfang suchen, wird er uns finden."[3]

Das Leben feiern

Wie kann man im Leiden das Leben feiern? Wie schult man ein Herz darin, sich unabhängig von den Umständen freuen zu können? Wie betreibt man Seelen- und Herzenshygiene, reinigt sich von Dingen, die uns innerlich beschmutzt haben, und reist durch das „dunkle Tal" mit leichtem Gepäck?

Wie wir zu zeigen versuchten, kann uns das Leiden nutzen, es kann uns das „Elixier der Verwandlung" reichen und auf der anderen Seite des Tales reifer und authentischer herauskommen lassen, als wir hineingingen. Tatsächlich gehen wir diesen Weg nicht nur einmal im Leben; es scheint immer wieder nötig zu sein, uns grundsätzlich zu verändern. Man kann es der Häutung einer Schlange vergleichen, die zu gewissen Zeiten aufgrund ihres Wachstums die alte Haut abstreifen muss, um nicht in sich selbst zu ersticken. Sicher fühlt sich eine solche Häutung nicht eben lustig an und wer weiß, was eine Schlange dabei empfindet. Jedenfalls ist sie verletzt und in der Krise, jedoch ist eben das die Voraussetzung für die neue Haut.

[3] Jürgen Moltmann, „Im Ende – der Anfang", Gütersloher Verlagshaus, S. 9.

Geht es also durchs Tal oder durch die „Häutung", dann gilt es, sich Ruhe zu gönnen und Freiräume zum „Durchleiden" zu schaffen. Leiden gehört zur Natur des Lebens dazu und beginnt bereits bei der Geburt. Hilfreich ist uns dabei stets die Betrachtung der Schönheit der Natur, die gleichmütig durch die Jahreszeiten geht und uns immer wieder zeigt, dass das Leben in Zyklen von Tag und Nacht, Sommer und Winter usw. verläuft und nicht „immer gleich" nach Plan bzw. Stechuhr „funktioniert", als seien wir Maschinen.[4] Unsere derzeitige Leistungskultur bevorzugt leider zunehmend den Maschinenmenschen, obgleich die ins Unendliche anwachsende Zahl psychischer Erkrankungen, die uns von den Statistiken der Krankenkassen vorgelegt werden, davon zeugen, dass wir keine Maschinen sind. Ein Mönch erklärte einmal: „Wenn sich ein Ventilator sehr schnell dreht, könnt ihr nicht sehen, wie er in Wirklichkeit beschaffen ist. Erst wenn er sich langsam dreht, könnt ihr es sehen. Lernt zu sehen, wie sich ein Blatt nach dem anderen im Wind bewegt."[5]

Es gibt den schönen Spruch: „Narren hasten, Kluge warten, Weise gehen in den Garten." Neben der Natur kann uns gerade das „Zweckfreie" wie Kunst und Musik helfen, Gelassenheit und Achtsamkeit zu lernen, das heilsame „Nichtstun", welches es braucht, um das „Elixier der Verwandlung" in der Tiefe der Verborgenheit zu finden und mit dem Prozess der Veränderung mitzugehen, anstatt unentwegt dagegen anzuarbeiten, was es unnötig schwer macht.

Gerade im Leiden wird uns der Wert des „Normalen" und „Banalen" wieder deutlich.

Als ich (Frank) vor einigen Jahren mit Bandscheibenvorfällen „geschlagen" war und vor Schmerzen nicht ein noch aus wusste, da lernte ich es zu schätzen, wenn man sich „einfach so" bewegen, ja, selbst schmerzfrei *liegen* kann. Dinge, die anderen völlig selbstverständlich und unbewusst sind, wurden mir in ihrer Groß-

---

[4] Vgl. hierzu: Wayne Jacobsen, „Zu Seiner Zeit – Gottes Wege zu einem fruchtbaren Leben", GloryWorld-Medien 2012.

[5] Aus J. Kornfield, „Nach der Erleuchtung Wäsche waschen und Kartoffeln schälen ...".

artigkeit und Kraft deutlich. „Kleine“ und „einfache“ Gegebenheiten des Lebens erschienen mir auf einmal wie wahre Wunder.

Als ich (Brigitte) nach sechs Wochen starrem Liegen aufgrund einer Wirbelfraktur wieder mobilisiert wurde, war es geradezu „göttlich“, im Wasser einen schmerzfreien Schwimmzug machen zu können. Jede Bewegung wurde zu einer „Offenbarung“ an Schönheit und Kraft, da außerhalb des Wassers „gar nichts“ ging.

Wenn wir in diesem Sinne achtsam leben, unnötigen Ballast abwerfen und anfangen, die Gabe des Lebens wertzuschätzen, entsteht eine neue *Freiheit der Einfachheit.* Wir erkennen, dass wir zum Leben eigentlich gar nicht so viel brauchen und dass wir nicht „mithalten“ müssen mit der Welt und ihrem Konsumterror. Nun können wir auch im Leid dankbar sein für kleine Dinge, die wir früher nicht weiter beachtet haben. Wir treten in ein ruhiges, Gott gehorsames Leben im Hier und Heute ein, dienen da, wo wir Not sehen (die wir zuvor überhaupt nicht wahrgenommen haben) und lassen das Hamsterrad des inszenierten Ego-Pseudo-Lebens hinter uns, wo wir uns ständig mit anderen vergleichen und dem „Erfolg“ hinterher sind wie einer Droge.

Wir können nun das Leben feiern, wie es ist – mit all seinen schönen Seiten *und* auch seiner Zerbrechlichkeit und Not.

Wir erwarten unser Glück nicht mehr von äußeren Umständen, wir finden es jetzt in uns selbst und in Gott. Wir haben uns von Bedürftigen in Gebende verwandelt, von „Armen“ in „Reiche“, von Jammernden in Zufriedene. Welch eine Veränderung!

Uns trotz Leid und Elend um uns herum und in uns die Freude und unseren Humor nicht nehmen zu lassen, das ist eine *Lebenskunst.* Um in ihr zu wachsen, trainieren wir uns in Achtsamkeit und Gelassenheit, fixieren uns nicht auf unsere momentanen Gefühlszustände und Launen, sondern betrachten als stiller Beobachter den stetigen Fluss der wechselnden Stimmungen, bevor wir reagieren. Die drängenden Probleme und Sorgen, ja sogar körperlichen Symptome, zur Seite zu legen und zu ihnen *„Nicht jetzt!“* zu sagen, stellt eine ungeheure *Vollmacht* dar, die ohne Frage ein Aspekt des kostbaren „Elixiers der Verwandlung“ ist, welche wir in der Tiefe gewinnen. In solchen „Auszeiten“ für die

Seele haben Sorgen nichts zu suchen. Erstaunt stellen wir fest, dass es tatsächlich Bereiche in uns gibt, zu denen sie gar keinen Zutritt haben! Dort finden wir eine ungekannte, „erhabene" Freiheit, was eine wahrhaft wunderbare Entdeckung ist, die uns Anlass zu Freude gibt. Diese paradox anmutenden „Frei-Zeiten" *vom Leid im Leid* sind sehr wichtig für uns. Sie offenbaren etwas von innerer Größe, die kostbarer ist als äußere Größe. Das Betrachten einer Blume in ihrer fragilen Vollkommenheit kann Wunder wirken, wenn es im richtigen Geist getan wird.

> *Betrachtet die Lilien des Feldes, wie sie wachsen: Sie mühen sich nicht, auch spinnen sie nicht. Ich sage euch aber, das selbst nicht Salomo in all seiner Herrlichkeit bekleidet war wie eine von diesen. Wenn aber Gott das Gras des Feldes, das heute steht und morgen in den Ofen geworfen wird, so kleidet, wird er das nicht vielmehr euch tun, ihr Kleingläubigen?* (Mt 6,28-30).

Es ist eine Entscheidung, eine Wahl, das „Kleine" und „Beschränkte" in seiner Schönheit zu erkennen und zu würdigen, anstatt nur auf das zu starren, was *nicht* gut oder unerreichbar ist.

Erziehung der Gefühle

Wir können einmal versuchen, 24 Stunden lang alles zu akzeptieren, was geschieht, es nicht zu bewerten, zu verurteilen und auch nicht mit positiven oder negativen Gefühlen darauf zu reagieren. Die Geschehnisse auf diese Weise einmal dankbar „stehen zu lassen" und so zu nehmen, wie sie kommen, ist eine „Revolution". Wenn wir aufhören, alles ständig und vorschnell zu bewerten und zu kommentieren, werden wir spüren, wie eine neue Freiheit in uns Raum gewinnt, eine Energie, die uns ungeahnte Kraft verleiht. Wir erleben uns als viel weniger „ausgeliefert" an bzw. „involviert" in die äußeren Gegebenheiten.

Will Bowen hat ein wunderbares Buch geschrieben: „Einwandfrei". Er legt uns darin ein Programm vor, in dem wir für 21 lange Tage darauf verzichten, uns zu beklagen. Dieser „Check" ist sehr augenöffnend in Bezug darauf, wie viel Negatives wir ständig reden und urteilen – und wie schwer es uns fällt, stattdessen ein wenig positiver und freundlicher zu reagieren. Mit diesem Kurs erziehen wir unsere Gefühle – und das geht!

Es geht in dieser „Revolution“ u. a. um die Erkenntnis, dass wir Gefühle *haben*, aber diese Gefühle nicht *sind*. Die Identifikation mit unseren sich stets wandelnden Gefühlen auflösen zu können, kommt einer „Erleuchtung“ nahe.

> Wenn du angespannt bist, identifiziere dich nicht mit deiner inneren Anspannung. Bist du niedergeschlagen, identifiziere dich nicht mit der Niedergeschlagenheit: „Ich bin nicht diese Niedergeschlagenheit.“
> Dies ist eine der großen Übungen, die uns der Osten zu geben hat. Ihre Ergebnisse zeigen sich zwar nicht sofort, doch bleiben sie bestimmt nicht aus. Diese Übung sprengt die stärkste aller Fesseln: die Fessel der Illusion und der Tyrannei des Ich.[6]

An dieser Stelle möchte ich (Brigitte) von einem kleinen „Erleuchtungserlebnis“ hinsichtlich der Dominanz von Gefühlen berichten, das zum Schmunzeln einlädt. Ich war Anfang zwanzig und hatte gerade erst mit dem Glauben an Gott „so richtig ernst“ gemacht. Es war ein Tag, an dem man am liebsten gar nicht erst aufstehen will; es ging mir seelisch schlecht, ganz übel sogar. Ich hatte einen Anflug von starken Depressionen und in mir gab es einen Anteil, der nicht einmal mehr leben wollte. Ich konnte alles nur noch schwarz sehen. Der Grund meiner schlechten Stimmung war mal wieder eine unglückliche Liebe, die mich in den tiefsten Abgrund des Leidens warf. Während ich mit dem Auto durch die Stadt fuhr, schrie ich innerlich zu Gott und bat um Trost! Doch es blieb alles still und die Tränen rannen mir übers Gesicht. Plötzlich kam ich an meiner damals so geliebten Frittenbude vorbei, bog scharf nach rechts und hielt an. Ja, ich würde meiner sterbenden Seele etwas letztes Gutes tun (haha) und mir alles zu essen kaufen, was ich nur wollte, das hatte ich wirklich verdient in diesem

---

[6] Anthony de Mello, „Gib deiner Seele Zeit“, S. 94.

Drama! Minuten später saß ich, bepackt mit einer Currywurst, Fritten und einer sehr langen, dicken Bockwurst mit Kartoffelsalat wieder im Auto und wollte damit meine untergehende Seele trösten, bevor sie sich später zu Hause in die Kissen weinen wollte.

So saß ich nun dort im Auto und futterte zunächst still und sehr unglücklich vor mich hin und stellte bald fest, wie überaus lecker all das doch schmeckte und wie gut mir das Essen tat. Plötzlich riss der dunkle Wolkenhimmel auf, denn es hatte zu allem Überfluss auch noch geregnet, was ausgezeichnet zu meiner miesen Stimmung passte. Licht brach sich Bahn, der Himmel wurde blau und die Sonne schien mir strahlend ins Gesicht; in diesem Augenblick durchströmte mich eine wärmende Kraft und ich spürte, wie meine Seele aufatmete und ich innerlich frei wurde von meinem unmäßigen Liebeskummer. „Wenn er mich nicht will, seine Schuld!", sagte ich genüsslich kauend in die Stille hinein! Mein Gott, wie schmeckte all das so gut (was ich heute niemals mehr essen würde) und wie schien die Sonne so herrlich! Was wollte ich denn eigentlich mehr?! Vergnügt stopfte ich die Reste in mich hinein, als mir plötzlich bewusst wurde, *was* da geschehen war. Zwei Würste, Fritten und Kartoffelsalat, beschienen mit ein paar Sonnenstrahlen, hatten mich vor dem Zusammenbruch bewahrt! Sie hatten es in Augenblicken geschafft, mich aus meiner tief depressiven Stimmung zu holen! Ich war darüber zutiefst erschrocken und sagte damals zu Gott: „Vater, wenn *ein paar Fritten* es schaffen, meine Gefühle dermaßen zu beeinflussen, dann muss ich wirklich vorsichtig mit ihnen sein und kann meinen Empfindungen im Ernstfall nicht wirklich trauen!" Mir wurde klar, dass ich mich nicht von ihnen beherrschen lassen darf, weil sie unstet und wetterwendisch sind.

Aber wie *herrscht* man über Gefühle? Das Beispiel der „Rettung durch die Frittenbude" zeigt, dass Gefühle wie Wellen kommen und gehen. Sie können uns überfluten und den Eindruck vermitteln, uns die ganze Wahrheit zu zeigen, was nicht der Fall ist. Wenn wir uns nicht in sie „verbeißen" und ihnen „folgen", dann können sie sich erstaunlich schnell wieder legen.

Wenn wir sie mit einer gewissen Gleichmütigkeit betrachten und die berühmte „Nacht darüber schlafen", werden wir immer wieder erleben, dass sie sich wie die aufgewühlte See legen und wir über sie hinausgehen können. Zugegeben, manchmal reicht eine Nacht nicht aus bzw. zieht die Nacht sich hin, aber der neue Morgen kommt schließlich und in seinem Licht sehen die Dinge ganz anders aus, als die Schatten der Nacht uns vorgegaukelt haben.

Wie ein quengeliges Kind, welches nach sofortiger Triebbefriedigung verlangt, können auch wir unsere aufdringlichen Gefühle ermahnen und erziehen, besonnen zu sein: „Erst denken, dann handeln!"

Spiritualität bedeutet nicht, zu wissen, was man braucht, sondern einzusehen, was man nicht braucht.[7]

Die Schule der täglichen Achtsamkeit

Am guten Tag sei guter Dinge, und am bösen Tag bedenke: diesen hat Gott geschaffen wie jenen ... (Pred 7,14 LUT).

Das Buch „Prediger" hält eine Menge solcher seltsam widersprüchlich klingender Sprüche für uns bereit. Wir fragen uns: Warum denn sollte Gott nicht nur *gute* Tage schaffen? Wie kann er denn auch den „bösen Tag" bilden? Als Jesus an einem solchen „schlechtem" Tag im Garten Gethsemane bat, der „bittere Kelch" möge an ihm vorübergehen, wurde er nicht erhört (!) und ergab sich in den Willen Gottes: „Doch nicht mein, sondern dein Wille geschehe" (vgl. Mt 26,36f.).

Welchen Leiden zu widerstehen und welche zu umarmen sind, das braucht Unterscheidung, und Unterscheidung braucht Achtsamkeit, die Dinge mit dem Heiligen Geist anzuschauen und zu hinterfragen. Während Jesus im Gebet „rang", schliefen seine Jünger. Sie bekamen von den so überaus entscheidenden Momenten in Gethsemane schlichtweg nichts mit und ließen Jesus trotz seiner eindringlichen Bitte an sie, mit ihm „zu beten und zu

[7] Anthony de Mello, „Gib deiner Seele Zeit", S. 48.

wachen", alleine. Dies war ein wahrhaft dunkler Tag, sowohl was die dramatische „Anteilnahmslosigkeit" der Jünger betrifft als auch den einsamen Kampf Jesu.

Jesus hatte die Gewohnheit, sich zum Gebet zurückzuziehen und zu beachten, was der Vater tat, und zwar mehr, als zu beachten, was die Menschen von ihm wollten. Entgegen mancher Theologien war Jesus nicht von den Nöten der Menschen bestimmt, sondern von der Gemeinschaft mit dem Vater. Er behielt stets die „himmlische Perspektive" bei und ließ sich durch nichts und niemanden instrumentalisieren. Das war es ja gerade, was ihm alle so übelnahmen: seine Freiheit.

Jesus hatte viele „böse Tage" zu bestehen: Verachtung, Verleumdung und Verfolgung waren ihm beschieden, frei nach dem Motto: „Jede gute Tat wird auf der Stelle bestraft." Seine Worte wurden verdreht, ihm wurden böse Motive unterstellt, und zur Krönung wurden ihm Dornen aufgesetzt. Und er hielt still ...

> Wahre Heiligkeit besteht darin, den Willen Gottes lächelnd zu tun.[8]

Eine solche Gebets*haltung*, Selbstlosigkeit und Einsicht in die größeren Zusammenhänge bedarf der täglichen Übung. „Haltungen" (sowohl gute wie schlechte) werden ausschließlich durch lange und beharrliche Übung gewonnen. Und es sind gerade die „bösen Tage", die uns in ihrem Feuer schmieden und herausfordern, so etwas wie „Rückgrat" zu entwickeln. Wir könnten auch sagen: Der Alltag – gute wie böse Tage – wird zur „göttlichen Schule". Und wir können ebenfalls sagen: Was nicht alltagstauglich ist, was nur angelernte Studierzimmer-Theologie ist, die dem Feuer des wirklichen Lebens keinen Augenblick standhält, sondern nur zur abgehobenen Sonntagspredigt reicht, ist nutzlos!

Jesu Kirche war nicht der Tempel und auch keine theologische Schule, sondern eben der Alltag und die ganz „profane" Lebenswirklichkeit der ganz „normalen" Leute. Er heiligte durch seine Gegenwart eben diese Normalität und Alltäglichkeit.

---

[8] Mutter Teresa.

Piero Ferrucci schreibt in seinem Buch „Unermesslicher Reichtum des Herzens“ unter der Überschrift „Der unendliche Wert des Alltäglichen“ Folgendes:

Auf seiner ersten Reise in die Vereinigten Staaten befand sich Albert Schweitzer eines Tages auf der Pennsylvania Station, dem größten New Yorker Bahnhof, und wartete mit seiner Frau und einigen Freunden auf einen Zug, der sie nach Colorado bringen sollte. Sein Blick fiel auf einen Besen, und er begann mitten im überfüllten Bahnhof ganz selbstverständlich die Abfälle zur Seite zu fegen. Als er fertig war, bemerkte er, dass die Leute wieder neue Abfälle zu Boden geworfen hatten. Und er nahm erneut den Besen zur Hand und fegte weiter, ohne die geringste Äußerung von Ärger oder Unmut, bis sein Zug abfuhr.
Eine belanglose Episode. Und doch kommt es auf dem „Weg der Handlung“ gerade auf solche Belanglosigkeiten an. Es geht um das demütige Handeln im Alltag, das genau verrichtet, was unter den gegebenen Umständen nötig ist (...)
Auf dem Weg zum Handeln besteht die Strategie darin, Werte anzunehmen, die den gängigen Werten diametral entgegenlaufen. Man tauscht die erträumten Gipfel des künftigen Ruhmes gegen das Tal der Anonymität im Jetzt aus; man wendet den großen Phantasien von Freude und Größe den Rücken und konzentriert sich auf den wenig schmeichelhaften Alltag. Und man lernt dabei, die Dinge so zu nehmen, wie sie sind. Das ist die Zauberkraft der Demut (...)
Wenn wir das Banale nicht einfach übergehen, sondern erforschen, werden wir darin viel Schönes und Wertvolles finden. Und es heißt auch, dass die richtige Umgebung für unser spirituelles Wachstum nur das Hier und das Jetzt ist, die Arbeit im Alltag (...)
Dieser Weg erfordert Präzision, Achtung und Präsenz (...) Es heißt, jeder Situation die Aufmerksamkeit zu schenken, die wir dem höchsten Würdenträger entgegenbringen würden; und jeden Moment so zu nehmen, als hätte er die Bedeutung eines ganzen Jahrtausends. Präsenz meint, hundert Prozent da zu

sein, keinen Gedanken an künftige Pläne zu verschwenden oder an das Verarbeiten von Altem (...)
Es gibt nur einen Ausweg aus dem Gefühl der Nichtigkeit und Unvollkommenheit. Wir können das, was wir tun, mit ganzer Hingabe tun.[9]

Damit wir den Alltag in Hingabe und Gelassenheit bewältigen können, ohne uns sinnlos zu verkämpfen, brauchen wir, wie schon mehrfach erwähnt, Achtsamkeit.

Achtsamkeit kann man auch *Präsenz* nennen.

Watchman Nee spricht in seinem Buch „Sitze, wandle, stehe" darüber, wie oft man verschiedene Handlungen gleichzeitig ausführt: Wenn man isst, dann ist man in Gedanken schon beim Spülen, beim Spülen ist man schon beim Vorbereiten der Aufgaben, die danach anstehen usw. Man ist einfach nie ganz bei der Sache!

Gandhi meinte: „Gelebte Achtsamkeit bedeutet, dass man sich allem der Reihe nach zuwendet." Er nannte es auch „gesegnete Eintönigkeit" und verglich den Tagesablauf mit der Umlaufbahn von Sonne und Mond, dem stillen Kreislauf der Sterne und Jahreszeiten![10]

Wenn man sich zu viel gleichzeitig vornimmt, sich zu vielen Aufgaben auf einmal widmet, wird man innerlich immer unruhiger, fahriger und nervöser. Letztendlich gibt man keiner Sache die nötige Aufmerksamkeit, die sie braucht – und auch an Gottes Führungen eilt man allzu häufig vorbei, weil man nicht aus seiner eigenen ruhigen Mitte, der Ruhe in Gott und dem Zusammensein mit dem Heiligen Geist heraus lebt.

Früher war ich (Brigitte) stolz auf meine *Multitasking*-Fähigkeit, die mich in Wahrheit an den Rand des Burnout brachte.

Die wichtigste Stunde in unserem Leben ist immer der gegenwärtige Augenblick;

---

9 Piero Ferrucci, „Unermesslicher Reichtum des Herzens", Ullstein 2006, S. 93–95.

10 Zitiert nach Kornfield, a.a.o., S. 231.

der bedeutsamste Mensch ist immer der, der uns gerade gegenübersteht;
das notwendigste Werk in unserem Leben ist stets die Liebe.[11]

Heutzutage ist schwer zu unterscheiden, was wichtig und was dringlich ist. Das Dringliche verdrängt regelmäßig das Wichtige und wir „ertrinken" in einer Flut von Informationen, die größtenteils irrelevant sind, aber wichtigtuerisch vorgetragen werden bzw. bemerkenswert *erscheinen*. Um „up-to-date" zu sein, so wird uns vermittelt, müssten wir über alles alles wissen, immer mitreden und zu allem eine Meinung haben. Das Eingeständnis „Das weiß ich nicht" kommt einer peinlichen Bloßstellung in der Informationsgesellschaft gleich.

Inzwischen beschäftigt sich eine ganz neue Sparte der Literatur mit den Themen „Entschleunigung" und „Simplifizierung", jede Art von Entspannungsmethode und „Wellness" boomt.

Trotz aller Sehnsucht zurück nach Überblick und Einfachheit steigert sich das Lebenstempo, das Übermaß an Angeboten und Ablenkungen unerbittlich. Um überhaupt noch die Beachtung des „Kunden" zu erlangen, muss immer dicker aufgetragen und aufdringlicher mit ihm umgegangen werden. Die Aufmerksamkeitsspanne ist gesunken, die „Action" in den Filmen muss gesteigert und in kurzen Taktungen dargestellt werden, da es sonst sofort „langweilig" ist. Eine Aufmerksamkeits-Defizit-Gesellschaft entwickelt sich.

Mutter Teresa sagte einmal: „Ich fühlte mich nicht für die Menge verantwortlich. Ich sehe nur auf den Einzelnen. Man kann sich immer nur einem Menschen (oder nur einer Sache, Anmerkung) ganz zuwenden – erst diesem, dann diesem, dann diesem. Meine Arbeit ist nicht mehr als ein Tropfen im Meer. Es ist zwar nur ein Tropfen, aber dieser Tropfen zählt. Fangt einfach an – eines nach dem anderen."[12]

---

[11] Tolstoi.
[12] Zitiert aus Kornfield, a.a.o.

Heute laufen die Dinge nicht mehr nacheinander, sondern nebeneinander; alles ist gleichzeitig und wir sind immer „on". Wenn Gott seine Leute schon in alten Zeiten in die Wüste und auf die Berge rief, um ungestört mit ihnen sprechen zu können, wie viel nötiger ist das heute! Von Jesus heißt es, dass er sich regelmäßig in „einsame Gegenden" zurückzog, um zu beten. Er ist unser Vorbild.

Achtsamkeit bedeutet, ganz bei der Sache zu sein – mit allen Sinnen. Auch ist es eine gute Übung, auf die Signale des Körpers zu hören, was in christlichen Kreisen so wenig gelehrt wird. In der Ruhe kommt das Empfinden des Körpers deutlicher zum Vorschein. Verspannungen und Verhärtungen wegen alter, ungeklärter Situationen werden spürbar. Der Schmerz meldet sich, den man zuvor verdrängt hat; Tränen drängen nach oben.

Konstante Achtsamkeit führt nach einem zu erwartenden Aufbrechen von Härte und Schmerz schließlich zu einer ruhigen Sammlung, einer größeren Gelassenheit, die sich positiv auf den Körper auswirkt. Man lebt im Hier und Jetzt und muss sich nicht mit den ständigen Sorgen um das Morgen abgeben. Jesus mahnt uns:

> *Trachtet aber zuerst nach dem Reich Gottes und nach seiner Gerechtigkeit und dies alles wird euch hinzugefügt werden. So seid nun nicht besorgt um den morgigen Tag. Denn der morgige Tag wird für sich selbst sorgen. Jeder Tag hat an seinem Übel genug!* (Mt 6,33-34).

Man kann Vers 33 mit dem „Trachten nach dem Reich Gottes" auch einmal aus einem anderen Blickwinkel betrachten als immer nur den, dass hier „fromme Leistung" gefordert wird. Besteht dieses „Trachten" nicht viel mehr auch in Aufmerksamkeit und Anbetung im Alltag? Vers 34 betont den Aspekt des Vertrauens und der Sorglosigkeit.

Unser **Ego** ist ja stets um sich selbst besorgt und versucht, sich gegen die Bedrohungen, die kommen *könnten*, abzusichern. Dabei versäumt es sehr leicht die Gegenwart. Das führt zu einem rein *fiktiven* Leben, man ist „lebendig tot“, wie die Bibel diesen Lebensstil des Egos nennt. Wenn uns Zukunftsängste überrollen wollen, lohnt es sich, innezuhalten und zu fragen, wie es einem *jetzt* im Moment geht. Oftmals muss man sich eingestehen, dass der Moment, der Tag, das Befinden eigentlich in Ordnung sind. Warum sich also grämen und auf das „Monster“ der Zukunft schauen, welches sich dann als „kleiner Frosch“ herausstellt (vgl. die Geschichte von Miobi im Abschnitt „Göttliche Transformation“ in der Einführung).

Das meint natürlich nicht, dass man keine „Einkaufsliste“ für morgen machen kann. Dafür steht dann aber eine bewusst eingeplante Zeit zur Verfügung – und auch diese Liste kann unter den Augen des Heiligen Geistes verfasst werden. Dann wird sie ganz anders ausfallen als zuvor!

Es tut gut, langsamer und bewusster zu werden und sich immer wieder die Gegenwart des Heiligen Geistes in Erinnerung zu rufen, mit ihm zu kommunizieren, ihn in alle Handlungen mit hineinzunehmen, ohne sie in „wichtige“ und „unwichtige“ zu unterteilen. Es ist immer wieder erstaunlich, wie anders der Geist die „Dinge“ bewertet als wir. Er sieht alles mit den Augen der Liebe an, wir zumeist mit den Augen der Furcht bzw. Sorge. Die Ergebnisse fallen aus diesen unterschiedlichen Blickwinkeln entsprechend unterschiedlich aus! Eine veränderte Wahrnehmung erfordert Übung und Training und wir werden merken, wie sehr wir abgelenkt werden und es ständig nötig ist, uns zur jeweiligen Aufgabe zurückzurufen, da unsere Gedanken aus Gewohnheit schon wieder Sorgen wälzen und kommende Aufgaben bedenken wollen. In dieser Hinsicht gleichen unsere Gedanken einem Baum, in dem eine Horde wilder Affen umherturnt, wie Henri Nouwen einmal sagte.

Vor vielen Jahren hatte ein christlicher Bruder (danke, Uwe!) für mich (Brigitte) im Geist ein Bild empfangen, was mich damals sehr amüsierte. In meiner grenzenlosen Selbstüberschätzung hielt ich es seinerzeit für ziemlich überzogen, aber es zeigte ganz realistisch den getriebenen Zustand von mir, der damals letztendlich in den Zerbruch führte. In diesem „Bild“ stand ich zunächst auf einer Bühne und von oben kam (in einer Sprechblase geschrieben) eine Botschaft für mich: „Kind, ich habe einen Auftrag für dich!"

Das nächste Bild war, dass die Stelle, an der ich gestanden hatte, leer war, weil ich wie ein Wirbelwind von der Bühne gefegt war ... *Auf zu neuen Aufgaben! Volle Kraft voraus!* Dann kam aus dem Himmel eine Sprechblase mit mehreren großen Fragezeichen und dem Satz „Ich hab dir doch noch gar nicht gesagt, um was es geht!"

Das ist keine Achtsamkeit!

Egal, wer wir sind, wir sind in Gottes Augen mit all dem, was wir erlebt haben und erleben werden, einzigartig und „richtig". Wo auch immer wir gerade stehen, es ist der richtige Ort, um achtsam mit den Herausforderungen umzugehen und ihn als „heilige Möglichkeit" zu erkennen, wie die alten Mystiker es uns lehrten. Wir können von ihnen sehr viel lernen, weil sie den Weg wählten, in die Wüste zu gehen, um sich mit ihren eigenen „Dämonen" auseinanderzusetzen. In dieser Einsamkeit und Konfrontation mit ihren Ängsten machten sie erstaunliche Erfahrungen mit Gottes Liebe. Ihre Aufzeichnungen gehören zu den Schätzen der Christenheit. Im Anhang empfehlen wir einige hilfreiche Bücher, aus denen man das Mysterium der Achtsamkeit im Alltag besser kennenlernen kann.

Wird man achtsamer und sorgloser und wächst in der Vertrautheit mit Gott, dann stellen sich Gelassenheit und auch Heiterkeit ein. Man „weiß, dass man nichts weiß", wie es so viele Heilige zum Ausdruck brachten.

Humor

Die Ausführungen über den Humor solle *ich* schreiben, sagte Frank, weil ich doch eine halbe „Rheinländerin" sei. Rheinländer sollen ja traditionell über einen gesegneten Humor verfügen. Allerdings ist mir dabei recht schwer ums Herz, und in gewisser Weise empfinde ich es als ein wenig makaber, dass gerade ich nun über Humor schreiben soll, nachdem wir in diesem Advent

2012 meine neunzigjährige Mutter nach 22 Jahren Pflege beerdigt haben. Ich habe ihr Sterben in meinen Armen noch nicht richtig realisiert, das mit Gottes Hilfe zwar gnädig war, aber dennoch nicht einfach. Sie durfte zu Hause sterben und wurde nicht der Anonymität eines Krankenhauses preisgegeben, wenngleich das für uns großen Mut und Vertrauen auf Gottes Hilfe erforderte, welches er aber nicht enttäuscht hat.

Ganz ehrlich, streckenweise wollte ich in diesem Jahr aufgeben und meinen Anteil an diesem Buch komplett streichen, weil mir einfach alles zu viel wurde. Aber nun fließt die Erfahrung des Leides, das ich tagtäglich beim langsamen Heimgehen meiner dementen Mutter mit ansehen musste, in dieses Buch mit ein. Vielleicht gibt es keinen besseren Zeitpunkt, über Leiden zu schreiben, als gerade in diesem Jahr, weil ich mitten im Erleben bzw. Erleiden des langsamen Sterbens viele Tröstungen von Gott erfahren habe, die man eben nur dann erfährt, wenn man in solchen Grenzsituationen steht. Was ich schrieb, wurde sozusagen mit meinem „Herzblut" geschrieben. Ich bin Frank und Gott verbunden, dass sie mir stets Mut gemacht haben, und auch meiner Mutter, durch die ich so viel an Durchhalten und Ertragen lernen durfte, dass ich im Nachhinein von Herzen für alles, was mir so oft gar nicht ins Konzept passte, dankbar sein kann. Das Leben mit ihr hat mich stark verändert, sehr einfach werden lassen, und es ist für mich kostbar zu erkennen, wie wenig ich mittlerweile wirklich zum Leben brauche.

In diesem letzten Jahr mit meiner Mutter, als kaum noch ein klares Wort aus ihrem Mund hervorkam, gab es nur noch *eine* Kommunikationsform zwischen uns, die erträglich und positiv war: Nähe und Humor! Alles andere an Reden, Maßregelungen usw. führte zu nichts und brachte mich aufgrund eigener Ungeduld und Nervosität in eine starke innere Beschämung. Es mag verrückt klingen, aber die „verhasste" Demenz hat das geschafft, was keine Therapie erreichte. Ich bin meiner Mutter wirklich noch sehr nahe gekommen.

„Humor ist, wenn man trotzdem lacht", sagt Otto Bierbaum. Das durfte ich in diesem letzten Jahr schmerz- und freudvoll

erfahren! Ich habe viel mit meiner Mutter und auch Frank gelacht, einfach nur so, ohne konkrete Anlässe und Inhalte. Oft gab es, realistisch gesehen, nichts zu lachen (sondern nur noch zum Weinen), aber dennoch haben wir nie zuvor mehr gelacht als in diesem letzten Jahr – oft, bis uns die Bäuche weh taten und wir nach Luft schnappten. Für uns war das eine Art „Geistesgabe", eine erstaunliche und unerwartete Gnade.

Wir sind in dieser Zeit unabhängiger geworden von dem, „wie alles eigentlich sein sollte". Wir haben alles, so, wie es war, einfach angenommen und losgelassen ... und gelacht. Dieses Lachen tat meiner Mutter gut und uns genauso, es war eine Befreiung, ein Aufbäumen gegen die Häme der Demenz, welche die komplette innere Festplatte meiner Mutter gelöscht hatte. Ich hörte einst im Hörbuch von Arno Geiger „Der alte König in seinem Exil", in dem er über seinen demenzkranken Vater erzählt, den wunderbaren Ausspruch, dass „die Festplatte seines Vaters komplett gelöscht sei und nun nur noch ‚Gott' draufstehe!". Das hat mich sehr berührt.

In all den Trübsalen, Leiden und Unpässlichkeiten, die uns begegnen, kann es schnell passieren, dass uns der Humor abhanden kommen will. Sicherlich scheint es auch Menschen, mitunter auch sehr überzeugte Christen, zu geben, die mit Humor wenig anfangen können, und gar nicht befreit über sich selbst und die Macken ihrer Mitmenschen lachen können. Wir finden aber, dass Lebensumstände, die uns nicht gefallen, bestens dafür geeignet sind, Humor zu entwickeln.

Humor ist eine Fähigkeit, die uns ganz besonders im Leiden zugute kommt und ein Stück göttliche Heilung unserer Schmerzen bewirken kann. Über sich selbst, sein eigenes Scheitern, seine Fehler und Dummheiten lachen zu können, ist sehr befreiend und kann uns von Gott geschenkt werden, wenn wir es lernen, uns auf der einen Seite nicht so ernst zu nehmen und dennoch auf der anderen Seite sehr genau und liebevoll in unser Herz und unsere Seele zu schauen und sie respektvoll zu behandeln. Das ist ein Paradox der Weisheit Gottes. Immer wieder haben wir erlebt, dass der Heilige Geist uns im Angesicht von bedrängendem

Leid plötzlich ein Lachen in den Mund legte. Dieses Lachen nahm der Bedrohlichkeit der Situation die Schärfe und überwand die Furcht und Ohnmacht. Viele Bibelstellen sprechen von diesem widersprüchlichen Verhalten, welches uns angesichts überwältigender „Feinde“ bzw. Widerstände aufstehen und triumphieren lässt. Eine wunderbare Erfahrung!

> *Als der Herr die Gefangenen Zions befreite ... war ihr Mund voll Lachen. Die mit Tränen säen, werden mit Freuden ernten* (Ps 126,1.2.5).
>
> *Während er deinen Mund mit Lachen füllen wird und deine Lippen mit Jubel, werden die, die dich hassen, mit Schande bekleidet werden ...* (Hiob 8,21-22).
>
> *Du vermehrst den Jubel, du machst die Freude groß ...* (Jes 9,2).

Gott sitzt im Himmel und lacht über seine Feinde (vgl. Ps 2,4), es kommt der Moment, da er uns an seinem Lachen beteiligt und wir davon ergriffen werden. Das kann unserer Umgebung je nachdem sehr unpassend erscheinen, ja, anstößig, aber es ist stets ein Sieg und eine Erhebung.

Nikolai Gogol sagte: „Wer nicht den Mut hat, sich selbst auszulachen, soll das Lachen besser ganz bleiben lassen. Das Lachen ist uns geschenkt, damit wir über uns selbst, nicht über unseren Nächsten lachen.“

Wenn ich mich mit mir und meinen Schwächen ausgesöhnt habe, mich selbst genauso wie meinen Nächsten liebe, dann kann ich sowohl über meine Fehltritte als auch die der anderen lächeln. Ich nehme mich nicht so unheimlich wichtig, bin nicht mehr der Mittelpunkt der Welt, kann auf einmal über den eigenen Tellerrand schauen und das Leben mit seinen Verrücktheiten amüsant finden.

Ein Mensch, der den Humor nicht verloren hat, besitzt die Gabe, alle Gegebenheiten aus einer gewissen inneren Distanz bzw. Gelassenheit heraus zu betrachten. Die Probleme des Lebens halten ihn nicht davon ab, auch das Lustige, das Schöne und Kreative wahrzunehmen. Irgendein netter Zeitgenosse gab einmal den Rat, sich nicht über Menschen zu ärgern, sondern sich vorzustellen, sie wären alle Insassen eines riesengroßen Zoos, die man dort bestaunen kann. Mit solch einer inneren Vorstellung geht man sofort in eine „milde" Distanz dem Ärger gegenüber und muss über vieles einfach nur noch lächeln.

„Lachen ist gesund", heißt es, und die Medizin bestätigt, welch positive Eigenschaften ein herzhaftes Lachen für unser Immunsystem hat. Es gibt weltweit sogar Lachclubs, die das sinnvolle und auch sinnfreie gemeinsame Lachen zu einer Kultur erhoben haben.

In Therapiekreisen stellt man bessere Resultate fest, wenn man nicht ausschließlich auf die Leiden, Schwächen und Nöte starrt, sondern auf die Stärken und Fähigkeiten. Dr. Manfred Lütz bemerkt in seinem sehr humorvoll geschriebenen Bestseller „Irre! Wir behandeln die Falschen: Unser Problem sind die Normalen":

> Je mehr man in einer Psychotherapiesitzung von den unbestreitbaren Defiziten des Patienten redet, von ihren Ursachen und Folgen, desto mehr verstärkt man im Zweifel seine Hilflosigkeit. Dem professionellen Therapeuten muss es gelingen, die Gedanken eines Menschen wieder auf seine eigenen Kräfte zu lenken. Denn die Gedanken und die Sprache schaffen eine Wirklichkeit, die im wahrsten Sinne des Wortes „wirkt".[13]

Wir denken, die Kunst eines zufriedenen, gelassenen Lebens besteht u. a. darin, dass wir auch im Leiden den Blick offen halten für die vielen kleinen Überraschungen des Lebens, die uns ohne Zweifel zum Lachen und Freuen bringen werden. Wir wissen, wir fallen nie tiefer als in Gottes Arme und er behält die Kontrolle über unser Leben. Er wird uns helfen, das Leiden in etwas Neues umzuwandeln, getreu dem Spruch: „In der Krise liegt die Chance."

Humor und gute Gedanken führen uns aus den Niederungen des Leidens hinauf auf eine Anhöhe, auf der das Leid zwar nicht unbedingt weniger ist, doch die Aussicht von dort erweitert das Blickfeld und die Luft ist frischer.

---

[13] Goldmann 2011, S. 65.

Die Bibel sagt in 2. Korinther 3,17: *„Der Herr aber ist der Geist, wo aber der Geist des Herrn ist, da ist Freiheit!"*

Wer auch im Leiden befreit lachen kann, wenn auch manchmal unter Tränen, der empfängt ein Gefühl von Freiheit und Leichtigkeit.

Im Sommer 2012 besuchte uns meine Freundin Monika Carrizal aus den USA und erzählte aus den Memoiren ihres Vaters folgende Geschichte aus der Kriegszeit, über die wir herzhaft gelacht haben. Sie zeigt, wie auch im Leid der Humor herrschen kann.

> In Brüssel bestiegen wir den Urlauberzug nach Köln, wo ich gegen 4.30 Uhr eintraf. Ich bestieg die Rundbahnlinie 10. Ein alter Schaffner, der gewiss kriegsverpflichtet war, reichte mir einen Umsteigefahrschein. Der Wagen war übervoll von Frauen und älteren Männern, die zur Arbeit fuhren. Als ich am Alten Markt, unterhalb des Rathauses, nachdenklich auf die Ruinen schaute (Anmerkung: Teile von Köln wurden von den Bomben dem Boden gleich gemacht), meinte der Schaffner in kölschem Dialekt „Jo, Jung, kannste ens lure (schauen), fröher wore mer Kölle am Rin (Rhein), hück (heute) semmer Kölle am Arsch!"[14]

Der Humor gibt den Leidenden die Würde zurück. Dieser Ausspruch, den wir irgendwo gelesen haben, passt hervorragend auf diesen kölschen Schaffner. Jemand meinte, den Reichtum eines Menschen erkenne man daran, auf wie vieles er verzichten kann, ohne gänzlich seine gute Laune zu verlieren.

David sagt in Psalm 30,12: *„Meine Wehklage hast du mir in Reigen verwandelt, mein Sacktuch hast du gelöst und mit Freude mich umgürtet."*

So hoffen wir, dass unser Buch ein paar Herzen, die in Verzweiflung leben, verwandeln hilft in einen Reigen, in neue Hoffnung, Annahme des Lebens und ein neues Vertrauen in unseren

---

[14] Quelle: Hans-Adolf Kerp, „Eine verlorene Jugend – Erinnerungen eines deutschen Soldaten und russ. Kriegsgefangenen 1939–1953". Dies ereignete sich am Mittwochmorgen, den 22.7.1942 (bisher noch unveröffentlicht).

himmlischen Geliebten Jesus, unseren treuen Tröster, den Heiligen Geist, und unseren liebenden Gott Vater.

Wir wollen unser Buch mit einem Text beenden, der in humorvoller Kurzform vieles von dem enthält, was wir versucht haben darzulegen. Es ist eine einzigartige Sammlung von „Bleiben Sie gelassen!"-Sätzen. Möge es den Leser erfreuen, erheitern und Mut geben, mit dem Leben ins Reine zu kommen.

Das Kölsche Grundgesetz[15]

1. „Et es, wie et es."

Meint: Es ist so, wie es ist, und die bestehenden Umstände zu verändern, würde nur unnötige Kräfte vergeuden!

Also: Sehen Sie den Tatsachen ins Auge! So, wie Hiob, der auch das Unglück aus der Hand Gottes nehmen konnte: *„Der Herr hat's gegeben, der Herr hat's genommen. Der Name des Herrn sei gelobt"* (Hiob 1,21) oder wie in Prediger 7,14 a steht: *„Am Tag des Glücks sei guter Dinge! Und am Tag des Unglücks bedenke: Auch diesen Tag hat Gott ebenso wie jenen gemacht."*

2. „Et kütt, wie et kütt."

Meint: Es kommt ja alles sowieso so, wie es kommt! Wofür sich aufregen?

Also: Hadern Sie nicht mit Ihrem Schicksal, haben Sie keine Angst vor der Zukunft, es gibt zu ihr keine Alternative. Leben Sie jeden einzelnen Tag in Achtsamkeit. Matthäus 6,33 sagt: *„Sorget euch nicht um den morgigen Tag, der morgige Tag wird für sich selbst sorgen. Es ist genug, dass jeder Tag seine eigene Plage hat."*

---

[15] Teile zusammengetragen aus verschiedenen Artikeln aus dem Internet, u. a. aus der April-Ausgabe 2008 von „Simplify your Life" und von den Verfassern kommentiert.

3. „Mäht nix!"

Meint: Das macht doch nichts! Oder: „Dumm gelaufen, aber was soll 's!"

Also: Versuchen Sie, toleranter zu werden. Wenn etwas schiefläuft, zucken Sie mit den Achseln, mehr nicht, denn vielleicht ist es nicht so schlimm, wie es erscheint.

4. „Et hätt noch immer jot gejange."

Meint: Am Ende ist doch noch immer alles gut gegangen!

Also: Bleiben Sie optimistisch und lernen Sie aus der Vergangenheit. Üben Sie, dankbar dafür zu sein, was alles funktioniert hat. Sprüche 24,16 sagt: *„Denn sieben Mal fällt der Gerechte und steht doch wieder auf, aber die Gottlosen stürzen nieder im Unglück!"* Bleiben Sie nicht liegen, geben Sie nicht auf, es gibt noch ein Ende der langen Nacht und des dunklen Tales.

5. „Wat fott es, es fott."

Meint: Was weg ist, ist weg! Was vorbei ist, das ist vorbei!

Also: Jammern Sie den Dingen nicht hinterher. Identifizieren Sie sich nicht mit den Verlusten, als wäre es Ihr Leben. Erstarren Sie nicht wie Lots Frau zur Salzsäule, die sich nach dem Untergang ihres bisherigen Lebens in Sodom umdrehte. Es gab auch für sie ein Morgen, aber sie kam nicht darin an, weil sie sich am Alten, welches verging, orientierte. Viele Menschen können die neue Gnade, die Gott ihnen reicht, nicht fassen, weil sie das Alte, Schwierige und Verlorene nicht loslassen und darauf bestehen, dass Gott eben dies „repariert". Das funktioniert aber nicht immer.

> *Das Gras verwelkt, die Blüte fällt ab, und ihre Pracht vergeht! So wird auch der Reiche vergehen mit allem, was er besitzt* (Jak 1,11).

6. „Et bliev nix, wie et wor."

Meint: Es bleibt nichts, wie es war. Alles verändert sich.

Also: Bleiben Sie offen für Neuerungen und bleiben Sie beweglich. Eines der letzten Worte Jesu in der Heiligen Schrift lautet: *„Siehe, ich mache alles neu“* (Offb 21,5). Heute sagt man: Alles ist im Fluss, das einzig Stabile ist der Wandel. Gerade Christen mit ihrer langen Tradition und ausgefeilten Dogmatik können geneigt sein, das Wasser anhalten zu wollen und sich gegen den Fluss der Veränderung zu stellen. Dieser „heilige Stillstand“ kostet viel Kraft und lässt die Gemeinde für ihre Umgebung häufig konservativ und lebensfremd erscheinen.

7. „Jede Jeck es anders.“

Meint: Jeder Mensch ist anders.

Also: Menschen sind unterschiedlich, und diese Unterschiedlichkeit muss man nicht bekämpfen, sondern annehmen. Versuchen Sie doch einmal, sie *einen* Tag lang nicht zu kritisieren. Sie werden Wunder erleben!

8. „Wat soll dä Quatsch?“

Meint: Was soll der Blödsinn? Dieses Wort zielt im Besonderen auf das ab, was dem gesunden Verstand widerspricht, aufgesetzt, gespielt, künstlich und scheinheilig ist. Es wendet sich also gegen das, was wir in unserem Buch immer wieder als „Pseudo“ bezeichnet haben.

Also: Trauen Sie sich, nach der *Wirklichkeit* zu fragen. Hinterfragen Sie Traditionen und Ansichten – selbst wenn die von „Experten“ kommen. Betrachten Sie die Dinge einmal von einer anderen Seite, dann sehen sie oft gleich ganz anders aus. Folgen Sie nicht blind dem „Mainstream“, was jeder macht und alle sagen. Fragen Sie Jesus immerzu nach *seiner* Sicht der Dinge. Sie werden staunen! Aber beobachten Sie aufmerksam, bevor Sie etwas unüberlegt „Quatsch“ nennen.

Wollte Gott, dass ihr geschwiegen hättet, dann wärt ihr weise geblieben (Hiob 13,5).

9. „Hammer immer esu jemaat."

Meint: Das haben wir schon immer so gemacht! Das ist bewährt.

Also: Seien Sie skeptisch ... und praktisch. Was gut läuft und funktioniert, braucht nicht geändert und unaufhörlich reformiert zu werden. Es ist Weisheit, zu erkennen, was festzuhalten und was zu verändern ist.

10. „Drink doch ene met!"

Meint: Trink doch einen mit! Komm dazu, wir machen dir Platz an unserem Tisch!

Also: Übertriebene Isolation, Elitarismus und Polarisierung sind meist Zeichen ungesunder Absonderung. *Integrität* bedeutet eine Art von Reife, die sich nicht übermäßig von anderen abgrenzen muss, auch nicht recht haben muss, sondern Raum hat für den Dialog, auch für andere „Jecken" (siehe Punkt 7) und ihre Ansichten.

Kommen Sie dem Gebot der Gastfreundschaft nach. *„Seid gastfreundlich untereinander ohne Murren. Und dient einander, ein jeder mit der Gabe, die er empfangen hat"* (vgl. 1 Pt 4,9-10).

11. „Hammer nit, bruche mer nit, fott domet."

Meint: Haben wir nicht, brauchen wir nicht, weg damit! Damit brauchen wir uns nicht abzugeben! Das ist nicht unsere Sache, nicht unsere Sorge und Aufgabe!

Also: Es gilt, zu erkennen, was wirklich unsere Angelegenheiten sind und was nicht. Zu oft schleppen wir zu viele Möglichkeiten, Sorgen und Ablenkungen mit uns herum, die nicht nötig sind und unsere Kraft vom Eigentlichen abziehen. Reisen Sie mit leichtem Gepäck und lassen Sie los, was Sie nicht brauchen. Weniger ist mehr.

12. „Wat wellste maache?"

Meint: Was willst du machen! Ergib dich in dein Schicksal, nimm deinen Weg an und verkämpfe dich nicht sinnlos!

Also: Wenn alles Ringen keine Aussicht auf Erfolg hat, wenn alles Beten und Arbeiten in eine bestimmte Richtung offensichtlich nichts bringt, dann seien Sie bereit, einzugestehen, dass es vielleicht ein Irrtum war, und werden Sie „locker". Viel „Elend" zieht sich so elend lang dahin, weil zu krampfhaft damit umgegangen und sich zu viel darüber aufgeregt wird. Manche Wege muss man einfach gehen und manchen Entwicklungen ihre Zeit lassen. Das braucht Unterscheidung ... und Gelassenheit. *„Gelassenheit verhindert große Sünden"* (Pred 10,4).

Unvergleichlich wird „Wat wellste maache?" in folgender Geschichte erklärt:

Das verlorene Pferd

Vor langer, langer Zeit lebte in einem Dorf im Norden Chinas ein Mann, der ein wunderschönes Pferd besaß. So schön war dieses Pferd, dass die Leute von weit her kamen, um es zu bewundern. Und sie alle waren sich darin einig, dass der Mann gesegnet war, weil er ein so schönes Pferd besaß.
„Mag sein", erwiderte er. „Aber was wie ein Segen aussieht, könnte auch ein Fluch sein."
Eines Tages riß das Pferd aus und war verschwunden. Die Leute kamen herbei, um in Anbetracht des Unglücks ihr Bedauern auszudrücken.
„Mag sein", erwiderte er. „Aber was wie ein Fluch aussieht, könnte auch ein Segen sein."
Einige Wochen später kam das Pferd zurück, und zwar nicht alleine, sondern mit einer ganzen Herde Wildpferde. Dem Gesetz nach gehörten diese nun alle dem Mann und machten ihn reich. Die Nachbarn kamen herbei, um ihm zu diesem Glück zu gratulieren. „Nun bist du in der Tat gesegnet worden."
„Mag sein. Aber was wie ein Segen aussieht, könnte auch ein Fluch sein."
Nur einige Zeit später versuchte sein Sohn, der einzige Sohn, eines dieser Wildpferde zu reiten. Er wurde abgeworfen und brach das Bein. Die Nachbarn kamen herbei und drückten ihr Bedauern aus. Es konnte sich nur um einen Fluch handeln.
„Mag sein", sagte der Mann. „Aber was wie ein Fluch aussieht, könnte auch ein Segen sein."

Eine Woche später kam der König durch das Dorf und zog alle tauglichen jungen Männer ein, um in den Krieg gegen die Leute aus dem Norden zu ziehen. Es war ein fürchterlicher Krieg. Alle jungen Männer aus dem Dorf kamen dabei ums Leben. Einzig der Sohn des Mannes überlebte, weil er ein gebrochenes Bein hatte.
Seitdem sagen die Menschen in diesem Dorf: Was wie ein Segen aussieht, könnte ein Fluch sein. Was wie ein Fluch aussieht, könnte ein Segen sein."[16]

13. „Maach eet jot, ävver nit ze off."

Meint: Mach es gut, aber nicht zu oft. Habe Erfolg, aber treib es nicht zu weit!

Also: Hier geht es um Ausgewogenheit und Maßhalten. Man sagt: „Wenn es am Schönsten ist, soll man aufhören!" Die Neigung, nicht aufhören zu können, wenn es angesagt ist, ist eine große Versuchung. Ein anderes Sprichwort sagt: *„Wer sich zu feste schnäuzt, presst Blut heraus"* (Spr 30,33). Es ist ein Zeichen von Reife und Gelassenheit, mit Weile zu eilen und nicht unentwegt Höchstleistung zu verlangen. Lassen Sie Festzeiten und Fastenzeiten abwechseln. *„Weinen hat seine Zeit, Lachen hat seine Zeit ... Gott hat alles schön geschaffen, alles zu seiner Zeit und sogar die Ewigkeit hat er den Menschen ins Herz gelegt"* (Pred 3,4.11 LUT).

14. „Do laachste dich kapott."

Meint: Da lacht man sich kaputt! Nimm die Dinge nicht zu ernst! Und auch dich selbst nicht ...

Also: Bewahren Sie sich Ihren Humor. Finden Sie auch in den ernsten Angelegenheiten das Positive und haben Sie Spaß. Wer lacht, der lebt entspannter und dem fällt es leichter, dankbar zu sein. *„Seid allezeit fröhlich, betet, ohne nachzulassen und seid dankbar in allen Dingen"* (1 Thess 5,16).

---

[16] Aus: Joel Ben Izzy, „Der Geschichtenerzähler", Herder 2005, S. 16.

Anhang

Bibliographie

Barth, O. W. „Rumi“, S. Fischerverlag, Frankfurt 2008.

Bauer, Joachim, „Warum ich fühle, was du fühlst“, Heyne Verlag München 2006.

Chapman, Gary, „Die andere Seite der Liebe“, Brunnen, Gießen 2000.

Crabb, Lawrence J., „Wenn Gott unsere Wünsche nicht erfüllt“, Brunnen, Basel 2003.

Covey, Stephen R., „Die sieben Wege zur Effektivität“, 4. Aufl., Heyne/Campus, München 1996.

Claiborne, Shane, „Ich muss verrückt sein, so zu leben“, 2. Aufl., Brunnen, Gießen 2008.

De Mello, Anthony, „Geschichten, die gut tun“, 2. Aufl., Herder, Freiburg 2001.

De Mello, Anthony, „Zeiten des Glücks“, Herder, Freiburg 2004.

De Mello, Anthony, „Der springende Punkt“, Herder, Freiburg 1991.

De Mello, Anthony, „Gib deiner Seele Zeit“, 6. Aufl., Herder, Freiburg 1999.

De Mello, Anthony, „Von Gott berührt“, 3. Aufl., Herder, Freiburg 1992.

De Mello, Anthony, „Warum der Schäfer jedes Wetter liebt“, Herder 1988.

Dreyer, Martin, „Die Volxbibel“, 2. Aufl., Volxbibel-Verlag 2006.

Ferrucci, Piero, „Unermesslicher Reichtum des Herzens“, Ullstein 2006.

Geiger, Arno, „Der alte König in seinem Exil“, Hörbuch, Hamburg 2011.

Gibran, Khalil, „Der Prophet“, Piper, München 2005.

Grün, Anselm, „Der Anspruch des Schweigens“, Vier-Türme-Verlag, Münsterschwarzach 1984.

Hemfelt, Minirth, Meier, „Mut zur Liebe“, 4. Aufl., Schulte & Gerth 1995.
Hermann Nikolas, „Die wahre Freude“, Verlag der Arche, Zürich 1969.
Herzog, David, „Desperate for New Wine“, xulon-press 2004.
Izzy, Joel Ben, „Der Geschichtenerzähler“, Herder 2005.
Jäger, Willigis, „Kontemplation“, 7. Aufl., Herder, 2010.
Kübler-Ross, Elisabeth, „Interviews mit Sterbenden“, 4. Aufl., Kreuz-Verlag 2009.
Lütz, Manfred, „Irre! Wir behandeln die Falschen …“, 12. Aufl., Goldmann 2011.
MacDonald, Gordon, „Wenn alles zerbricht“, Gerth Medien 2002.
Macchiavelli, Niccolo, „Der Fürst“, Nicol Verlag 2009.
Meister Eckhart, „Deutsche Predigten und Traktate“, Diogenes, München 1979.
Moltmann, Jürgen, „Mensch“, 3. Aufl., Kreuz Verlag, Stuttgart 1977.
Moltmann, Jürgen, „Im Ende – der Anfang“, 3. Aufl., Gütersloher Verlagshaus 2003.
Stroud, S. F., „Anthony de Mellos kleine Lebensschule“, Herder, Freiburg 2007.
Viola, Frank, „Ur-Schrei“, GloryWorld-Medien, Bruchsal 2010.
Zurhorst, Eva-Maria, „Liebe dich selbst – und es ist egal, wen du heiratest“, Goldmann 2004.
Zurhorst, Eva-Maira, „Liebe dich selbst – und freu dich auf die nächste Krise“, Goldmann 2007.

Buchempfehlungen

Gesundheit

Dr. Mutter, Joachim, „Gesund statt chronisch krank“, Natura Viva.
Dr. Mauch, Walter, „Die Bombe unter der Achselhöhle“, Herbig.
Fisseler, Eckhard K., „Arthrose – Der Weg zur Selbstheilung“, Hans-Nietsch-Verlag.

Randolp & Moss, „Allergien: Folgen von Umweltbelastung und Ernährung“, Verlag C. F. Müller.

Schindler-Hermann, Claudia, „Düfte und Salben der Bibel“, Selbstverlag Schindler-Hermann

Young & Young, „Die PH-Formel für das Säure-Basen-Gleichgewicht“, Goldmann.

Zimmermann, Eliane, „Aromatherapie: die Heilkraft ätherischer Pflanzenöle“, Irisiana

Achtsamkeit

v. Sales, Franz, „Feuer und Tau“, Herder-Verlag.

v. Sales, Franz, „Philothea“, Franz Sales Verlag.

Fromm, Erich, „Haben oder Sein“, Deutscher Taschenbuch Verlag (dtv).

Grün, Anselm, „Einreden – Der Umgang mit den Gedanken“, Vier-Türme-Verlag.

Grün, Anselm, „Bete und arbeite“, Vier-Türme-Verlag.

Grün, Anselm, „Der Umgang mit dem Bösen“, Vier-Türme Verlag.

Margies, Wolfhard, „Die einzigartige Gemeinschaft mit dem Heiligen Geist“, Aufbruch-Verlag.

Nouwen, Henri, „Feuer, das von innen brennt“, Herder-Verlag.

Rohr, Richard, „Pure Präsenz“, Claudius.

Satir, Virginia, „Meine vielen Gesichter, wer bin ich wirklich?“, Kösel-Verlag.

Über die Autoren

Frank & Brigitte Krause sind seit 23 Jahren verheiratet und leben im Rhein-Sieg-Kreis.

Brigitte arbeitete als Kauffrau, Sekretärin und Layouter, bevor sie mit Frank in der gemeinsam gegründeten Gemeinde als Organisatorin, Mentorin und Seelsorgerin tätig war. Zusätzlich pflegte sie 23 Jahre lang ihre Mutter. Aufgrund ihrer Hochsensibilität führt sie ein eher kontemplatives, zurückgezogenes Leben. Ihr Anliegen ist, den Menschen die Augen für Gottes Gegenwart im Alltäglichen und in der Schöpfung zu öffnen.

Frank arbeitet seit mehr als 25 Jahren in der Krankenpflege. Er verfügt über langjährige Erfahrung im pastoralen Dienst und engagiert sich in der Männerarbeit. Seit einigen Jahren widmet er sich vorrangig dem Gebet und dem Schreiben. Sein Anliegen ist, der Gemeinde Mut zur Veränderung zu machen.

Kontakt:

Frank Krause
mail@hisman.de
www.hisman.de

Weitere Bücher von Frank Krause

erschienen bei GloryWorld-Medien

Frank Krause, Die Armee

Impulse zur aktuellen geistlichen Revolution; 300 S., Pb.

Die Zukunft hat begonnen. Das Verlangen nach Wahrheit, Orientierung und positiven Visionen schwillt an wie eine Flut. Menschen wollen definitiv wissen, wie sie vom Heiligen Geist verwandelt werden können, um in die Dimension der Herrlichkeit Gottes und der engen Beziehung mit Jesus, genannt „Jüngerschaft", eintreten zu können. Die Kraft des Alten lockert ihren Griff, die Zeit Sauls läuft ab und der Aufgang Davids steht bevor.

Frank Krause, Das Geheimnis des Bundes

Den tieferen Sinn des Abendmahls entdecken; 160 S., Pb.

Weniges ist der Christenheit so vertraut wie das Abendmahl. Der erste Sinn der Vergebung der Sünden ist jedoch nicht, dass wir in den Himmel kommen, sondern dass wir in einen Bund eintreten können. Dieses Buch schließt auf frische und visionäre Weise die Bedeutung des Abendmahls auf und ermuntert den Leser, sich selbst auf den Weg zu machen in das Abenteuer eines Lebens wirklicher Verbundenheit mit Gott.

Frank Krause, Die Geisterstadt

Das Geheimnis des Bösen; 180 Seiten, Paperback

Wie sieht Gott aktuell unsere Welt, unser Leben, den Zustand des Christentums? Welche Strategie befolgt das Böse darin, und wie ist es beschaffen?

Der Autor nimmt uns mit auf eine imaginäre Reise, auf der ihm Jesus Christus in einer Reihe aufschlussreicher Ereignisse das Geheimnis des Bösen erklärt. Es werden Zusammenhänge deutlich, die wir vielleicht so noch nie gesehen haben.

Frank Krause, Männerdämmerung

Auf dem Weg zu wahrer Identität und Stärke; 160 S., Pb.

Viele Männer stecken in der Krise. Sie wissen nicht, wer sie sind, und spielen Rollen, um anderen zu gefallen und deren Erwartungen zu erfüllen. Gibt es eine authentische männliche Form von Transformation, wie Männer zu „echten" Männern werden? Und wer hilft ihnen dabei, damit sie nicht nur jede Menge Porzellan zerschlagen, sondern wirklich zu einer anderen Dimension von Mannsein durchbrechen?

Frank Krause, Hirtenherz

Eine himmlische Vision; 120 Seiten, Paperback

Das Buch beschreibt das Abenteuer einer tiefen Begegnung des Autors mit dem dreieinigen Gott. Die Frage nach der „wahren Hirtenschaft" hat ihn in diese Begegnung getrieben, nachdem er durch seine eigenen Erfahrungen im pastoralen Dienst eher desillusioniert war.

In dieser Begegnung konnte ihm Gott Schritt für Schritt seine Perspektive, sein Herz offenbaren, was seine Beziehung zu uns, unsere Beziehung zu ihm, Hirtenschaft, Gemeindeleben und andere spannende Themen angeht.

Frank Krause, Haus des Gebets

Eintreten in das Mysterium Gottes; 120 Seiten, Paperback

Gebet – so beschreibt es der Autor – ist wie der Eintritt in ein Haus, in dem Gott wohnt, in dem der Vater auf seine Kinder wartet, in dem unsere tiefsten Sehnsüchte gestillt werden.

Gehen wir hinein, werden verwandelt – zu denen, die wir wirklich sind. Dies ist ein Prozess, und der Autor beschreibt ihn so detailliert, dass es dem Leser möglich wird, zu sehen, wo er sich auf dem Weg befindet und wie er weiterkommt.

Frank Krause, Unterordnung – Segen oder Fluch

Das Geheimnis der Macht in Gemeinde und Ehe

180 Seiten, Paperback

In jedem Miteinander von Menschen ist die Frage nach der Verteilung der Macht von entscheidender Bedeutung. Dennoch wird dieses Thema in den Gemeinden selten reflektiert und häufig wie ein Tabu behandelt, was dazu führen kann, dass Missbrauch oft entweder gar nicht als solcher wahrgenommen oder aber bagatellisiert, uminterpretiert und vergeistlicht wird.

Frank Krause, Feuerprobe

Das kleine Buch über Erweckung in Deutschland

120 Seiten, Paperback

Das Thema „Erweckung" wird heiß diskutiert. Was sagt nun Jesus selbst zur Sache? Schließlich ist er derjenige, der uns mit Heiligem Geist und Feuer taufen möchte. Und er ist auferstanden und lebt; wir können ihn selbst danach fragen.

Das hat der Autor getan und hat in einer erstaunlichen Vision überraschende Antworten dazu erhalten, wie wir reif werden für Erweckung: Die Kirche ebenso wie das Land. Darin enthalten ist ein **Sendschreiben an die Gemeinde in Deutschland.**